湛庐CHEERS

与最聪明的人共同进化

HERE COMES EVERYBODY

Leading from the Emerging Future

U型变革

[美] 奥托·夏莫（C. Otto Scharmer）
凯特琳·考费尔（Katrin Kaufer）◎著
陈秋佳◎译

中国财经出版传媒集团
中国财政经济出版社
北京

测一测

你知道如何面向未来思考吗?

扫码加入书架
领取阅读激励

扫码获取
全部测试题及答案，
一起感受
U 型变革的魅力

- 从自我系统到生态系统的历程，即从“我”到“我们”的历程，有三个维度，即更好地联结到（ ）；更好地联结到（ ）；更好地联结到（ ）。（ ）

  A. 整个系统、他人、自我

  B. 他人、自我、整个系统

  C. 他人、整个系统、自我

  D. 自我、他人、整个系统

- 大多数现有的学习方法论的基础都是向过去学习，然而组织中的实际领导力挑战却要求人们放下过去，向（ ）学习。（ ）

  A. 正在经历的现在

  B. 正在生成的未来

- 我们正在在被两个世界撕裂：一个充满了（ ）挑战；另一个充满了（ ）, 这两者之间存在一个巨大的深渊。（ ）

  A. 全新的生产技术，过时的劳动关系

  B. 全新的政治制度，过时的经济体系

  C. 全新的精神需求，过时的物质条件

  D. 全新的领导力，过时的经济和管理工具

扫描左侧二维码查看本书更多测试题

组织学习大师
Otto
Scharmer
奥托·夏莫

从德国汉堡的家庭农场，到组织学习大师

1961 年，奥托 · 夏莫出生于德国汉堡附近的一家农场。早期在家庭农场的经历深刻塑造了他的愿景，让他注意到社会中存在许多令人不安的分歧。夏莫的父亲是再生农业的先驱，他让夏莫认识到有机农业中土壤生命质量的重要性，这更加激发了他的思考，让他认识到"社会场域"是可见的转变得以发生的基础条件。夏莫强调，将我们的经济运行系统从提取式转变为再生式，将我们的思维方式从自我系统意识转变为生态系统意识，这需要领导力支持结构的创新。

OTTO
SCHARMER

夏莫提出和创建了"U 型理论"，创立了"自然流现学院"（Presencing Institute）等机构，过去 20 年来一直致力于帮助领导者实现跨部门系统转型。

他是麻省理工学院斯隆管理学院高级讲师、赫尔辛基经济学院创新与知识研究中心客座教授，还是联合国 2030 年议程学习咨询委员会和世界未来理事会的成员。他曾获得麻省理工学院"贾米森卓越教学奖"和"欧洲莱昂纳多企业学习奖"。2017 年，他在 globalgurus.org 评选的全球 30 名教育专业人士中排名第一。

从《U 型理论》到《U 型变革》，助力组织重构集体领导力

我们生活在一个现有制度大规模失败的时代，气候变化、贫富分化等全球性问题困扰着当今社会。在这样的时代，我们需要构建新的意识和新的集体领导力，以更加自觉、有目的和有策略的方式来应对这些问题。但是，当我们无法依赖过去的经验时，又该如何学习、如何发挥领导力呢？夏莫 20 年前在麻省理工学院提出了这个问题。

之后，历时 8 年、访谈 150 位科学家和企业家，并与彼得 · 圣吉等人深度会谈一年半，再经过长达两年的整理，夏莫创建了 U 型理论。U 型理论是一种基于意识的系统变革方法，它从不断发展的人类意识的角度出发，融合了系统思维、创新和引领变革等元素，旨在帮助领导者突破过去无效的行为模式，关注他们与彼此、系统和他们自己之间的关系质量。

在实践中，领导者可以将该理

论用作一个重要工具，鼓励员工以不同的方式处理某些难题，并对新的和不同的观念持开放态度，放弃流行的、基于过去的思考方式和行为方式，更加关注未来，以此促成U型变革。夏莫在《U型理论》和《U型变革》两本书中对此进行了详尽的介绍。

用U型转型学校与课程影响数十万人，致力于启发更大系统的积极转型

夏莫与他的同事通过麻省理工学院的课程和项目、自然流现学院项目以及“U型实验室课程”和“U型转型学校”（U-school for Transformation）等共同为个人、机构和更大的系统创建转型途径。

面对加速的社会和环境危机，我们如何培养集体转型能力？我们如何才能重建过时的经济和社会制度，从自我系统意识过渡到生态系统意识？在全球范围内创建有助于深度学习的基础设施这个想法，从一开始就激发了奥托的工作灵感。U型转型学校是践行这一愿景的项目之一，其目标是使习得转型素养的方法和工具完全大众化。

2015年，他与人共同开办了U型实验室课程，这门高度体验性的课程以U型理论为基础，将意识变量引入管理和社会系统变革中。世界各地企业、政府中和民间越来越多的变革者和领导者正在实践这门课程所倡导的引领变革的方法，迄今为止该课程的注册用户已超过200 000名。

从未来引领变革

麻省理工学院教授，索奥全球学习型组织学会创始主席　彼得·圣吉

能够向中国朋友隆重推荐这本新书，我真是深感荣幸。将近 20 年前，奥托·夏莫和凯特琳·考费尔两人从德国来到美国，加入了麻省理工学院组织学习中心。我们共事至今，而该中心也成长为国际学习型组织学会（Society for Organizational Learning，SoL）——索奥全球。在此过程当中，两人的工作也凝结为一个与索奥全球并驾齐驱的变革领导者全球网络——自然流现学院。

在过去几年里，我们也有幸共同将这些前沿的理念和变革方法带到中国。虽然这个项目还处于萌芽阶段，不过到目前为止，所取得的成果还是十分鼓舞人心的。此外我也相信，只要中国商界和社会企业家们以及政府领导人使用这些工具来培养自身的技能，他们就会以卓越的表现持续提升基于觉察力的系统变革生发场域，所有人都将受益。

这个正在生成的场域指的到底是什么呢？其哲学意义和实践意义又是什么？

它与那些更常见的变革方式相比区别在哪里？为了回答这些问题，我们首先必须思考的是当今世界所面临的最困难的问题的本质。

在当今世界，到处都充斥着深刻的系统问题，现有机构和领导力框架的能力完全不足以解决。全球气候失衡，生态系统被破坏，重要自然资源被滥用（比如渔业、森林和水资源），贫富差距在日益加剧。数十亿人口有提高物质生活标准的合理愿望，然而物质增长又在持续逼近自然环境的极限。虽然我们都意识到了这些系统挑战的存在，但首要的一点是要认识到，这些都不是人类刻意为之的结果。没有人想刻意制造出气候变化、物种灭绝、全球性贫困、社会动荡和冲突。所有的问题都是当今商业、政治、金融、教育系统运作和互动造成的。简言之，是我们的生活方式造成了始料不及的后果。奥托·夏莫将其精准深刻地描述为“个人意愿与集体结果之间的鸿沟”。

这种意愿与结果之间的鸿沟可见于系统的所有层面上：家庭、公司、工业、城市和国家——即使中国这样成功的国家也不例外。中国在几十年间就使亿万人口摆脱了贫困，取得了显著的成就，然而目前也同样面临着社会和环境的不平衡，威胁着其持续发展的进程。而这种正在生成的、基于觉察力的系统变革场域可以化解意愿与结果之间的鸿沟。

塑造当今世界的系统之所以如此运作，原因还是在于人类的运作方式，即人们思考和互动的方式。工业时代在重塑世界经济和社会的同时也在影响着人们的世界观以及彼此之间的关系。我们的思维模式的机械化程度已经达到了一个历史制高点，而这些又都潜移默化地体现在所有的机构里。公司的管理者们只考虑产出和经济效益，却几乎不考虑这样做会给周围的人、社区和生态环境带来的影响，公司变成了制造利润的机器。学校也似乎成为制造“毕业生”的流水线，而忽略了要关注学生的人性化发展。政府机构也如出一辙，空有一腔为国、为民的抱负，实际运作起来却略显狭隘，各自为政。政府的本意是服务于民，然而实际上，却为民众增加了很多社会问题，最后又无力应对问题的系统根源。

如果只想要改变系统运作的方式，而没有想到要去改变形成这些系统的思维和行动习惯，无疑是不明智的。这正是基于觉察力的系统变革所涉及的领域：首先帮助那些形成系统的个体、团队和网络来转变思考和行为模式，使其变得更有系统性，进而再转变影响我们生活的系统。这种方式整合了变革的“内在”和“外在”的双重维度，目的在于得到更加根本和持久的改善，这也是它与大多数变革方式的区别所在。

《U 型理论》（*Theory U*）[①] 以及本书为启动和持续推进变革提供了指导性理念以及实用工具和方法。例如，“学习之旅”这类工具使人们能够直接“感知”他们意图转变的系统；又如，“伙伴影子学习”（peer shadowing）能够帮助人们切身体会处在系统中其他部分同事的感受；还有“案例诊断”展示了团队成员如何帮助彼此更加打开，接受解决难题的新方式；“快速塑造原型”则可以帮助人们将见解尽快转变为行动，在面临复杂问题时通过实干进行学习，从而开发技能。

在过去几年里，我们合作过的中国商界和政界领导者都已经卓有成效地将这些工具应用于实践当中，多年来毫无进展的系统难题在数月间就得到了显著的缓解。这些理念和工具同时也具备了深远的觉知吸引力。我们听到有着 20 年实践经验的资深管理者说“打开思维和心灵”对于新变革方式的能力开发，对于自己和他人做出新的承诺是十分重要的。虽然对于中国大多数管理者和变革型领导者们来说，这个项目还是新生事物，但我们坚信一旦开始采用这些理念和工具，他们就会发现这是一个充满觉知、自然而然的过程。

对于熟悉《第五项修炼》、系统思考以及组织学习工具的中国变革领导者来说，你们会发现在此基础上打造的自然流现工具，更加清晰地阐释了觉察力和意愿中的潜在转变的重要性。在早期的研究工作中，这些理念阐释得不够明确，因为那时我们了解得还不够深入，此外还担心忙碌的实践工作者们可能无暇顾及这样的哲学话题。然而今日的形势已有所变化。而自从有了《U 型理论》和《U 型变革》

① 本书中文简体字版已由湛庐引进，中国财政经济出版社出版。——编者注

之后，我们的理解程度更上一层楼，并且也知道如果忙碌的变革领导者们所追寻的是深层次的变革过程，那么这些正是他们需要的方法。这些变革领导者们深知，在人类目前所处的时代中，个人发展和才华横溢的个体领导者已经远远不够，如今，真正的要点在于集体领导力和集体修炼。

多年以来，南怀瑾大师一直是我的老师。尽管他于 2012 年过世了，但他的教导我依然铭记于心。记得最后拜访“南师”的时候，他曾说过：“集体的因果业力是无法由个人英雄行为化解的。”“集体的因果业力”真的是对当前困境的精准描述。我们继承了一整套结构、理念假设和运作方式的现行系统，并把这些传递下去，体现在学校、商界、政府、市场和媒体中。

西方对“因果业力”一词有着很大的误解。在东方的传统文化中，这个词是指我们与生俱来的“因缘”。事实上，从整个系统的角度来看，集体层面也出现了同样的情况——我们所创造的一切已经不只是存在于一位领导者（或领导者们）的一生中，而是会直接通过形成体系的文化、语言和惯性思维传承下去，并且明显可见于人们的言谈、举止、着装和解决问题的方式上。

关键问题在于，如何才能使这种“集体的因果业力”正向进化，如何让创造出的社会系统越来越有能力为人们带来福祉，弥合个人意愿和集体结果之间的鸿沟？运动员们和乐队成员们都十分明了集体修炼的重要性，他们很看重团队学习以及打造共同愿景。然而，当谈到公司、学校、城市和政府时，我们对相关领域却知之甚少。

而 U 型理论的工具代表了此方面的巨大进步，因为它们能够在系统的多个层级上实现共同感知和共同创造，从个体到团队再到大型社会系统。这样一来，这些工具就足以应对当前变革方式中的两大局限性：规模和意识。经济进化矩阵图（见第 3 章）就可以做到这一点，因为它同时整合了所有社会层级以及数个觉察力和意识层级。

奥托和我会继续与中国的优秀同事们合作，测试并改善这些理念和工具。接下来，我们希望很快就能在中国为这个项目共同创建一个创新中枢，本书最后一章已经有提到。此类创新中枢能够营造出支持空间，应对规模化变革的挑战，同时也可以使人类发展与意识的作用在多元化背景下得以凸显出来，很多全心投入的个体和团队正在此背景下致力于解决中国最严峻的一些问题。从我们过去这几年的经验来看，中国一定会成为这个方面真正的“领军人”，并且假以时日，也一定会带来意义深远的创新。

最后，希望这篇文章能够让读者明白，为什么在此时此刻推荐这本新书让我如此地兴奋。尤其是在中国这样一个举足轻重的国家，在 21 世纪的今天，它是将开创旧工业时代的一个新篇章，还是帮助我们踏上一条全新的旅途，结果令人期待！

一场伟大的修炼

阿里巴巴集团 组织发展团队

很高兴看到奥托的新书面世，与奥托教授的几次会面与交流，引发了彼此很深的共鸣，也让我们对《U型变革》这本书充满期待，因为他所探索和讨论的，也正是阿里巴巴当下面对的挑战，我们每一天都在实践中做出尝试和努力。

第一项挑战，来自怎样协助阿里巴巴的领导者们跨出已经存在的边界，怎样拓展他们对现实的觉知。在阿里巴巴，我们的愿景与使命对我们不断提出更高的要求和召唤，需要每一位领导者从更加宽广的视野来看待自己的工作。

在我们内部的业务会议上，经常会出现对一个业务规划的挑战，就是你做这件事的目的或意义是什么？会对消费者和商家造成什么样的影响？比如，有一次我们在讨论地图相关业务时，正当大家围绕一个业务方向在功能层面争论得不可开交时，突然有一位与会成员提出了一个问题："我们做的这件事情，会对我们这个城市的交通状况有什么贡献？”然后，整个会场沉静下来。过了一会儿，当讨论重新开始时，整个交流进入了一个新的方向，充满了一种让人更加振奋的能量，大家都打开了视野，看到了更多的可能性。

同样的张力，也会发生在更多的场景中，也许是在提出不同的问题时，比如：“你的产品到底是为谁解决了什么问题？”“要做成这件事,你最需要在座谁的支持？你需要他具体做些什么？最大的风险可能出现在哪里？”“这件事为什么是由你来做？如果交给另一个团队去做会不会更好？”这样的问题，往往有可能引发一段更高质量的对话，拓展我们的领导者对于客户、对于协同、对于执行、对于未来的觉知与深度思考，而这恰恰是塑造阿里巴巴组织能力的起点。

第二项挑战是，我们还能否保有一种感同身受的能力。因为只有这样，我们才能拥有一种对于客户需求的敏感度、对于伙伴发自内心的在乎、对于共同事业目标的热爱、对于文化侵蚀的本能反应。

阿里巴巴最近针对高管群体开设了三个班，分别是“情商为零”班、“简单粗暴”班、“纠结”班，目的是帮助许多业务能力极强，却在感同身受方面需要提升的领导者，为他们提供一个共同交流和发展的空间。在这样一个空间里，大家可以真诚地分享彼此工作中的喜怒哀乐，回顾自己一路走来的跌宕起伏，意识到自己对周遭人、事、物的影响；也有机会相互“照照镜子”，看见彼此内在的热情与正能量，面对某些情景的无力感或困惑，产生更深的觉知，唤醒内心的力量，从而可以联结更大的目标，承担更大的责任，成为一个人们愿意追随的人。

在阿里巴巴，尽管我们也注重对于数字的分析、对于业务的规划、对于执行力的要求，但我们更为看重的是领导者的“心力”，是领导者对于我们使命愿景的Truly Believe，真正地引领我们勇往直前，不断超越自己，在面对无数的困难与挫折时，把不可能变成可能。

第三项挑战是，我们对于自身的修炼。过去15年，阿里巴巴努力建立了一个横贯消费者、商家、品牌商、供应商的电子商务市场，今天的阿里巴巴正准备将多年沉淀下来的电子商务运作体系与技术，转化为一系列的服务，包括计算、数据、物流、金融等，作为一整套的电子商务基础设施，为中国中小企业的生存与发展，创造更多的机遇和通道。

这些目标也对我们的能力提出了全新的要求，比如，与合作伙伴的关系。相比以前我们更多关注于自己如何直接服务好消费者和商家，今天我们还要关注如何使更多的合作伙伴为整个商业生态体系创造更多的价值，这里面包括物流企业、独立软件开发商（ISV）、云计算服务开发者等，他们都具备阿里自身不具备的各种能力，我们需要提供什么样的平台、工具和服务来释放他们的潜力呢？进一步的挑战是，当我们更多通过合作伙伴来提供服务时，我们如何能同时保证最终用户的体验和利益？当一名消费者在这个生态体系中的任何一个环节遇到困难时，我们如何及时有效地做出响应？围绕这个用户，我们内部上百个相关业务单元，外部成千上万个合作伙伴，如何一起协作，来不断完善用户的体验？

这些问题我们到今天都还没有一个完美的答案，但这些问题也为我们提供了一个机遇：通过探索和解决这些现实问题，我们作为一个组织得以不断创新和发展，这就是我们的修炼，也是我们需要不断改变自己的地方。

奥托的新书为我们要做出的改变，提供了一个更为宽广的视角，帮助我们更好地审视自己，以及我们所处的环境。

阿里巴巴诞生于一个不确定的时代，能走到今天是我们的幸运，更是因为无数消费者和新生代企业家的支持，因为国家的发展释放了整个经济的活力与潜力，这赋予了阿里巴巴一种与生俱来的社会责任感。如何将这种社会责任感，化为每一位阿里人的基本信念，是阿里巴巴组织发展团队未来面临的重大挑战。我们相信什么，将决定我们会成为一群什么样的人，我们会成为一家什么样的企业，我们能否走得更远。

这样一场修炼，不仅是对阿里巴巴自身的修炼，同时也是对中国商业经济发展与诚信体系的一场修炼，我们每一个人都身在其中。希望奥托这本书，可以打开一扇门，让更多有志的同伴可以一起探讨，一起前行。

一种全新的觉知被唤醒

我们怀着无比的喜悦和感激之情写下了本书的中文版序言。感谢本书译者陈秋佳，感谢视觉记忆师李珮玉（Jayce Lee）特别为本书创作了精彩的视觉记忆图，感谢我的同事徐莉俐高瞻远瞩，她参与了本书的编辑、审校工作，促成了本书的出版。同时我们也万分感谢湛庐文化的精诚合作，感谢在中国有这么多卓越的朋友与合作伙伴：来自清华大学公共管理学院的薛澜院长、孟波副院长、王名教授，来自中央党校的钟国兴主编和程冠军主任，来自中国工商银行的汪晓芳女士，来自浙江省委组织部的徐卫平先生，来自阿里巴巴集团的道一先生，以及来自有一德公益基金会（UID）和佳通集团（GT）的林美金女士。

本书于 2013 年首先在美国出版，从那时起，世界上又发生了许多与书中引言部分类似的巨变：环境破坏（生态鸿沟）加剧；社会破坏（社会鸿沟）加剧；尽管物质财富持续增长，幸福和身心健康却日渐匮乏（精神文化鸿沟）。

然而，与此同时，我们却又看到未来的种子在生发，诸多新的开端在大范围内体现得越来越明显。全新的中产阶级（特别是新兴国家）已在崛起；一种全新的企业质量在崛起，创造出有责任、有使命的企业，致力于将世界打造得更加美好。我们看到一种全新的觉知被唤醒，不仅存在于社会的草根阶层，同时也存在于政府高层、公司、学术与民间团体组织中。这种觉知的本质其实十分简单：人类当前的运作方式不具备可持续性，必须停下来并召集遍布整个生态系统的所有关键参与者，找出不同于以往的协作方式，以期转变系统的运作方式。

我们在世界范围内展开的项目中得出结论：若想将遍布整个生态系统（包括政界、商界和民间团体）的全部关键利益相关者召集起来，不仅要找到适当的人选，还需要为他们提供一个过程，提供方法和工具，使他们能够摆脱腐败和秘密交易，带来有创意的突破性创新，从而服务于社群中所有成员的福祉。本书中写到了此类过程及某些工具的实例，此外还有相关的网络资源以及基于本书的设计：平台为 MITx 和 edX 的在线公开课（首先推出英文版，希望不久也会有中文版）。

我们亲眼见证了启发型创业精神的全新格局在很多系统乃至全世界范围内逐渐成形，其中最鼓舞人心的地方之一就是中国。与来自浙江省政府、中国工商银行、阿里巴巴的领导者的合作给我们带来了巨大的灵感。中国社会所面临的挑战具有重大意义，在很多其他地方也是如此。在与中国社会各界领导者合作的过程中，激励我们最多的是他们全心全意地投入，希望能够带来深远创新和变革，从而使整个社会发展得更好。

我们对中国合作伙伴所给予的深厚友谊与倾情合作十分感激，并且盼望随着在未来几年里 U 学校创新枢纽（本书最后一章有所描述）的建立，我们之间的联结会日益加深。了解更多详情可联系 Presencing Institute:info.china@presencing.com。

奥托·夏莫和凯特琳·考费尔

LEADING
From the Emerging Future

目 录

引言

为濒死系统重注生命活力

纵观整个世界，我们面临着很多方面的问题：金融安全，粮食、燃料、水匮乏，资源短缺，气候变暖，普遍贫困，宗教激进主义，恐怖主义，金融寡头……这些现象的存在说明，我们已经进入了一个颠覆性时代（Age of Disruption）。然而与此同时，个人、社会和全球性深远革新的可能性，又前所未有地凸显出来。时机已到。

眼下这个颠覆性时代既包含了消亡，又孕育着新生。正在消亡的是旧有的文明和最大化“自我”的思维模式——极度追求物质消费、盲目扩张（bigger is better）、少数特权利益群体执掌决定权，这些现象导致我们陷入了一种集体失责（organized irresponsibility）的状态，我们集体造成了没人想要的后果。

正在获得新生的到底为何物尚不明晰，然而却同样意义重大。纵观全球，我们在很多地方已经感受到了这种新生的力量。由此而生的未来并不仅仅意味着应对表象及对结构表面的简单修补，也不意味着要用一个失效的思维模式来代替另一个。这个未来要求我们探寻人性的更深层次，明确真正的自我以及作为整个社会的发展方向。这是一个只要我们改变行为的内在发源地，就能够感知、感受并且实现的未来。这是一个在那些颠覆性时刻，通过我们内在开始生成的未来。

这种由对抗过去转而去感知正在生成的未来可能性，并使其自然流现的内在变革，正是当今深层次领导力工作的核心所在。这种变革要求我们的思维冲破头脑，直达心灵；要求我们从只关心自身利益的自我系统意识转变为关心全体利益（包括自身利益在内）的生态系统意识。当我们按照自我系统意识运作的时候，驱动我们的是个人自我的关注和意图；而当我们按照生态系统意识运作的时候，动力就会来自正在生成的真我的关注和意图——对全体利益的关注。作为前缀的“生态”（eco）一词，来源于希腊语“oikos”，意为“整个家庭”，而“经济”（economy）一词也可回溯到这个词根。若想使我们目前的自我系统经济转型为正在生成的生态系统经济，就意味着要将经济思维重新联结至其真正的根源，即顾及“整个家庭”的福祉，而不是一味追逐金钱利益或者只是考虑其中的某些住户。“整个家庭”在希腊语中的本意可能是指当地的个体“小家庭”，然而今日，这个概念指代的却是国际社会的福祉和地球这个“大家庭”的全部生态系统。

从自我系统意识到生态系统意识的转变，不能只停留在团队和组织的层面上，而是要在国际社会的范围内得以执行和实施。率先倡导能够帮助我们实现这种转变的理念和个人行为，可能是我们这个时代最为重要的任务之一。

消弭的壁垒

针对当今全球性危机出版的书籍已经有很多，那么本书的意义何在？我们希望能够提供一些框架、方法和工具，来帮助领导者和变革者了解目前的形势，以期更有效地推动整个社会从自我系统经济转变为生态系统经济。

世界风云变幻：贸易壁垒在消失，专制统治在倒台，极地冰冠和冰川都在消融。近年来，我们亲眼看见了这一系列变革的发生。然而有两样事物一直墨守成规：其一是我们集体的思维方式；其二是这些思维方式在世界范围内一再导致的行为。

为什么会这样？为什么我们集体造成了没人想要的结果？是什么将我们禁锢在旧有的行为模式中？我们要如何去做才能转变这种使我们深陷过去、不能自拔的模式？

盲点：如何从正在生成的未来引领变革

本书面向的目标读者是在所有领域、文化和体系中能够带来变革的人，包括商界、政府、民间团体、媒体、学术界和地方社区。本书致力于解决被我们称为当今全球话语中的盲点问题：如何才能去到一个深远之处，使我们联结到正在生成的未来，从而能够驾驭目前所面临的破坏性变革浪潮，而不再仅仅是沿袭过去的模式机械地做出反应——因为这样做恰恰意味着对旧有模式的纵容。

在本书中我们提出，若想依照正在生成的未来做出应对，就要求我们必须转变行为发源的内在场所。我们必须暂悬惯有的判断力，使注意力转向，放下过去，融入想要通过我们生成的未来，令其变为现实。

从单纯地按照过去的经验做出反应，转变到融入正在生成的未来并使其自然流现，这种转变的能力极有可能是当今领导力中最为重要的一点。这种能力在破坏性变革中尤为关键，不仅在各种机构和体系中如此，对于团队和个体来说也同样适用。过去，我们通常只学习一种专业技能，并在整个职业生涯中都靠其谋生。如今，我们所面临的环境飞速变化，要求我们必须持续地进行自我更新。环境的变化越巨大，我们就越无法依赖过去的模式，这也就意味着，我们更加需要学着去关注并融入正在生成的未来可能性。

本书旨在探寻以下三个互相关联的问题的答案：

- 面对颠覆，我们如何才能从正在生成的未来引领变革?
- 什么样的进化性经济框架才能指导我们的旅程继续前行?
- 什么样的策略才能帮助我们作为载体实现整体变革?

首先让我们来快速浏览一下当今体系的冰山式模型。为什么叫“冰山式”呢？因为这个名字暗示了在水面之上可见的事件和危机，是由潜藏在水面之下的各种结构、心智模式和根源促成的。如果忽略了这些，我们就会一直受到禁锢，反复上演旧有的模式。

如果将冰山由表及底，逐层了解，就会照亮数个盲点。致力于此，就能使我们的经济和社会更有意义、更具包容性、更加蓬勃向上。

症状：病理学现象

冰山可见于水面之上的其实只是顶部，仅占总体积的10%。同样地，目前情况所表现出来的症状，也只是当今社会现实的可见部分。这些症状几乎囊括了所有的问题类型和病理学类型，可以将其描述为三个“鸿沟”：生态鸿沟、社会鸿沟和精神文化鸿沟。

‖生态鸿沟‖

我们正在超大规模地破坏、滥用自然资源，每年都会有宝贵的不可再生资源被彻底耗尽。尽管地球只有一个，然而我们的生态足迹却是其面积的 1.5 倍，即我们超额使用了 50% 的地球可再生资源来满足目前的消费需求。这导致了在过去 40 年间，可耕种土地流失了 1/3。急剧下降的地下水位也将使我们很快面临饥荒。预计到 2030 年，粮食价格将会翻一番。

‖社会鸿沟‖

全球目前有 25 亿人仅靠每日不到 2 美元勉强为生。虽然已经有很多成功的尝试来帮助人们摆脱贫困，然而这个数字在过去 70 年里都没有出现过显著的下降。此外，我们还目睹了社会两极分化愈演愈烈，以美国为例：处于社会顶层仅 1% 的人口，其财富总值竟然超过了 90% 底层人口财富的总和。

‖精神文化鸿沟‖

生态鸿沟根源于自我和自然的分离，社会鸿沟根源于自我和他人的分离，而精神文化鸿沟则根源于自我（self）和大我（Self）的分离，即当前的自我与正在生成的、代表了个体最高潜能的未来大我之间的分离。这种分离可见于过度疲劳和抑郁症患者的急剧增加，而这两种病症正是代表了“我们的行为”与“我们到底是谁”之间渐行渐远。据世界卫生组织的报告，2000 年死于自杀的人数是死于战争人数的两倍。

我们作为一个社会整体，过去几百年间一直在解决这些问题，那么我们从中到底学会了什么呢？

在 20 世纪，我们创建了政府部门和联合国机构来应对这些分离的状况。此外，我们还成立了能够解决单一问题的专门的非政府组织。在学术界，为了对抗这些症状，我们创立了专门的大学系部、学术期刊以及职业生涯路径。而今我们意识到，这种“头痛医头，脚痛医脚”的片面方式已经不奏效了。更有甚者，它似乎也成了问题的一部分。

我们似乎遭遇了一个盲点，它阻碍我们看到冰山的剩余部分以及水面之下的深层系统结构。

结构：导致症状的系统性分离

现存的各种系统可谓各尽其责，然而整个系统中凸显了几个严重的结构性分离（见图 0-1）。此处仅举几例：

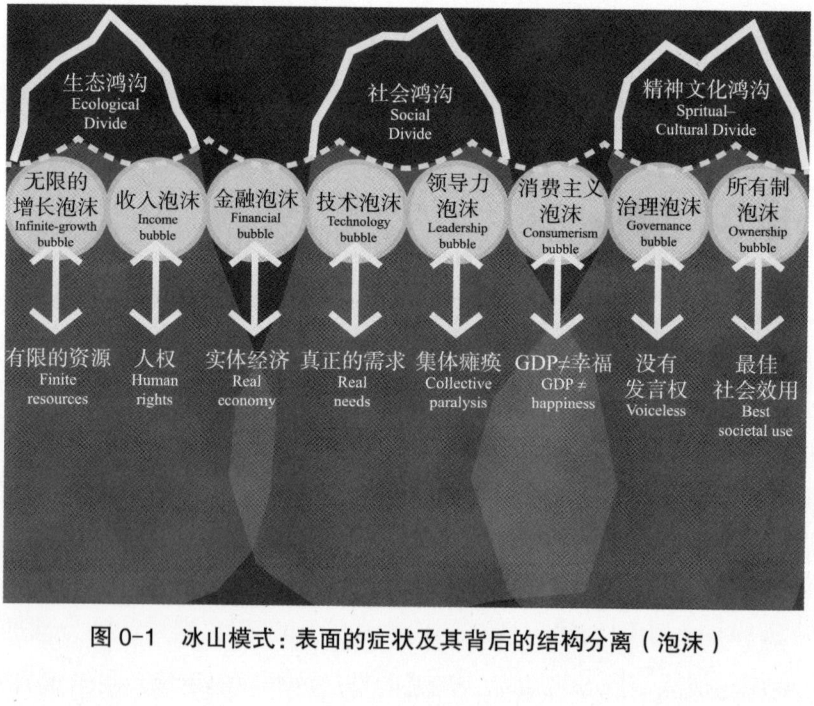

图 0-1　冰山模式：表面的症状及其背后的结构分离（泡沫）

1. 金融和实体经济之间的分离： 2010年，全球外汇交易总额高达1 500万亿美元，而2010年的国际贸易总额只有20万亿美元，尚不足外汇交易总额的1.4%。因而斯坦福大学发展经济学荣誉教授、中投国际（香港）有限公司董事长刘遵义说："外汇交易的绝大部分都是纯粹的投机行为，实际上就是赌博，完全没有带来任何社会效用。"这种金融和实体经济之间的分离导致了不断破坏全球经济的金融泡沫：拉美债务危机（20世纪80年代）、亚洲金融危机（1997年）、网络经济泡沫（2000年）、美国次贷危机（2006—2007年）以及随后而来的全球金融危机（2007—2009年）、欧元危机（2010年至今）。这些金融泡沫于实体经济毫无益处，只会令其动荡不安。

2. 无休止的增长需求和地球有限资源之间的分离： 当前的经济需求无限增长，与地球有限的资源之间形成了巨大的分离。诸如水和土壤等宝贵资源的过度使用导致在大约一代人的时间里，我们的农业用地竟流失了1/3。

3. 贫富之间的分离： 这种分离导致了极端不平等的现象。一方面，全世界最富有的1%的人口（收入超过50万美元的成年人）拥有全世界40%的财富；另一方面，约占全世界50%的人口只拥有全世界1%的财富。财富和收入之间日益增长的两极分化无法实现"机遇面前人人平等"的美好愿景，进而蚕食了当今社会最基本的人权。

4. 机构领导力和民众之间的分离： 这种分离导致了领导力的巨大真空，也揭露了一个广泛的共识，即我们集体造成了没人想要的结果。这种集体无助感和无权感是当今整个体系领导力真空的标志。

5. 国内生产总值（GDP）与幸福感之间的分离： 这种分离体现的空洞在于物质消费并不能提升真正的幸福感。发达国家的相关研究表明，GDP增长、物质消费提高，并不意味着幸福感更强，这显然与人们的普遍看法正好相反。

稍后我们会详细阐述这个问题。

6. 治理与体系中的弱势群体之间的分离：当今治理机制与弱势群体话语权之间的分离是一个巨大的失败。某些国家的民众面对专制政权，完全无力对其产生影响或是进行改变，只能任其摆布。例如，印度的很多农民被美国孟山都公司（Monsanto）剥夺了种子的所有权。

7. 资产的实际所有制形式与最佳社会效用之间的分离：这种实际所有制与最佳社会效用之间的分离造成的空洞在于，公有制与私有制虽然都功不可没，但却导致了生态和社会资源的大规模滥用以及管理不善。

8. 技术与真正的社会需求之间的分离：这种分离产生的技术泡沫只为少数人的福祉服务，而此类市场早已供过于求。例如，医药行业的大部分研发资金都用于迎合高端市场，而完全无视位于社会经济金字塔底部的人群的需求。

这些泡沫和结构分离造就了“生而不会学习”的系统。这类系统通过延迟的、残缺的反馈回路来运作，阻碍决策人亲身体验其决策所带来的影响。在当今复杂的全球系统中，决策人常常影响着大规模人群的行为，然而他们却没能看到、感受到或者意识到这些行为带来的后果。如果没有反馈或者只有延迟的反馈，学习就无法发生。其结果是很多机构的变革都很不明显或很不及时。

‖正外部性流向顶端，负外部性流向底端‖

这些泡沫所具有的另一个共同特点是外部性（externality）。外部性是一个经济学名词，指的是对第三方非计划中的副作用，或是价格中未能体现的成本。外部性分为正（收益）、负（成本）两种。例如，我很享受驾驶汽车，可是我却没想到开车造成的空气污染是一种负外部性，而后面那些骑自行车的人就必须考虑到这一点了。

在当今社会，正外部性通常流向顶端，而负外部性则通常流向社会经济金字塔的底端。这种情况在组织层面和社会层面上都能看到。纵观全球，几个世纪以来，原材料都是从南半球流向北半球，从发展中国家流向发达国家；而有毒废物和有毒产品的流向则正好相反。一直以来，这些流向在诸如“比较成本优势论”之类的经济学理论中都被视为是合理的，然而这些理论却没有考虑到外部性带来的影响。

每当出现生态问题或有自然灾害来袭时，付出代价最高的总是穷人（如卡特里娜飓风之后的美国、2004 年经历海啸的印度尼西亚和 2011 年经历海啸的日本）。在人为造成的环境问题过后，食物价格总会暴涨，此时挣扎在贫困线以下的 25 亿人口承受了最多的苦难。

美国 2008 年的经济危机让中低收入家庭受害最深。如今我们得知，那些不良住房贷款是金融行业专门针对穷人设计的。当华尔街的收益已经开始回升时，平民阶层的损失却仍旧在持续：首先是失业，其次是对教师、学校活动、校园午餐和图书馆的资助也中断了，最后连供暖补助和医疗服务也都没有了。

而那些导致这场危机的华尔街银行家们，却已然重新开始享受他们的分红制度了。事实上，自 2008 年之后，他们榨取政府资助的能力持续增强。1995 年，6 家全美最大的银行控股公司持有的总资产价值还不到美国总 GDP 的 17.1%；然而 13 年之后，2008 年金融危机爆发前夕，这些公司的资产总值占据了总 GDP 的 55%；等到了 2010 年，情况进一步恶化，其资产总值已经高达 GDP 的 64% 了。这表明这 6 家华尔街最大的银行不顾极端风险，通过强迫纳税人出资进行紧急救援，从而变本加厉地施行“利润个人化，损失社会化”的诡计。

错误的资金流向

第三个特点涉及了资金的流向。为了能达到规模经济，并将贷款风险降至最低，银行和金融机构都热衷于资助知名客户的大型项目。这些客户往往都是在人们较为熟悉的市场领域，运用现有的商业模式和成熟的技术进行运作，有足够的安全等级。

创业者所持有的小型项目不具备业绩记录或安全等级，因此，银行必须制订专门的贷款计划，这样一来风险提高了，费用也就增加了。决定是否资助创新产业（比如可再生资源）需要专业知识，而传统的信贷部门不具备这些条件。其结果是，那些准备涉足新行业或是收益微薄行业的创业者、小公司和新公司，在获取资金方面所受限制最多，付出的成本也最高。

因此，在我们今日所处的这种对外部性认识不足的金融体系内，资金流动的方向是错误的：那些具有创新意识并且愿意实践新想法的人，那些为了创造社会效益而不计较低回报的人付出的成本最高；而那些既得利益已经超出其所需范围的人付出的成本却最低。

以上这些事例都说明了同一个根本性问题：经济竞争环境向一边倾斜，只对位于“金字塔”顶端，将“利润个人化，损失社会化”的大块头选手青睐有加。我们不禁会问：“为什么我们的经济会出现这种不公平现象？”随之而来的是第 4 个共同特点：特权群体所扮演的角色。

政府的治理受特权群体操控

很多有组织的利益团体，比如，银行、农业、核能、石油以及医药行业，都对本应对其实施监管的部门有着极大的影响力。备受争议的不仅仅是这些团体所掌控的庞大资金和游说能力，同时还有在华盛顿特区以及全球很多其他国家的首都都很盛行的“旋转门现象”。

此类事例数不胜数，其中之一就是在 2008 年 11 月 5 日，奥巴马当选总统的第二天，其竞选活动中一位强有力的资金筹集人，花旗银行的迈克尔·弗洛曼（Michael Froman）即受到任命，负责组建奥巴马政府的经济团队。在担任此职务后的长达两个月的时间里，弗洛曼并未从花旗银行离职，乃至此后数月，他都是能够决定自己公司未来的政府人士。其结果众所周知。

同样地，很多在克林顿执政期间导致金融业管理松散的官员又重返奥巴马政府，担任重要的职位，为他们在那些“大而不倒”的银行里工作的前同事们设计出了庞大的紧急救援计划。

在食品行业也能看到这种模式。美国的农业生化巨头孟山都公司与其两个监管机构——食品与药品管理局（FDA）和环境保护署（EPA）之间就存在“旋转门现象”，大大地妨碍了监管的有效性。这种结盟所带来的潜在危害丝毫不逊于金融行业。

综上可知，不公平的竞争环境以及缺乏透明性所导致的政治进程会引发很多问题。经济学家曼瑟尔·奥尔森（Mancur Olson）在其有关集体行为的著作中指出，人数较少的群体更容易组织起来，并形成一致意见对外发声。这类例子在金融、食品、医药和能源行业的巨头公司中比较常见，而人数众多且成员结构复杂的群体想要组织起来就颇为困难，因此想要统一对外争取利益也并非易事。为紧急救援计划出资的普通纳税人和我们的下一代是两个明显的例子。

这些结构上的问题事关重大、急需修复，然而它们却不是前文所论述的病理学现象的根本原因。那么鉴于所有的泡沫和分离情况，使我们反复上演这些早已失效的结构的力量到底是什么呢？

导致系统泡沫和分离的心智模式

我们称这种力量为“思想”（thinking）。阿尔伯特·爱因斯坦曾如此有力地叙述道：“我们不能用引发问题的同种思想来解决问题。”思想创造了世界。过往的经济思维结构显化于现今的机构和行为结构。如果我们想升级全球经济运作体系，就必须从造就该系统的思想开始升级；我们需要升级经济逻辑和思维（thought）的核心。

在引领本书旅程的冰山式模型中，我们将这个较深的层次称为经济的“思想”、心智模式或范式。过时的心智模式造成了一种智力破产：即主流经济思维的枯竭。

自我系统意识对生态系统现实

今日的思想塑造了我们造就明日现实的方式。这种思维和社会现实创造之间的联系，在当前的经济状况中是最显而易见的。

前文列举的 8 种分离现象代表了社会现实结构和经济思维结构这两大范畴的割裂。我们同时也可以将其称为生态系统现实结构与自我系统意识结构之间的割裂。今日的经济现实根植于一个环境、社会、政治和文化背景紧密交织的全球生态系统当中，并且以不确定、复杂且易变的方式在进化。这些情况要求决策者的思维模式变得更加开放、专注、适应性更强，并且能够同频至正在生成的变化。

然而，我们在当今社会中经常看到的却是现实与意识的分离，这种分离存在于以生态系统为中心的全球经济和以自我系统为中心的机构决策者的意识之间。其结果无异于部分与整体的对抗。举个例子，这种分离的影响可见于对宝贵资源的大规模滥用上，我们常常将这种情况称为“公地的悲剧”（the tragedy of the commons）。

弥合生态系统现实与自我系统意识之间的鸿沟是当今领导力面临的主要挑战。系统内所有机构的决策者都应该携手踏上旅程，不再从个人角度（自我意识）进行观察，而是从其他参与者，尤其是那些最边缘化的参与者的角度来感受这个系统。此行的目的一定是为他们的系统共同感知、共同激发并且共同创造一个正在生成的未来，这个未来注重的是全体利益而非少数人的利益。

这是一个势在必行的过程，不仅关乎道德，同时也关乎经济。我们以发生在 2008 年全球金融危机之后的欧元危机作为一个事例。从很大程度上来讲，欧元危机是德国和其他几个国家重演“以某个国家为中心”的方式看待现实所导致的结果。为什么欧盟在第二次世界大战后会获得如此出人意料的成功？是因为法国和德国与其他几个欧盟核心成员国达成一致，确定同一个目标：要创造不同于以往的未来。这样造就的欧盟进程大体上来说是十分成功的。目前，欧盟是全球最大的经济体，其 2011 年的 GDP 高达 176 亿美元（其次是美国，151 亿美元；再次是中国，73 亿美元），它的 27 个成员国的 50 亿民众都将受益。

欧盟的成功说明了良好的经济和政治需要广义界定自身利益（以生态为中心），而不应该狭义界定（以自我为中心），只有这样，自身利益才能够与他人和整体的福祉保持和谐。不幸的是，欧盟正在经历的失败也证实了这个观点。不良的经济和政治是将自身利益界定得过于狭义的结果。在欧元危机中，我们能够大概看出狭义界定的自身利益是如何衍生出糟糕的经济政治决策的。2008 年 9 月，雷曼兄弟倒闭后，德国财政部长对议会宣布这是美国自己的问题，不是欧洲或者德国的问题。第二次较大的判断失误是在 2008 年 10 月 12 日于巴黎召开的首次危机峰会上，德国总理和财政部部长与欧盟的同事们会面后，决定各国应该建立自身的救援机制，而非建立一个可以解决所有问题的欧洲联合机制。

在这整个事件的发展过程中，缺失的是一个反思性干预（reflective disruption）的时刻，即让所有参与者聚集在一起，审视自我，然后意识到是他们给自己造成了问题。他们本可以摒弃以某个国家为中心的自我观点，并代之以一个全新的思维模式，从而应对他们所面临的复杂的全球生态系统现实。我们称这种思维模式为生态系统意识，因为它注重他人和整体的利益，并对其负责。

从自我系统意识到生态系统意识的历程

这些症状的表面现象和 8 个潜在的结构分离都来自同一个深层源头：禁锢于过去的经济思维框架。我们目前使用的框架可能在较早以前是适用的，然而却无法与这个时代的复杂挑战和要求接轨。

事情是如何发展到这一步的呢？这期间经济思维的进化过程又是怎样的呢？当前有哪些不同的经济思维框架可以为我们所用，未来又会有哪些呢？

图 0-2 展示了经济思维的 4 种阶段、逻辑和范式，每种都为现代经济所面临的主要问题设计了不同的解决方案：你如何协调以分工为特点的协作过程呢？方案有以下这些：

- 1.0 国家集权模式：特点是在单一分支社会通过等级和控制来协作；
- 2.0 自由市场模式：特点是另一个（私营）分支崛起，通过市场和竞争机制来协作；
- 3.0 社会市场模式：特点是又有一个（非政府组织）分支崛起，在各个有组织的利益集团之间通过协商进行协作；

- 4.0 共同创造生态系统模式：特点是第 4 个分支崛起，为所有分支的利益相关者都参与跨界创新打造平台和支持空间。

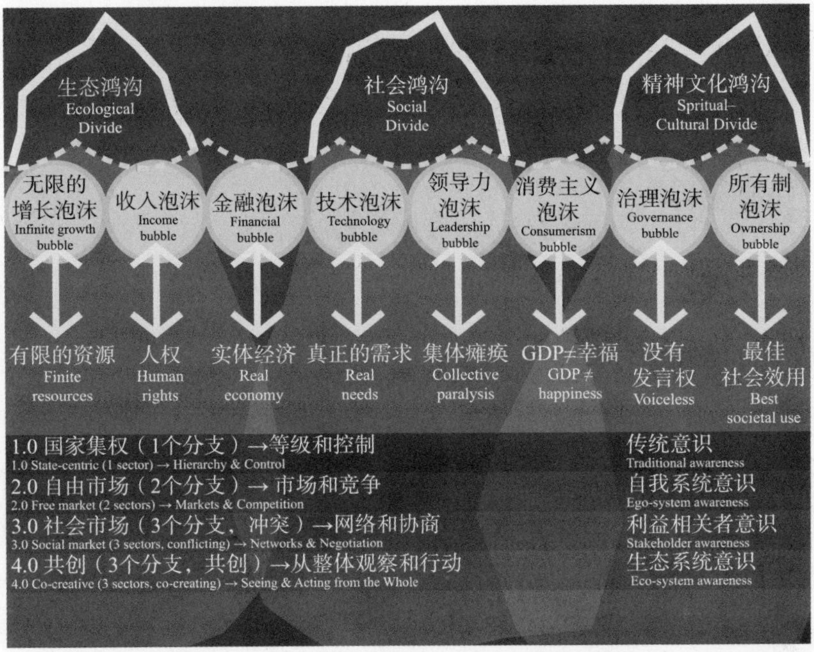

图 0-2 冰山模式：症状、结构、思维和源头

在各阶段演化的过程中，早期的阶段会持续存在于后期的阶段中。因此，这 4 种协作机制是互补的，并非彼此的替代品。

按照前文提到的爱因斯坦的名言来理解，我们无法用导致问题的 2.0 或 3.0 版本的自我系统思想来解决这些问题。我们需要的是共同创造一个新的经济框架，帮助我们重新思考，并且从一个意识觉察的角度来促使所有的经济学核心概念得以进化。同时我们也需要将这个框架用于可操作的方法和工具中，来应对当前现实中存在的挑战。

现在你是否觉得这次关于经济思维的讨论开始变得有点无趣？其实，正是这种思维模式让我们无法超越自己的盲点。我们这个时代的盲点就在于我们将主流经济思维视作理所当然，好像它是自然法则一样。然而事实上，在最重要的变量——系统内参与者的意识觉察质量，开始发生变化的时候，一切所谓的经济规律都开始瓦解、走样。那么这些参与者又是一些什么人呢？他们是商界、政界以及民间团体的领袖和变革家，同时还包括消费者、投资者和各类团体。当然你也置身其中。

在第3章，我们再现了经济逻辑和思维的进化过程，并将其视为奠基了经济进化的深层次原理。同时这条发展道路的本质也可以看作人类意识的进化历程。

经济思维的框架体现了4种不同的经济逻辑或范式，由此也产生了4种不同的运作体系。1.0版经济运作体系的基础是传统意识和等级思想；2.0版经济运作体系的基础是自我系统意识和“自我中心”思想（在新古典经济学中，“自我”是指“经济人”，即人类行为就是追求自身利益最大化的一种设想）；3.0版经济运作体系的基础是机构利益相关者的意识觉察以及能够将所有关键利益相关者的福祉同化的协商性合作，例如，企业与工会协商并合作就是这种情况；而正在生成的4.0版经济运作体系（稍后会做详细阐述）的基础是生态系统意识，即一种注重他人利益并为整体利益服务的意识。

经济规律会随着系统内参与者行为发源的意识层级而演变，因此，我们需要创建一门全新的经济科学，能够阐明整个框架（从1.0到4.0）。而不是将探索局限于某个单一层面或范式（第3章有详细的论述）。借用认知心理学家埃莉诺·罗施（Eleanor Rosch）的观点，我们今日所需的是用智慧的心智来演绎的经济科学。这门经济科学可以在所有层级上描述并追随从1.0到4.0的历程，不仅面向个体和团队，也面向机构和体系。

带来心智模式、结构和症状的源头

从自我系统到生态系统的历程，即从“我”到“我们”的历程，有三个维度：（1）更好地联结到他人；（2）更好地联结到整个系统；（3）更好地联结到自我。如果想做到这些，就要求参与者们能够去探索系统和自我的边缘（edges）。

探索系统的边缘意味着去最有潜力的地方。例如，去切身体会那些最为边缘化人群的感受，比如，非洲偏远村庄的居民或者发达国家的移民（见第7章）。我们的经验是，任何系统中的新事物总是最先出现在外围地带。在那里，你会看到所有的问题和机遇都被放大了。多样的利益相关者群体可以通过分享他们的经历来觉察并理解实际发生的情况。

探索自我的边缘意味着转变个体行为发源的内在状态，也就是打开思维、打开心灵、打开意志；要暂悬旧有的判断习惯，要有同理心；要放下个体内意图消亡的一切，接纳意图新生的一切。

在过去的18年间，我们一直致力于在不同组织、系统、产业和文化领域内，为这些“探索外在，联结内在”的历程创建环境。令人惊叹的是，这些去往系统外围地带的历程总是会切实地产生效果。这个过程很艰苦，而且你不能用旧有的方式，即控制，来实现它。但是你可以创造条件，使一个更深层次的神秘过程发挥作用，也就是说，帮助领导者们将他们对系统的观点扩展和深化，从“自我”上升至“生态”，从“我”上升至“我们”。

一种全新类型的、基于觉察的集体行动（awareness-based collective actions）正出现在此类实验和研究工作当中。该行动不再使用我们习以为常的旧有集体化模式，即领导层由上至下强制灌输集体意识的金字塔模式；而是使用更加趋于水平化的新模式，其中每一个个体节点都能够关注他人的利益。正是这种共有的觉察带来了迅速、灵活和流畅的合作方式以及决策制定办法，相较于当前应用于主要社会机构的其他组织模式具有更加卓越的适应性和共创性。

渐入“U”境

我们于 1995 年来到美国，开始与麻省理工学院的组织学习中心合作。该中心是在 20 世纪 90 年代早期，由彼得·圣吉以及同事与数家全球公司联合创办的。刚刚到达时，我们就了解到圣吉及其组织隶属于麻省理工系统动力学团队，而正是这个团队开发了极具影响力的“增长的极限”（Limits to Growth）研究项目。该项目很早就塑造了我们的思想，并且帮助启动了 20 世纪 70 年代全球范围内的环保运动。

在他的研究工作中，圣吉注意到，系统动力学专业的博士生们在分析当前社会的破损系统时，表现出了极为优异的技能，然而他们对于改变系统的实际影响力却几乎为零。鉴于这个令人困惑的现象，圣吉开始对变革的行为产生了兴趣。

圣吉的著作《第五项修炼》（*The Fifth Discipline*）是基于系统动力学、组织变革和创造性过程这三方面的整合而创作的。这个整合体带来的成果是麻省理工学院组织学习中心的研究理念，以及由该学院一个小型行为研究者团体开发的一套早期方法和工具。

几年之后，圣吉和他的同事留意到，在某些从业者手中使用效果非常好的工具，在其他一些应用案例中却没有带来明显的变化。为什么同样的工具会产生截然不同的结果呢？我们在研究工作中仔细调查了这个现象，并为此进行了 150 次访谈，对象包括领导者、企业家和创新者［很多访谈都是由奥托和我们的同事约瑟夫·贾沃斯基（Joseph Jaworski）进行的]。此外我们还积极投身到公司、政府和社区的变革过程中去。这18年的研究工作的成果是一个学习、领导、创新和深刻的系统更新的2.0版框架。用来描绘这个框架的图形很像字母“U”，所以我们将其命名为U型理论。在奥托的著作《U型理论》以及奥托与圣吉、贾沃斯基、贝蒂苏·弗劳尔斯（Betty Sue Flowers）合著的《第五项修炼·心灵篇》（*Presence*）中对这个理论都有全面的阐述。

这个框架的主旨很简单：任何系统结果的质量都取决于系统内人们行为发源的意识觉察质量。能使变革过程取得成功的公式并非“形式追随功能”，而是“形式追随意识”。意识和关注力的结构决定了事情展开的方向。

改变行为发源的内在场所

我们是在采访汉诺威保险公司（Hanover Insurance Group）前任首席执行官比尔·奥布赖恩（Bill O'Brien）的过程中，偶然触及这个领导力研究的深层领域的。比尔当时正在总结他在领导公司进行蜕变性改革时得出的最重要的见解，他说：“一项干预措施的成功与否取决于干预者的内在状态（interior condition）。”我们也可以这样理解：作为带来变革的人，我们的行为是否能获得成功不在于我们做什么（what）或者怎么做（how），而是在于我们行为发源的内在状态（见图0–3）。

当我（奥托）第一次听到奥布赖恩的这个说法时，我想：“天哪！我对这个内在状态到底了解多少呢？一无所知！我们究竟是有一个，还是几个，还是无数个这种状态呢？”我真的不知道，因为这个状态正好处在我们日常行为的盲点之中。我们可以观察到自己在做什么或者怎么做，然而我们“当下”行为产生的源头（或内在状态）的质量，却通常都超出了我们日常观察、注意和意识的范围。

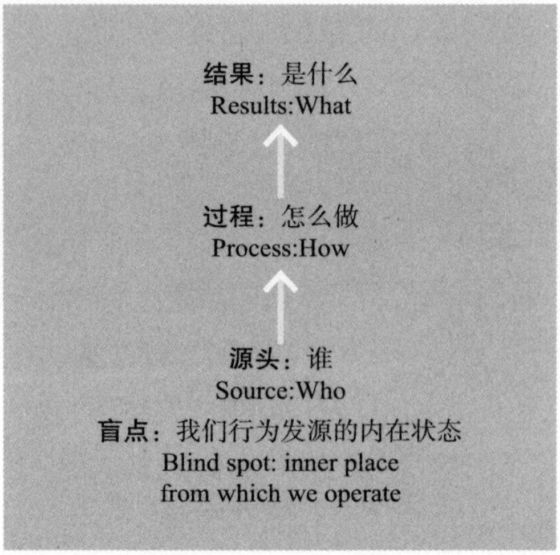

图 0-3　领导力的盲点

这个关于"社会现实创造深层次源头"的见解有些令人困惑，因此，也促使我们踏上了一次发人深省的历程，探询并整合了在领导力、管理学、经济学、神经系统科学、冥思练习（contemplative practice）和复杂性研究等领域的最新发现。我们观点的实质在于关注力的质量：除非能在个人和集体层面上，彻底转变系统内人们的行为产生时的关注力质量，否则就无法彻底转变系统的行为。

从正在生成的未来引领变革

随着对这一领域探索的不断深入，我们认识到大多数现有的学习方法论的基础都是向过去学习。然而组织中的实际领导力挑战却要求人们掌握完全不同的技能：放下过去，以便联结到正在生成的未来可能性，并向其学习。

我们同时还认识到，这第二种类型的学习——向正在生成的未来学习，不仅没有任何现成的方法论，甚至连个正经名称都没有。可是很多创新者、企业家和极具创造性的人士都表示经常切实触及这种觉知的深层次源头。奥托开始将其称为“U 型理论”和“自然流现”。自然流现（presencing）有机融合了感知（sensing，感受未来的可能性）和在场（presence，处于当下时刻的状态）两个词，意思是感知并实现个体的最高未来可能性——从想要生成的未来展开行动。

U 型理论提出的议题是，任何类型的社会经济系统的成果，其质量都是由该系统内人们行为发源的意识觉察决定的。这个议题引出了意识觉察的 4 种不同层次，它们体现了行为的发源地与系统边界之间的关系。

以聆听为例。我们将第一层级的聆听称为“下载”。它描绘了惯性行为和思维，并且导致了“以前什么样，现在还是什么样”的表现和结果。这种类型的聆听发源于我们习惯的中心，发源于我们早已熟知的过往经验。比如，乔治·布什总统和迪克·切尼副总统在“9·11”之前就接到了美国中情局的汇报，知道有一场袭击即将来临。可他们当时把全部精力都放在对萨达姆·侯赛因的军事行动上，所以对此事充耳不闻，也没能认识到情报界发出的众多强烈警告。他们听不进任何与自己熟知的情况相悖的信息。这种能力的丧失将决策者深深囚禁于他们先入为主的观点和看法里。

而与之相反的是，被称为“自然流现”的第四层级聆听代表了一种社会场域的状态，在其中关注力的范围扩大，一种全新的现实进入视线，具化成形。在这种状态下，聆听的发源地移出了我们先入为主的观点范畴。我们感觉自己好像联结到了周围一个更加宽广的领域，行为也开始发源于此。随着这种关注力更高状态的不断深化，时间似乎在放缓，空间似乎也在打开。此后自我的体验从单一的节点（自我）演化为更高的存在，强化了与周围领域的联结。此类转变的实例可见于体育团队在专注于比赛时，赛场表现就会提升；或者爵士乐团找到最佳状态的时刻。

中间两个层级是第二层级（听取事实）和第三层级（同理聆听）。我们在第 4 章介绍社会进化矩阵时，会对所有 4 个层级进行更加详细的讨论。

那么当个体、团队、机构和大型系统想要将行为的关注力逻辑和模式从下载转变为自然流现时，他们需要做些什么呢？

自然流现的原则

我们在本书后续章节会更加详细地回答这个问题。就目前来讲，先分享几个关键的原则。这些原则反映了我们过去这些年的研究成果，可能也会与你自身的某些经历产生共鸣。

1. 能量追随关注力。你关注哪里，系统的能量就会流向哪里。“能量追随关注力”的含义就是，我们应该将关注力从想要避免的情况上移开，转而去关注自己想要创造的现实。

2. 追随 U 型的三个动向。我们这样命名这个过程是因为其“形状”很像字母 U。为了到达蜕变的深层界点（位于 U 的底部），我们首先有必要打开思维、心灵和意志，从而能够沿着 U 的左侧下行；此后穿过位于底部的“针眼”，再沿着 U 的右侧上行，使新事物变成现实（见图 0–4）。借用我们的同事、经济学家布莱恩·阿瑟（Brian Arthur）的话，U 型过程的三个动向为：

- 沿着 U 下行：观察、观察、再观察。停止下载，让自己完全沉浸于最有潜力的场所，沉浸于对你所应对的情景最为至关重要的场所。

- 到达 U 的底部：静修并反思；允许内在觉知得以生成。去往静默的场所，使觉知浮出水面。在这里你要分享并反思你在深层次聆听场所学到的一切，试着问你自己："是什么想在这里生成？""它与通往前方的旅程有何关联？""我们如何才能成为未来的一部分，而不是只抓着过去不放？"
- 沿着 U 上行：即刻采取行动，通过实干探索未来，开发一个原型。通过原型可以小范围地、迅速地、即时地探索未来；可以快速地从所有利益相关者处获得反馈，使你的想法得以重复演绎并进化。

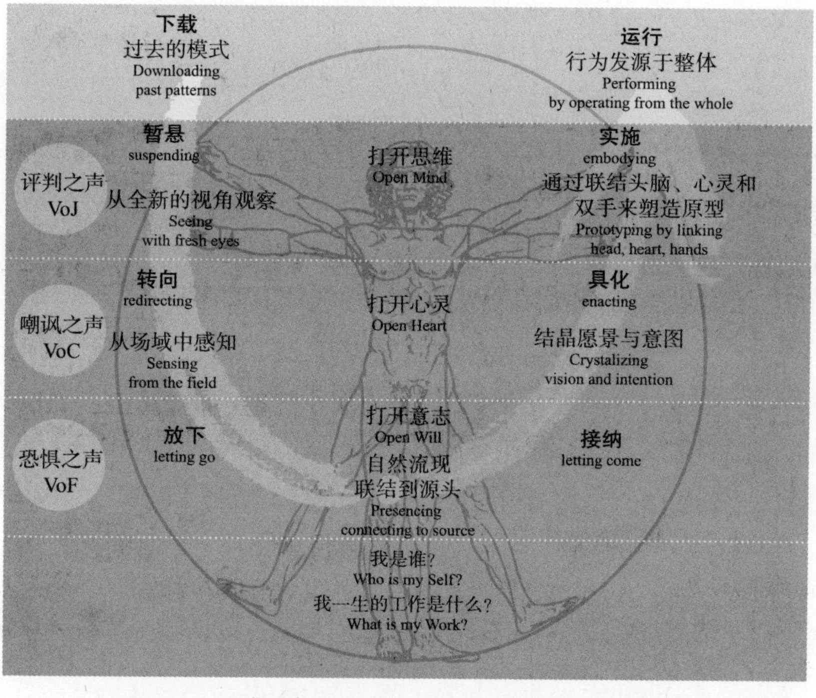

图 0-4　共同感知和共同创造的 U 型过程：自然流现

3. 探索自我的边缘。为了能将这一过程应用于机构背景之中，我们必须用一种新的领导力技术赋予其力量。这种技术的核心聚焦于同频内在三器：打开的思维、打开的心灵和打开的意志。有了打开的思维，我们就能暂悬旧有的思维习惯；有了打开的心灵，我们就能同理他人，通过他人的眼睛看待一个情境；有了打开的意志，我们就能放下过去，接纳新生。

4. 穿过“针眼”。在每个U型历程的最深处都是一个界点。通过这个界点，穿过“针眼”，会有“置之死地而后生”的感觉。《圣经》上面写道：“骆驼穿过针眼，比富有的人进入神的国度更容易呢！”“针眼”这个词指的是古耶路撒冷的一道窄门：商人如果想让骆驼通过这道门，就必须先把骆驼身上的货物都卸下来。同样地，如果我们想通过U型底部的“针眼”，我们也必须放下一切不必要的负担。穿过这道门就意味着要解答这趟旅程中的两个根本性问题：“我是谁？”“我一生的工作是什么？”这里的“我”（Self）是指我们最高的未来可能性。“一生的工作”（Work）是指我们的使命感或生命的召唤，是我们来到地球上要做的事情。

5. 转型三个敌人。为什么踏上U型历程的人并不多？为什么众人皆知有这样一个通往觉知的深层次过程，却很少看到它发生在大型系统的背景中？因为从我们下定决心要踏上这趟旅程的那一刻起，就会迎面遇上三个敌人：评判之声（VoJ，关闭打开的思维）、嘲讽之声（VoC，关闭打开的心灵）和恐惧之声（VoF，关闭打开的意志）。

6. 开始总是先“关注裂缝”（crack）。我们最初是在哪里遇见未来？“要通过自己的双手来寻找，不要只是想象，而是要亲身感受。”这是在罗伯特·雷德福（Robert Redford）导演的电影《重返荣耀》（*Bagger Vance*）中，巴格尔·万斯（Bagger Vance）给朱诺（Junah）的至关重要的指导。未来在我们的感受和双手中生成，而不是在抽象的分析里。“关注裂缝”意味着关注打开的空间，关注挑战，甚至关注颠覆的出现，从而感受到过往正在结束，未来正要展开。

7. 支撑起一个空间，使谈话场域从争论蜕变为对话和集体创造力。每一种社会场域都需要“容器”。类似对话和集体创造力这种较高层次的谈话就需要有较高质量的“容器”和支撑空间。在系统中“使谈话质量产生蜕变”意味着要使思维和关系的质量（即明日的成果）产生蜕变。

8. 强化自然流现的源头，从而避免故步自封的毁灭性力量出现。现代社会诞生于两个强大社会场域的相互作用中：自然流现和故步自封。自然流现的场域通过打开的思维、心灵和意志发挥作用。在全球范围内有很多关于这个过程的事例，极具启发意义。然而，任职于机构和体系内的人士知道，其实还有一个场域。此场域的特点是：深陷“唯一真理论”，不具备打开的思维；深陷“唯我独尊论”，不具备打开的心灵；深陷“唯一意志论”，不具备打开的意志。我们怎样称呼具有这三个特点的社会系统呢？宗教激进主义。如果我们关闭并冰封自己的思维、心灵和意志，而不是让内在三器打开、发光和发热，那么宗教激进主义是必然的结果。

我们生活在这两个场域的张力之间。我们并不是完整合一的，而是经常被这两个场域撕裂。有时我们的行为发源于最高的未来可能性（自然流现），然而间或又会失去这种状态，陷入下载的旧有模式中（故步自封）。当今现实的这种脆弱本质不仅能在个人关系中体验到，在全球发展变革的领域里也会出现。我们游走于这两个场域之间，因此，要学会如何深深扎根于自然流现的场域。

社会现实会持续生成于这两股力量的相互作用之间：一是使我们能够从人性和意图的较深层次共同进行创造的自然流现场域；二是通过我们在意识觉察方面的盲点，将我们囚禁在毁灭与自我毁灭模式中的故步自封场域（见图 0-5）。

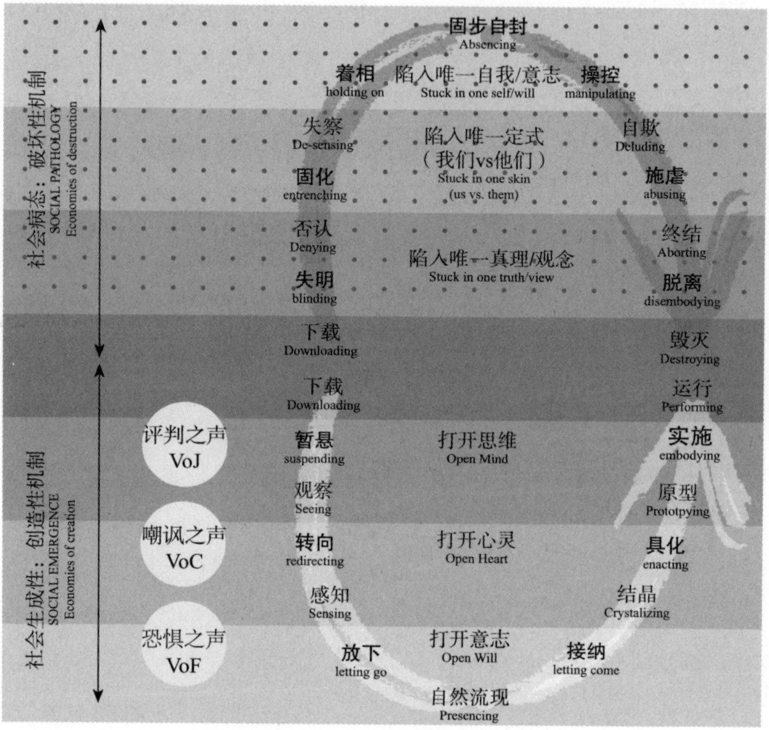

图 0-5 U 型空间和反空间

本书的“旅程”

本书的“旅程”是关于一个正在生成的框架，并提供给蜕变中的机构、社会、关系和自我。前 4 章邀请你沿着 U 的左侧下行，体验冰山式模型的 4 个层级，从可见的顶部到不可见的水下层面。

- 症状：颠覆、消亡和重生（第 1 章）；
- 结构：系统分离（第 2 章）；
- 思维：经济进化矩阵图（第 3 章）；
- 源头：穿过“针眼”的过程（第 4 章）；

而后4章将带领你沿着U的右侧上行，展望（envisioning）、具化（enacting）和实施（embodying）。

- 引领个人变革（第5章）；
- 引领关系逆转（第6章）；
- 引领机构变革（第7章）；
- 从未来引领变革（第8章）。

第5章和第6章概述了本书试图阐明的个人和关系革命。第7章的重点则是机构变革矩阵图，为关键机构和社会系统从1.0到4.0的进化道路提供了路线图。此路线图表明了对教育界、医疗界、金融界、商界、政界和民间团体来说都很有必要的变革体验其实没有什么不同。它们都包含了相似的历程，逆转并颠覆了金字塔式的体系，营造了环境，共同创建了共享意图、意识觉察和跨机构行动的场域。第8章则是一些具体的见解，表明了我们作为这一代的变革者，在未来的10～20年负有怎样的使命。

每章的最后都附有结语和实用的问题，可用于个人反思和团队讨论。这些内容都经过精心设计，可以作为实用的工具，帮助你投身到正在生成的全球性运动当中，去看清我们这个时代的生态、社会和精神危机，其实这只是一个更深层问题的三个方面。这个问题召唤我们从自我中心转向生态中心，从而开启一扇大门，实现商界、社会和自我的蜕变。每章最后的问题可以帮助你组建自己的讨论组。欢迎浏览 www.presencing.com 网站，上面有全球教室课程，为你提供与他人联结的方法，从而共同感知和创建前进的道路。

LEADING

From the Emerging Future

01

表层

消亡和重生的症状

本章我们来探究位于“现状”冰山顶部的症状。我们从专制政权的颠覆开始，一路探询到目前持续带来颠覆性变革的深层断层线；同时也会从变革者的角度来审视这些颠覆性事件：面对颠覆，到底是什么决定了我们会因此而疯狂或觉醒。

颠覆性变革

1989 年秋天，在柏林墙倒塌的前两个星期，我们带领一个国际学生团体来到东柏林，在当地一家教堂的地下室与民权活动家们会面。在会面过程中，与我们同行的一位教授，也是和平研究者的约翰·加尔通（Johan Galtung）做出了一个预测：“年底之前柏林墙就会倒塌。”当时在场的所有人，包括东柏林抵抗活动的组织者们，都心存质疑。然而我们都错了，那次会议之后不过两个星期，柏林墙就倒塌了，冷战也随之结束。

2008年秋天，时间过去了将近20年，一家全球金融服务公司雷曼兄弟宣布破产，这在世界范围内造成了巨大的冲击，几个小时不到，就将美国和欧洲的金融系统逼至崩溃的边缘。如今华尔街和欧洲的那些未垮台的超级银行，都是依靠政府庞大的问题资产救助计划才得以幸存。2008年10月11日，国际货币基金组织（IMF）首脑曾警告说："全球金融体系都在'崩盘的边缘'摇摇欲坠。"

2010年12月，突尼斯（Tunisia）一名年轻的果蔬小贩穆罕默德·布瓦吉吉（Mohamed Bouazizi）受到了当地警察的不公待遇。警察向他索贿，遭到拒绝后就将他的货物没收并施以殴打。布瓦吉吉不堪忍受，引火自焚以示抗议。2011年1月18日，26岁的埃及活动家阿斯玛·马夫兹（Asmaa Mahfouz）号召人们在开罗的解放广场集会，抗议埃及总统侯赛因·穆巴拉克执政的"腐败政府"。这段视频在埃及民众中激发了一场起义。一个星期后，2011年1月25日，数千人和阿斯玛一起出现在解放广场上。又过了几天，人数上升到了几百万人。起初埃及警察对集会实施了残酷的镇压，然而在阿斯玛发布首条视频后还不到4周，穆巴拉克总统就辞职了。

一个多月后，日本海岸遭遇了一场9级地震，并引发了巨大的海啸，夺去了两万多条生命。福岛第一核电站的防波堤只能抵御5.4米高的海啸，可是地震几分钟后，随之而来的海啸高达14米。海啸轻而易举地越过防波堤，摧毁了核电站的应急冷却系统。结果导致站内的放射性燃料开始过热，核电站面临灾难性损毁的危险。

2011年晚些时候，"阿拉伯之春"席卷全球。在利比亚，穆阿迈尔·卡扎菲的统治被推翻。占领华尔街在一定程度上也是受到了"阿拉伯之春"的影响，并引发了全球超过1 000个城市的行动。

穆巴拉克和卡扎菲政权的终结、福岛第一核电站的损毁以及西方金融体系的几近崩盘都具有以下这些特征：

- 一种僵化的、集权式的结构，在过去被视作坚不可摧，如今却土崩瓦解。
- 一种自发的、分散式的草根运动初露端倪，人们放下恐惧，开始在意识和内在联结的更高层次上觉醒。
- 旧有的体系出现了细小的裂缝，随之开始坍塌，直至最终崩溃。
- 一旦崩塌的记忆开始消逝，旧势力又会卷土重来，并企图掩盖崩塌的真正原因，以便能够继续扩张其特权，掌控更大的权力和影响力（实例可见华尔街的金融寡头行为）。

我们认为此类事件还会不断出现。这些颠覆性变革标志着新时代的开端：一个国际社会集体跨进的新时代，一个颠覆性持续增长的新时代。有时候，这样的运动会引发其他一些带来深远变革的运动；然而有时候，它们也会衰退并最终失败。我们稍后会在书中详述，在很多情况下，这些颠覆性已经开始出现，想要完全阻止其发生为时已晚。那么我们可以掌控的方面有哪些呢？答案正是我们在工作和生活中应对这些颠覆性所产生影响的方式。

颠覆性变革影响的不仅是我们的外部世界，同时还有内在自我。这样的时刻会让周围世界的运转戛然而止。这种状态虽然让人感到害怕，但同时也构成了一个巨大的空间，我们可以用两种方式将其填满：一是冻结自我，重复过去的模式；二是打开自我，迎接最高的未来可能性。而本书所讨论的正是第二种方式：融入、感知并实现个体正在生成的未来。

自然流现

当我们到达崩盘的边缘时，其实可以有如下选择：我们可以深度冻结，重复已经根深蒂固的旧有习惯；或者我们可以停下来，融入未知的空间，融入想要生成的一切。

我们将第二种可能性，即融入并联结到我们最高的未来潜力，称作“自然流现”（presencing）。在引言部分中就提到过，自然流现这个词是“在场”（presence）和“感知”（sensing）的有机融合，含义是感知正在生成的未来场域，并使行为发源于此。当我们联结到这个更高意识觉察的场域时，关注力就开始放缓、打开、转向、放下，继而接纳、结晶，使新事物生成。引言部分的图 0-4 很好地总结了这个过程。

联结到大我，联结到我们最高的未来可能性，然后进一步采取行动的过程，是一连串的动作，我们也许瞬间就能完成，也许需要花费数年。这是人类历程的一个原型，是打开自我，允许新事物着陆、发芽并通过我们变成现实的过程。

这一过程的实例就是阿斯玛·马夫兹于 2011 年 1 月 18 日在网上发布的视频，而这段视频激励了全世界的人民。通常有三个最主要的障碍阻止我们联结到深层场域和真实性：质疑、嘲讽和恐惧。而在这段视频中，阿斯玛讲话的境界已经超越了这三者。

她的讲话丝毫没有政府喉舌惯用的怀疑，而是具有极大的明确性；丝毫没有嘲讽，而是具有深切的联结和同理心；丝毫没有会令她孤立无援的恐惧，而是具有完全不设防的承诺和勇气：

> 4 个埃及人为了抗议他们 30 年来所遭受的羞辱、饥饿、贫穷和恶劣的生活而引火自焚，他们希望这里也能爆发一场像突尼斯那样的革命；希望我们能够拥有自由、公正、荣耀和尊严。今天，这 4 个人中的一位不治身亡，我看到人们的评论说：“愿真主原谅他。他白白浪费了自己的

生命，真是罪孽。”

人们啊，有点羞耻心吧！

我在帖子里写道：我，一名女性，要到解放广场去。我会只身站在那里，高举标语，也许这样会激发人们的荣辱感。我甚至公布了自己的电话号码，希望有人愿意和我一同前往。上一次只来了三个人，还来了三辆防暴警车。十几个警察和受雇的打手跑来恐吓我们，把我们从人群中粗暴地推开。然而周围没有别人之后，他们就说：“够了！那些自焚的人都是疯子。”当然了，按照所有埃及国内媒体的宣传，因抗议而死的人都是疯子。如果他们真的疯了，为什么偏偏跑到国会大楼去自焚呢？

我现在制作这条视频是为了向你们传递一个简单的讯息：我们将在1月25日再次前往解放广场。如果我们还有荣辱感，还想在这片土地上有尊严地生活，就应该在2011年1月25日到解放广场去，去讨回我们的权力、我们最基本的人权。

正如阿斯玛所说，她第一次去解放广场的时候，只有三个人和她同行。而这条视频发布一个星期之后，她再次前往时，有超过5万名抗议者加入进来。又过了一个星期，2011年2月1日的时候，参加和平抗议的人数已经超过了100万。2011年2月11日，穆巴拉克辞职了，一直被视作“坚不可摧”的政权终结了。

这个共同创造颠覆性变革的过程，并不是个别现象，而是一个正在变得清晰的更大格局的一部分。我们在其他几个行业、系统和文化体系内，也看到有人做出类似的努力。踏上这些历程的变革者们脱离了人们熟知的道路，使自己置身于未知领域的边缘。他们联结到觉知的深层次源头，感知到想要生成的未来。然而，变革者们并不经常提及这个变革的深层次个人领域，因为目前还没有众所周知的语言可以将其描述出来。

阿斯玛·马夫兹是在冰山顶部的一个非常耀眼的形象，借用作家和活动家保罗·霍肯（Paul Hawken）的话来说，她代表了“整个社会史中最重大的运动”。其中包括推翻了埃及和突尼斯的专制政权、东欧剧变以及南非种族隔离政权的草根民间团体运动；还包括一种全新类型的企业家，他们创建了“混搭型”企业，以“三重底线”作为目标，将盈利、社会责任以及环保结合在一起。

这种新型的全球性运动没有名称、没有领导者、没有思想体系、没有统一的项目计划，也没有统一的控制中心。取而代之，人们正在分享一个新的内在场域，一个正在生成的联结和意识场域，还有对所有生命，包括地球福祉的关心。

故步自封

当然，自然流现并不会自动到来。当面对崩塌的时候，我们也许不会融入未来，而是选择重复过去的旧有模式。2011 年 2 月 20 日，穆巴拉克起初拒绝交出政权，就是处于这种状态；1989 年初秋，埃里希·昂纳克领导下的民主德国处于大动荡状态；华尔街银行在面临体系崩盘时，依然抵制不了诱惑，通过一场“无声的政变”（借用国际货币基金组织前任首席经济学家西蒙·约翰逊的话）来进一步扩张其势力，就是处于这种状态；天主教会在面临最令人心痛的虐童案件时，依然不改变旧有的制度体系，也是处于这种状态。然而并不仅仅是他们，我们在拒绝放手对过去适用而对现今失效的机制时，也是如此。

每当我们内在还没有答案就去下载旧有的模式，而不是融入新的生成时，我们就踏上了一条集体造成社会病态的道路。过程大致如下：下载、否认、失察、故步自封、自欺、终结和自我毁灭。

正如引言中图 0-5 所示，故步自封的过程是自然流现过程的逆转。这个过程没有打开心灵、思维和意志，相反却死守过去不放，没有勇气融入未知的、正在生成的未来。因此，故步自封的空间会将我们抛上这样一条轨迹：否认（看不到周围的事实）、失察（缺乏对他人的同理心）、故步自封（失去了与最高大的我的联结）以及毁灭（摧毁他人和自我）。

这种情况有个很好的实例，即希特勒和纳粹在中欧和整个世界犯下的罪行。而如今，再来看看我们对地球集体实施的行为，其基本模式也是相同的。

因此，被抛入故步自封的空间就意味着被禁锢于以下三个方面的专制之下：

- 唯一真理论（意识形态）；
- 唯我独尊论（僵化的集体主义）；
- 唯一意志论（盲从）。

这三个专制的“唯一真理论、唯我独尊论、唯一意志论”也被称作宗教激进主义。在第二次世界大战中，人们奋起反抗的正是这种意识结构。当我们提及南半球殖民地的独立运动，南非反对种族隔离体系的运动，东欧、拉美和北非反对专制政权的运动时，所有这些区域的深层次斗争都是相同的，即人们不断崛起抗争宗教激进主义所导致的专制现象：唯一真理论（封闭的思维）、唯我独尊论（封闭的心灵）以及唯一意志论（封闭的意志）。这种僵化的世界观所造成的社会结构有以下三个关键特征：

- 片面的、直线型的沟通；
- 透明度低、排他性强；
- 只为少数人的福祉服务的意图。

另一种世界观尚不能清晰界定，然而也可以描述为：

- 多面的、循环型的沟通；
- 透明度高、包容性强；
- 为全体福祉服务的意图。

如何获得第二种模式是本书的核心议题。而最令人不可思议的是，当今社会的大多数人可能都会抗拒第二种模式，从而不断产生肆虐的结构和文化暴力。

我们此处所指的对抗宗教激进主义的战争并非靠消灭“基地”组织就能获胜。这是一场维护地球未来的战争，不能靠向人们投掷炸弹取胜。21 世纪的主要战场存在于我们的内心。这是一场自我和大我之间的战争，是一场现有的惯性自我和正在生成的未来大我之间的战争，在个人层面和集体层面上都是如此。这是一场故步自封和自然流现之间的战争，而这两种模式普遍存在于当今社会的所有行业和系统当中。

疯狂和觉醒的时刻

我们作为个体、团队、机构和系统，行为究竟是发源于故步自封状态还是自然流现状态，到底取决于什么呢？允许我们从一种状态转换到另一种状态的杠杆是什么呢？我们怎样做才能从疯狂前进到觉醒？

我们来看一个具体的例子。1986 年 4 月 26 日，乌克兰的切尔诺贝利（Chernobyl）核电站四号反应堆发生事故。随着情况变得越来越严重，相邻城市普里皮亚季（Pripyat）的市民和儿童却没有接到任何警告，俄国乃至欧洲的居民都暴露在核辐射云之下。辐射云先是向北移动到斯堪的纳维亚（Scandinavia）半岛，其后将整个欧洲及其 5 亿居民全部笼罩其中。

不仅仅是欧洲民众没有接到关于潜在威胁的警告，就连克里姆林宫的苏联高层领导人也完全被蒙在鼓里。时任中共中央总书记的米哈伊尔·戈尔巴乔夫曾回忆说："早上 5 时，我接到了一个电话，被告知切尔诺贝利核电站出事了。起初他们只提到了'事故'和'火灾'。情况报告称一切都很安全，包括反应堆……一开始我得知的是没有发生爆炸。这个信息导致的结果太出乎意料了！到底发生了什么情况呢？核爆炸、辐射云、严重的核污染！到后来还是瑞典向我们发出了警告！"

戈尔巴乔夫最初被告知事故对周围环境不会造成任何威胁，完全在控制范围内。据他说，没有一个人告诉他事故之初，反应堆内核就发生了一系列爆炸，并且把重达 1.2 亿吨的反应堆顶盖给炸飞了，同时释放出含有高度放射性物质的蒸汽。过了几天，这些高辐射物质蔓延到 1 000 千米以外的瑞典，触发了当地核电站的警报器。瑞典政府迅速警示民众注意辐射尘。

尽管切尔诺贝利核电站的辐射物在不受控制地持续释放，可是附近居民的撤离行动在事故发生超过 24 小时之后才开始。直到戈尔巴乔夫组建了一个核专家委员会，并为其提供无限制的资源、人力和技术，应对危机的措施才得以全面展开。

在这个措施展开的过程中，很多下载的旧有模式一再出现，并带来可怕的后果。核专家们会面的酒店就在出事的核电站附近，当时整个城市都已经被清空，至少某些专家应该清楚情况如何，可他们依然将自己暴露于高度辐射之下。甚至就在距离灾区不到 100 千米的乌克兰首都基辅市，传统的劳动节庆祝活动都在正常举行，当地的政府高官也有出席。

在后来的一次采访中，戈尔巴乔夫回忆起那些专家们的反应："他们都是非常出色的人，都是专家。我真是无法相信他们行事如此不负责任，这简直就是自杀行为。那些专家都低估了形势。过去的规范不再适用了。过去也有过核事故……可是从来没有过程度这么严重的。他们（核专家）甚至认为，到 5 月份或 6 月份的时候，核电站就可以恢复使用了。"

后来苏联政府终于意识到了这场核灾难的严重性，于是调集了 50 万人来防止更恶劣的情况发生。消除污染的清理工作直到今天还在继续，每年要消耗掉乌克兰政府开支的 5%~7%（2003—2005 年的数据）。

另一个通过下载旧有行为模式来应对挑战的实例，来自法国当时的公共卫生和社会保障部部长皮埃尔·佩勒林（Pierre Pellerin）。他声称放射性尘埃虽然已经覆盖了欧洲北部、中部和西部，却从未飘入法国边境（法国至今有 75% 的发电量来自核能，这个比例在全世界居首位）。

切尔诺贝利核灾难是个十分突出的例子，说明了在不合时宜的情况下，依然下载旧有行为只会导致否认、数据失真、自欺、终结和自我毁灭的模式。然而，事情到这里还没有结束。戈尔巴乔夫意识到，如果熔毁的核反应堆污染了地下水，那么整个欧洲都有可能变成毫无人烟的荒废之地。他说："切尔诺贝利事件告诉了我们核能的真实本质。我们计算了一下，苏联最有威力的导弹是 SS-18s，其杀伤力相当于 100 个切尔诺贝利……而我们拥有 2 700 个这样的导弹，目的是进攻美国。想想这可能造成的破坏吧……切尔诺贝利使所有人（苏联人也好，美国人也好）都明白了，我们是坐在一座巨大的核火山上。并且不只是我们两个国家，而是整个世界！"切尔诺贝利核事故过去一年半之后，戈尔巴乔夫销毁了苏联所有射程为 500~5 000 千米的核弹头。

在看到切尔诺贝利的灾难性事件后，戈尔巴乔夫允许自己的思维放缓，让自己的意识觉醒，放下了过时的“同归于尽”的军事逻辑，使“解除军备”的想法发芽、壮大。这些想法最终使世界历史的进程朝着更好的方向发展。

这个事件引发了一个明显的问题：我们作为一个全球性社会，这些此时此刻正在撼动地球的颠覆性事件，到底会如何影响我们的思维和意识？我们需要放下的是什么？我们需要让有关未来的哪种想法发芽、壮大？

断层线

有很多自然灾害，比如，火山爆发、地震和海啸都倾向于发生在地壳板块的断层线——地壳板块相遇的区域，板块相撞后会释放出巨大的力量。我们无法完全预测这些断裂和爆发的时间和地点，然而了解断层线的地理现象就意味着了解了有潜在影响的地区。

从这个角度来看，社会和经济方面的崩塌与爆发情况也与之类似，倾向于发生在由社区和社会构成的社会整体割裂了的断层线上。同样地，我们虽然无法完全预测灾难发生的时间和地点，但是在了解有哪些可能性之后，我们可以更多地关注那些预示了重大事件的微小迹象，比如，柏林墙的倒塌、金融体系的崩盘、独裁政权的倒台。

那么，当今社会割裂了社会经济整体，即一切社会关系总和的主要断层线又呈现什么状态呢？我们认为主要有三条，划分标准是作为人类所具有的三种主要关系：（1）我们与自然的关系；（2）我们彼此之间的关系；（3）我们与内在自我的关系。当这些关系破裂后，就会产生三道鸿沟：生态鸿沟、社会鸿沟和精神文化鸿沟。

‖生态鸿沟‖

生态鸿沟是指人类与自然关系的断层线。虽然生态效益型生产方式已经有了显著提高，然而在提高能源效率方面所取得的进步都被所谓的“回弹效应”给抵消了：即随着总产出（GDP）水平的上升，资源的绝对使用量也相应上升。如今我们已经超额使用了地球 50% 的再生能力。如果按照目前这个趋势继续下去，到 2050 年，我们过度使用的再生能力将会达到整个地球的三倍，令人不寒而栗。当然，这个情况是不会发生的，因为生态破坏将令我们踏上一条完全不同的道路。尽管如此，我们也能从中看出目前的发展道路有多么的不负责任。下面来看看一些当前的短期症状：

水。根据联合国环境规划署（UNEP）的报道，在 20 世纪，全球对淡水的需求量增长了 6 倍。与此同时，淡水资源却在缩减，因此，全球 1/3 的人生活的国家水供应都不足。更有甚者，地球上约 1/5 的人都喝不到安全的饮用水。

土壤。在人类生存的进程中，大部分表层土壤的流失都是不可逆转的。土壤每 100~400 年才会形成 1 厘米。而在过去 40 年里，全球近 1/3 的农业用地都丧失了生产力，相当于 20 亿亩耕地和牧场，比美国和墨西哥加起来的总面积还大。

气候。1995—2006 年，只有一年没有被列入“有史以来温度最高的 12 年”里。大气中二氧化碳的含量之高史无前例。2012 年 11 月，世界银行发布报告警告，“全球都狂奔在到 21 世纪末气温上升 4℃的道路上”。其结果是到 2100 年，海平面可能会上升 0.5~1 米，甚至有可能更高。一些岛国将不再适合人类居住。

生态系统。《千年生态系统评估报告》（*The Millennium Eco-System Assessment*）给出结论：“在过去 50 年里，人类对生态系统改变的深度和广度超过了人类历史上任何一个可比时期，主要是为了满足对粮食、淡水、木材、纤维和燃料飞速增长的需求。这导致了地球生命多样性的严重丧失，并且这种丧失情况大多数是无法挽回的。”这项综合性调研前后进行了 5 年，其间所评估的大约 60% 的生态系统都在退化或者并未得到可持续性利用。

联合国环境规划署付出了巨大的努力来量化人类从自然生态系统中获得的“服务”，据其报告，地球上的生态基础设施为人类创造的价值每年超过 70 万亿美元，甚至还可能远高于这个数字。联合国环境规划署执行理事阿希姆·施泰纳（Achim Steiner）称：“对自然资产和自然衍生资产的不善管理，使发展缩水的程度十分庞大，就连最近的经济危机都相形见绌。”

‖社会鸿沟‖

21 世纪初的金融危机过后，越来越多的人意识到，社会内部存在着社会鸿沟，断层线也变得愈加清晰。纵观全球，最富有的 1% 的人口拥有全球 40% 的财富，而全球约 50% 的人口只拥有 1% 的财富。这种差距以及很多其他因素正在快速加剧社会鸿沟。收入方面的情况也差不多：金字塔顶端 10% 的人口赚取了全球一半的收入。

尽管在帮助数以亿计的人（尤其是非洲）摆脱贫困方面已经取得了巨大的进步，然而事实上，社会鸿沟在过去 30 年里却加深了，以下观察结果可以佐证：

饥饿。全球有 1/8 的人每晚都要饥肠辘辘地入睡，其中 98% 的人生活在发展中国家。

贫困。全球有超过 24.7 亿的人口每天的生活费用都不足 2.5 美元；有 13 亿人口生活在赤贫状态中，即每天生活费用不足 1.25 美元（2008 年汇率），这些人最基本的生活需求都无法得到满足。

收入不公。最近的研究指出，国内动乱、移民和难民危机、经济衰退和经济增长缓慢等问题都与收入不公有关。2008 年，国际劳工组织（International Labour Organization）在 70 多个发达及发展中国家，展开了一项关于收入不公的全球性调研。关键的发现包括：70% 参与调查的国家在之前的 20 年间，最顶端 10% 和最底端 10% 的人口其收入差距加大了。

‖精神文化鸿沟‖

生态鸿沟是指自我与自然之间的分裂，社会鸿沟是指自我与他人之间的分裂，而精神文化鸿沟则是指自我与大我之间的分裂。这种分裂的症状之一可见于我们的幸福与身心健康程度，以及与过劳、抑郁、自杀相关的问题。过劳和抑郁的情况在过去 50 年里变得愈加严重，甚至在物质生活标准已经快速提高的国家中也是如此。

在过去的 45 年间，全世界自杀率升高了 60%。在美国高中生和大学生群体中，自杀是排名第二的致死原因（排名第一的是意外事故）。而从全球范围来看，在 15~45 岁年龄段中，自杀是排名前三位的致死原因之一。这个令人震惊的数据就是人类内部暴力的“冰山”所显示的顶部一角。

2011 年，我在维也纳的一次讲座中，曾经邀请听众和身边的人共同讨论在他们的工作和生活中，在哪一点上感受到了有事物正在消亡，而又是在哪一点上看到了有事物正在想要生成。一位大型国际公司的主管说：“我注意到在公司要我做的事，比如，主持降低成本和缩小规模的项目，以及我真正想要的事业和人生之间，开始出现了断裂。”他描述了他所处的情境，公司要求他往东，可是他个人的感受和思维却指向西。然而，那些感受和思维并没有强烈到足以使他改变进程，因此他还是继续照做了。

这种正在出现的断裂或隔阂是我们当前集体情境中的一个重要迹象。这位来自维也纳的主管只是个别现象，还是代表了一个规模很大的群体呢？从我们的经验来看是后者。例如，我在麻省理工学院授课的时候，班里大约一半的听众都是来自世界各地的、正处于职业生涯中期的主管们。刚开课不久，我邀请每位参与者分享一下促使他们来到这里的原因。出现次数最多的答案差不多是这样："公司要求我做的事情让我感到很没有动力；我在企业内部所处的位置越高，劲头反而越小；我到这里来是想学习一下，如何重新联结到能量和最佳工作状态的源头。"

外在要求与内在志向和需要之间的断裂不容小觑，因为如果不对其加以处理，很快就会演变成过劳、抑郁或者更加恶化的情况。想想 20 世纪 80 年代早期，东欧社会主义政权的那些职能性精英（functional elites），他们知道体系已经出现了严重的破裂，然而却没人敢于仔细观察表面上的裂缝并调查出其背后深层次的系统原因。这是维也纳的主管以及麻省理工学院的主管们所描述的微妙的、尚处于早期的裂缝，如果置之不理的话，将会愈演愈烈，其严重程度不亚于破损的东欧政权倒台之前出现的那些裂缝。如果你开始关注这些初生的裂缝，即断层线，就会认识到它们是一种声音，告诉你需要改变自己的生活。是的，我们所有人都需要改变自己的生活。

三道鸿沟，一种流

构成表面症状的这三道鸿沟是高度交织的。例如，生活和工作上的意义缺失（内在空洞）通常都会由额外的物质消费（消费主义）来填满，这样会进一步消耗资源，加深了生态鸿沟。自然资源从发展中国家流向发达国家，而有毒废物则反其道而行之，这种情况的加剧又导致了社会鸿沟的加深。简而言之：

内在空洞→消费主义→生态鸿沟→社会鸿沟。

在20世纪的大部分时间里，我们都是一次只解决其中某一个问题。如今，我们能看到人们正在逐渐脱离这种模式。特别是年轻人已经认识到这些问题并非彼此独立，而是一个深层次问题的三个方面，并将其视为常识。而且他们还认识到，必须通过一场深刻的社会变革才能解决这个问题。

逐渐觉察到这场必要系统变革的过程始于20世纪60年代后期。在1960—1980年，一种全新类型的民间团体运动开始崭露头角：反越战运动、民权运动、女权运动、社会正义运动、公平交易运动、环境运动、反核运动、反战运动、反种族隔离运动、反独裁政权运动。随之而来的还有近期的气候变化运动、“阿拉伯之春”、占领华尔街、活跃地方经济（local living economies）、慢食运动（slow food）、慢钱运动（slow money）。所有这些运动都是一场广泛而深远的、全球性意识觉醒的前兆和“催化剂”。

然而第一次民间团体运动浪潮的问题在于，只是倾向于关注三道鸿沟中的一个或两个。例如，环保活动家们几乎完全忽视了变革的社会和意识的维度；社会正义运动对环保和意识置之不理；新意识运动则迷失在个人解放之中，而没有利用意识觉醒来开启社会蜕变的大门。

菲尔·汤普森（Phil Thompson）教授是我们在麻省理工学院的同事，他讲述了一个亲身经历过的生动例子。菲尔于20世纪90年代早期在纽约市房屋局（New York City Housing Authority）担任副局长。在那之前的很多年，房屋局就开始按照联邦《清洁空气法案》（*Clean Air Act*）的要求，停止焚化低收入人群公共住房的垃圾，而是改成垃圾装袋，每周收走一次。这一举措当时受到了众多环保人士的欢迎。然而为了腾出足够的资金给500万人制造的垃圾装袋，纽约市房屋局需要削减很多项目，包括青少年项目、维修项目以及其他必要的服务。而与此同时，房屋局的员工在解决居民公共住房所面临的问题时，又没有从环保主义者那里得到多少支持，因此，他们在推广回收利用和其他环保行动方面也没什么作为。最后导致了意料之外的结果，很多市民都非常愤怒，认为自己的权利被剥夺，一点也不愿意加入环保项目中。

由此看来，如果想看到任何实质性的进展，就必须用整合的方法同时应对三道深刻的鸿沟。我们认为，这种整合的解决方案，体现在当前遍及全球的第二次公民和社会创新性行为的浪潮当中。在这场兴起的运动中，人们自发地从觉醒的意识觉察展开行动，为整体的福祉做出贡献，使其成为地球未来希望的巨大源头。

LEADING
From the Emerging Future

结语与练习

这一章描绘了我们当前情况的表面症状。我们认为，一个颠覆性时代已经来临，其中的个体、机构和社会都面临着全新的挑战，要求它们放下旧有的行为方式。这些机遇性的时刻邀请我们感知并实现正在生成的未来可能性。然而，如果我们没能融入这个自然流现的深层次过程，就会深陷旧有的模式中，冻结在会将我们抛入故步自封循环（否认、失察、自欺和毁灭）的应对方式里。

▲思考题

请拿出笔记本（或是一张白纸），写下下列问题的答案。每道问题的回答时间 1~2 分钟，并给你的答案标上序号。

1. 你在何处曾经感受到一个世界正在消亡（社会上、组织里或是你的内心）？
2. 你在何处曾经感受到一个世界在等待新生（社会上、组织里或是你的内心）？
3. 你在何处曾经感受到颠覆性时刻？你注意到自己有何种自然流现或故步自封的过程？
4. 在你个人工作和生活的经历中，生态鸿沟、社会鸿沟和精神文化鸿沟是怎样体现出来的？

▲圆圈对话

召集 5~7 人，围成圆圈，组织第一次会议，分享圈子中每个人的背景。回答以下问题：

1. 介绍你的个人情况，讲述一两次塑造你性格的成长经历。
2. 你在何处曾经感受到一个世界正在结束或消亡，你又在何处曾经感受到一个世界正在开启或等待新生？
3. 你认为我们当前的危机和三道鸿沟的根本原因是什么？
4. 你个人认为未来 10~20 年将会发生些什么？
5. 你在当下愿意做些什么来给前进的道路带来影响？

02

结构

系统分离

本章我们探讨“现状冰山”在水面下的第一层级。是什么样的结构问题导致我们一再重复过去的模式，无法联结到正在生成的未来呢？其背后潜在的盲点又是什么呢？照亮这些盲点将有助于我们看清水面下的隐藏结构。

盲点Ⅰ：结构

当前的系统造成了没人想要的结果，而在我们称为社会病态症状的表面下，则潜藏着支撑现有模式的结构。例如，在一个组织中，部门结构决定了劳动力的分配和员工的专业属性。在现代社会里，在这个飞速变化并且紧密交织的世界里，政府、商业和非政府部门都有其协调和自组织（self-organizing）的方式。结构就是各种关系的模式。因此，如果我们想彻底改变社会应对挑战的方式，就需要了解我们一再反复上演的深层次结构。

8 种结构分离

这里我们列出了潜在结构问题的 8 个领域，或称可见症状。表 2–1 将每个领域都标示出来。第一行广义地描绘了症状；第二行解释了引发当前问题的结构分离；第三行阐明了整个系统存在的局限性。

找到这些结构分离的根本原因，就好比摸准了经济和社会蜕变的 8 个“穴位”。如果从整体角度来看，这些“穴位”承载了促进体制进化，进而弥合三道鸿沟的可能性。下面让我们来近距离观察一下。

1. 生态分离。由于无限的增长需求与有限的自然资源不相匹配，人类目前消耗的资源已高达地球再生能力的 1.5 倍。其结果就像罗马俱乐部的报告标题所描述的那样，我们已经逼近了“增长的极限”，因此，就要求我们必须更好地保护日益稀缺的自然资源。

2. 收入和财富分离。全世界最顶端的 1% 的人群所拥有的财富多于底端的 90% 的人群，导致了财富集中于社会的一端，而另一端则连基本需求都无法满足。因此，社会不公也达到了较为危险的程度，稍后我们会作详细论述。这就要求我们重新平衡经济竞争环境，从而更好地实现基本人权。

3. 金融分离。高达 1 500 万亿美元的外汇交易总额远超 20 万亿美元的国际贸易（不足外汇交易额的 1.4%）。这种分离可明显见于金融经济与实体经济的割裂，因此，我们正逐渐逼近投机交易的极限。

4. 技术分离。我们用只能应对症状的技术性修复来回应社会问题，却没有提供系统层面的解决方案。因此，我们已经逼近了“症状修复法”（symptom-focused fixes）的极限，即面对问题只用技术设备来应对，而没有找到问题的根本原因。

表 2-1 结构分离和系统极限

	经济领域 Ecological issue	收入领域 Income issue	金融领域 Financial issue	技术领域 Technology issue	领导力领域 Leadership issue	消费主义领域 Consumerism issue	国家治理领域 Governance issue	所有权领域 Ownership issue
表面症状	1.5 倍的地球生态足迹	最顶端的 1% 的人口拥有的财富多于底端的 90% 的人口	1 500 万亿美元投机泡沫	快速技术修复综合征	集体造成了没人想要的结果	过劳症、抑郁症，只是消费，感觉不到幸福	在整个系统范围内没有能力面对挑战	过度使用宝贵的资源；公地悲剧
Surface Symptom	1.5 planet footprint	Top 1 percent own more than bottom 90 percent	US$1.5 quadrillion speculation bubble	Quick technological fix syndrome	Collectively creating results that nobody wants	Burnout, depression, consumerism, without well-being	Inability to face challenges at scale of whole system	Overuse of scare resources; tragedy of the commons
结构分离	无限增长与有限资源之间的分离	贫富之间的分离	金融经济与实体经济之间的分离	技术对策与社会需求之间的分离	过时的领导力工具与全新挑战之间的分离	GDP 与幸福感之间的分离	部分与整体之间的分离	当前所有权形式与最佳社会效用之间的分离
Structural Disconnect	Decoupling of unlimited growth and finite resources	Decoupling of Haves and Have Nots, of wealth and basic need	Decoupling of financial economy and real economy	Decoupling of technological solutions and societal needs	Decoupling of old leadership tools and new challenges	Decoupling of GDP and well-being	Decoupling of parts and whole	Decoupling of current ownership forms and best societal use
系统极限	增长极限→培育有限的资源	不平等的极限→实现人权	投机的极限→以实体经济为中心	修补症状的极限→聚焦于可持续性解决方案	领导力的极限→直接的、普及的、对话式自治	消费主义的极限→关注幸福和身心健康的内在源头和关系源头	竞争的极限→重新划分竞争与合作的界限	国有资产和私有资产的极限→公共资产的所有权
Systemic Limit	Limits to growth → cultivating finite resources	Limits to inequality → embodying human rights	Limits to speculation → organizing around the real economy	Limits to symptom fixes → focusing on sustainable solutions	Limits to leadership → direct, distributed, dialogic self-governance	Limits to consumerism → attending to inner and relational sources of happiness and well-being	Limits to competition → redrawing boundaries of competition and cooperation	Limits to state and private property → property rights for the commons

5. 领导力分离。我们集体造成了没人想要的结果，这是因为决策者们与其决策所影响人群之间的距离日益增加。因此，我们也逼近了领导力的极限，即传统的、通过部门分工式机构体制运作的、由上及下的领导力。

6. 消费主义分离。更多的物质消费并不会带来健康和幸福的提升。因此，我们逐渐逼近了消费主义的极限，这个问题要求我们必须将经济过程重新联结到幸福和身心健康的深层次源头。

7. 政府治理的分离。作为一个国际社会，我们的协作机制与公众利益危机毫无联系，所以无法解决当今时代最紧迫的问题。市场对于私人物品是个好地方，然而却不能拯救当前的公地悲剧。因此，我们正逼近竞争的极限。我们需要开发进入市场前的合作领域（premarket areas of collaboration），促进整个系统范围的创新，从而重新划分合作与竞争的界限。

8. 所有权分离。我们面临着宝贵资源的大规模滥用，主要体现在当前的所有权形式与资源最佳社会应用的割裂上：如生态公共资产（ecological commons）。因此，我们正逼近传统财产权的极限。这可能就需要第三种分类——基于公共财产的所有权，从而更好地保护子孙后代以及地球的未来。

正如在引言部分论述的那样，这些问题领域有着共同的特点。其中几个是：（1）它们全都沿袭了“生而不会学习”的系统框架；（2）对外部性毫无察觉；（3）助长了错误的资金流向；（4）允许特殊利益群体操纵系统、破坏整体。

这 8 个问题就如疾病的症状，困扰着整个社会实体。那么这种集体失责模式背后的驱动力又是什么呢？这些症状来自结构分离，而结构分离又导致系统逼近了一系列现实世界的极限。每种分离都大到可以独立成书，事实上确实有很多人已经撰写了相关书籍。比如，《增长的极限》（*Limits to Growth*），在 20

世纪 70 年代激发了一场全球意识觉醒的浪潮。然而，这本书虽然有着巨大的影响，却没有提及诸如金融泡沫等其他领域的解决办法，而金融泡沫又正是无限增长需求的一个关键驱动力。

本书邀请你将整套分离作为一个完整的系统来观察。这时候看到了什么？看到了我们自己。问题在于我们。正是我们滥用了资源，以至于超出了地球的再生能力；正是我们参与的经济活动，一再重演了收入鸿沟、消费主义以及随之而来的过劳泡沫；也正是我们，虽然认识到了传统银行是问题的主要原因，却依然用它来进行金融交易。

每个问题领域都是系统中的一部分，而该系统已经失去了与整体的联结。在继续冰山顶部以下的旅程之前，先通过三个有趣的数据点来看看我们当前社会的健康程度。

当今社会的经济状况

首先考虑一下 GDP 与身心健康之间的联系。GDP 与平均预期寿命的关系经常被用作衡量一个国家健康质量的指标。事实上，当年度人均收入处于 5 000~6 000 美元这个层次时，GDP 与健康状况确实有着紧密的联系（见图 2-1）。然而，当 GDP 上升超过该层次时，这种联系就会显著削弱。换句话说，在发达国家中，以 GDP 衡量的物质产出的增长，并不意味着健康状况更好或者预期寿命更长。

如果发达国家 GDP 的提高在改善其国民健康方面收效甚微，那么到底什么才能起作用呢？出乎意料的是，提升身心健康的杠杆似乎在于缩小前文提到的一个问题泡沫——社会不公。

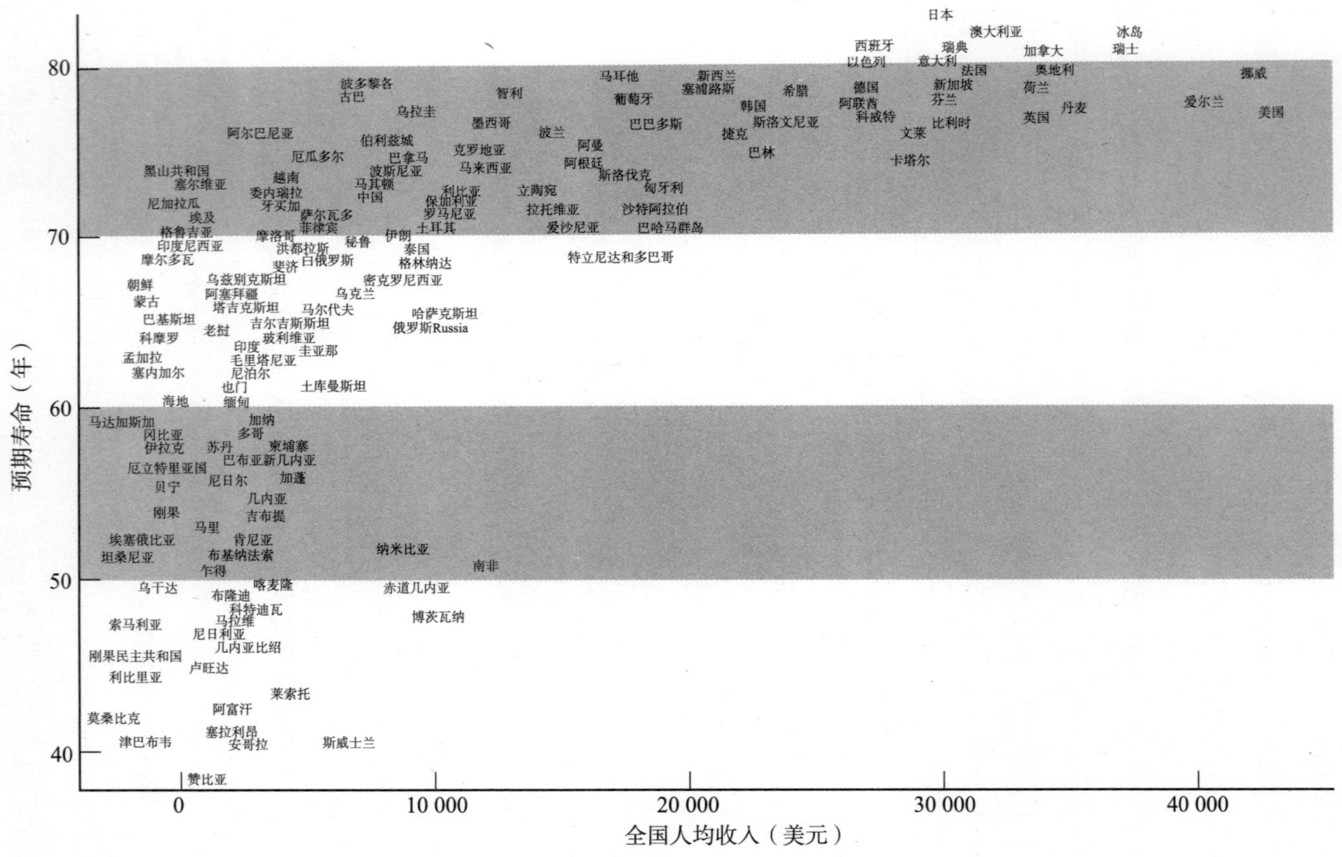

图 2-1　只有早期的经济发展才对预期寿命有提升作用

资料来源：联合国发展项目《人类发展报告》（*Human Development Report*，牛津大学出版社，2006 年）。

图 2-2 表明在一个国家里，收入差距越显著（比如美国），健康和社会问题就越普遍。而在坐标轴另一端的国家，如日本、瑞典和挪威，健康和社会问题相对较少。这些国家在发达国家中的收入差距现象也最少。

这两个数据点引得我们发问：为了改善发达国家的居民健康状况，相比提升医疗保健措施而言，致力于减少收入差距和不公现象会不会是一个更好的选择呢？

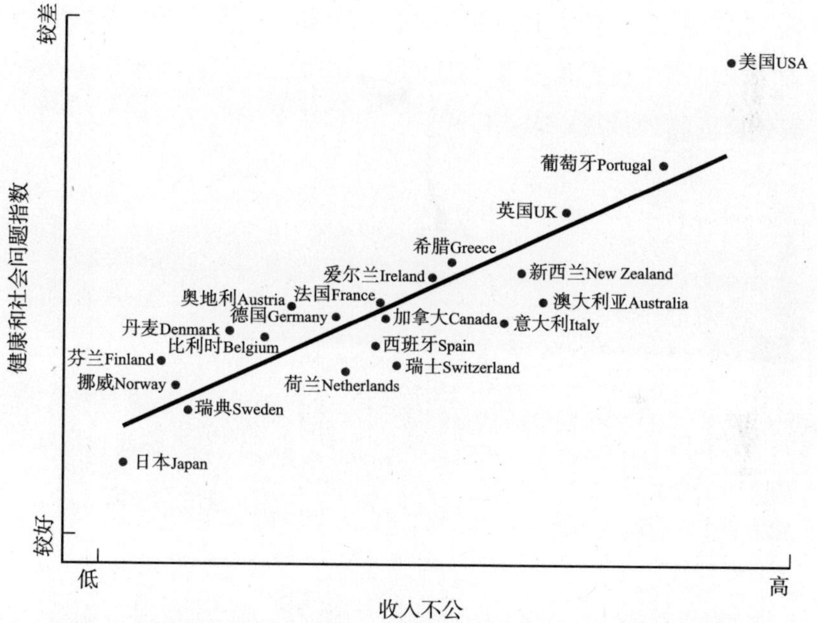

图 2-2 健康和社会问题与发达国家中的社会不公现象有紧密联系

资料来源：《不平等的痛苦：收入差距如何导致社会问题》（*The Spirit Level: Why Equality Is Better for Everyone*），理查德·威尔金森（Richard Wilkinson）与凯特·皮克特（Kate Pickett）合著（纽约：企鹅出版社，2009 年）。

诺贝尔奖获得者约瑟夫·施蒂格利茨（Joseph Stiglitz）在《不平等的代价》（*The Price of Inequality*）中论述道，即使在 2007—2008 年的金融危机之后，

“最富有的 1% 的家庭拥有的财产依然是普通美国人的 220 倍，该数值较 1962—1983 年上升了近乎一倍”。施蒂格利茨强调不平等现象源于政治的失败，并且还指出，不平等不仅会滋生前文提及的社会病态现象，同时还会导致以“恶性降级螺旋”（vicious downward spiral）的形式出现的经济不稳定。其结果非常严峻：在美国，有将近 1/4 的儿童生活在贫困之中。

第三个数据点将话题联系到生态鸿沟。图 2-3 解读了当前经济所面临的可持续发展挑战。这个挑战可见于两个界点：其一是人均可利用生态承载力；其二是人类发展的高度。那么可持续发展看起来是什么样的呢？答案是所有国家都应该处于位于图片右下角的可持续发展方块中。大多数国家与该方块的距离表明了我们所面临的挑战有多么巨大。

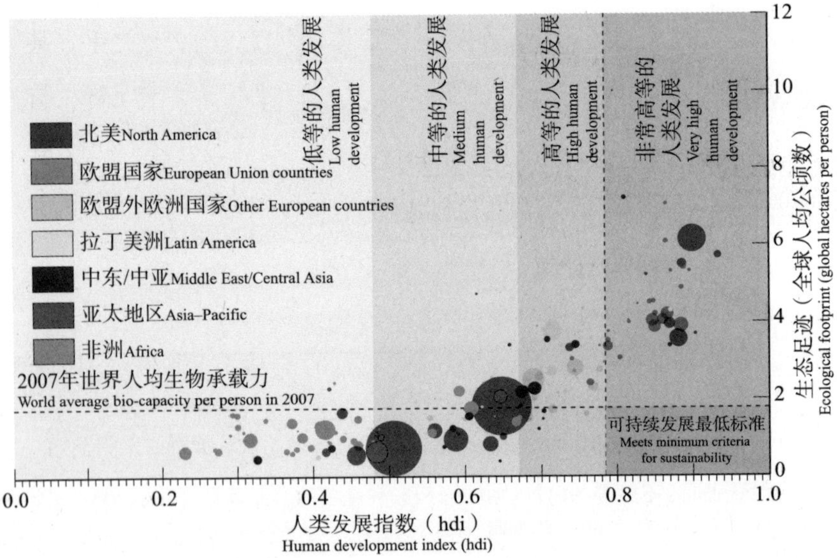

图 2-3　生态足迹对比人类发展指数（2008 年）

资料来源：全球生态足迹网络和世界自然基金会，《2012 年地球生命力报告》（*Living Planet Report 2012*，格兰德，瑞士，2012 年）。

资本随意识进化

上文所讨论的分离状况以及图 2-3 中大多数国家与可持续发展象限的距离，并非现今社会所面临的唯一严峻的挑战。按照英国历史学家阿诺德·汤因比（Arnold Toynbee）的观点，社会进程是在挑战及其回应相互作用时发生的：当社会精英无法再创造性地应对重大社会变革，并且旧有的社会形式会被新形式替换时，结构变化就会出现。我们将汤因比的社会经济发展“挑战及应对”框架应用到当今社会结构上，以此来简要回顾一下资本的进化（见表 2-2）。

‖1.0 版社会：以等级为中心‖

首先来想想 1648 年，30 年战争结束时的欧洲；再来想想 1918 年，十月革命之后的俄国；以及苏加诺（Sukarno）作为首任总统执政时的印度尼西亚。近代时期的动荡催生了对稳定的渴求——渴求一只强劲的有形之手，甚至可以是“铁拳”，在提供保障的同时，也确保珍贵的资源得到合理配置，与急需的公共基础设施投资相匹配。处于这个阶段的社会发展的核心特点是：有一个强有力的中央执行者，手握整体决策权。在最近一次圣保罗贫民窟之行中，我（奥托）了解到巴西警察的“绥靖政策”，他们来到贫民窟把毒贩子们赶走。当地的年轻人很认同警方的权威，认为他们的到来有两个好处：一是减少了街头暴力；二是让这个社区也能够享受到至关重要的社会服务。因此，在他们眼中，所谓的 1.0 版政治结构反而是一种进步。

以国家为中心的社会（即 1.0 版社会）有个正向的优势——稳定性。中央集权会平息暴乱，然后决定框架和政策。其劣势是缺乏活力，并且在大多数情况下，缺乏培育个人创新和自由的环境。

表 2-2 经济进化的“挑战及应对”模式

	主要社会挑战 Primary societal challenge	应对：协调机制 Response: coordination mechanism	主要分支 / 参与者 Primary sector/players	主要力量来源 Primary source of power	主导性意识形态 Dominant ideology	集体意识的主导状态 Primary state of consciousness
1.0 版社会：国家导向，重商主义，社会主义	稳定	命令式：等级	国家 / 政府	强制性（大棒）	重商主义：社会主义（以国家为中心的思维）	传统意识
Society 1.0: State-Driven, Mercantilism, Socialism	Stability	Commanding: hierarchy	State/ government	Coercive（sticks）	Mercantilism; socialism（state-centric thought）	Traditional awareness
2.0 版社会：以自由市场为导向，自由主义	增长	竞争式：市场	资本 / 商业；国家 / 政府	有偿性（胡萝卜）	新自由主义和新古典主义（以市场为中心的思维）	自我系统意识
Society 2.0: Free-Market-Driven, Laissez-Faire	Growth	Competing: markets	Capital/business; state/ government	Remunerative（carrots）	Neoliberal and neoclassic（market-centric thought）	Ego-system awareness
3.0 版社会：以利益相关者为中心，社会市场经济	国家内部负外部性	协商式：利益相关者对话	民间团体 / 非政府组织；资本 / 商业；国家 / 政府	规范性（价值观）	社会民主或进步思维	利益相关者意识
Society 3.0: Stakeholder-Driven, Social-Market Economy	Negative domestic externalities	Negotiating: stakeholder dialogue	Civil society/NGOs; capital/business; state/ government	Normative（values）	Social democratic or progressive thought	Stakeholder awareness
4.0 版社会：以生态系统为中心，共创式经济	全球颠覆性外部性；弹性	自然流现：基于觉察的集体行动（ABC）	跨界共创：民间团体 / 非政府组织；资本 / 商业；国家 / 政府	觉察力：观察到正在生成的整体未来而引发的行动	以生态系统为中心的思维	生态系统意识
Society 4.0: Eco-system Driven, Co-Creative Economy	Global disruptive externalities, resilience	Presencing: awareness-based collective action（ABC）	Cross-sector co-creation: civil society/NGOs; capital/business; state/ government	Awareness: actions that arise from seeing the emerging whole	Eco-system-centric thought	Eco-system awareness

2.0 版社会：以竞争为中心

从历史角度来看，一个社会越稳定，其后就越有可能出现焦点的转变，从稳定性转向增长，以及更多的个人创新和自由。这种转变能够带来市场和充满活力的创新性产业，从而大大促进了经济增长。

此时，让我们来看一看整个系列的机构创新，包括市场、财产所有权的引进，以及能够提供资本的银行体系。这些变化催生了 19 世纪欧洲空前的经济增长和大规模工业化，在当今的中国、印度和其他新兴经济体中也能见到相同的情况。《纽约时报》记者及畅销书作家托马斯·弗里德曼（Thomas Friedman）认为：全球新兴经济体的崛起，与一个“全球虚拟中产阶级”（global virtual middle class）的崛起之间存在联系，该阶级不仅包括现今实际存在的中产阶级，同时还包括一个由网络和手机用户组成的全球群体。他们虽然物质上仍旧生活在贫困当中，然而精神上却已然与全球中产阶级共享同样的启发性空间。联合国人类发展报告办公室主任马和励（Khalid Malik）说道：“这是一个颠覆性的变化。工业革命是几千万人的故事，而这次是几十亿人的故事。”

2.0 版社会发展阶段中出现的觉察力，可以被描述为自我系统意识的觉醒，而经济参与者的自身利益则充当了这种觉醒的生命力或驱动力。此阶段的好处在于创业主动性（entrepreneurial initiative）会不断喷发；坏处在于其带来的负外部性（如无节制的商品化）以及意料外的副作用，包括非法童工、人口贩卖、环境破坏和越来越多的社会经济不平等。

在这个阶段有两个主要的力量来源：其一是国家掌控的强制性的法律和军事力量（大棒）；其二是市场导向的有偿性力量（胡萝卜）。2.0 版的自由主义市场经济和社会形式的巨大优势是快速的增长和活力，而劣势则是在处理其产生的负外部性时毫无作为。比如，糟糕的生产环境、农产品价格远低于可持续发展的入门标准、极度不稳定的货币汇率和毁掉了宝贵生产资本的股市泡沫。

‖ 3.0 版社会：以特权群体为中心 ‖

那些修正 2.0 版社会问题的措施——劳动者权益、社会保障立法、环境保护、农民贸易保护措施、保护国家货币的联邦储备银行，都是为了同一个目的而设立的：当负外部性已经成为社会障碍且令人无法接受的时候，去限制放任的市场机制。由此得出的规章制度是特权群体内部的协商结果，作为现有市场机制的补充。

随着社会的进步，新的分支开始出现：首先是公共（政府）分支，然后是私营（创业）分支，最后是公民（NGO）分支。每个分支都有其独特的执行机构，同时也演化出了各自独特的权力形式（大棒、胡萝卜、规范），并且呈现为人类意识进化历程中的不同阶段（见表 2–2）：从传统型（1.0 版）到自我系统意识型（2.0 版），再到能够促进与其他关键利益相关者合作的利益相关者意识型（3.0 版）。

许多国家都实行的利益相关者资本主义，即 3.0 版社会，通过财富重新分配、社会保障、环境管制、农场补贴和发展援助，较好地解决了常见的外部性问题。然而，它却不能及时应对某些全球性挑战，如石油峰值（peak oil）、气候变化、资源短缺以及人口结构变化。时间一长，农业补贴和以乙醇为主的生物燃料补贴等应对机制就变成了问题本身，而不再是解决方案。3.0 版社会有三个主要的局限性：偏向特权群体、主要是应对负外部性、有意创造正外部性的能力十分有限。表 2–2 总结了这些社会进化的阶段。

此外，诸如气候变化、环境破坏、赤贫之类的全球外部性，都缺乏有效的国内应对机制，这一点从失败的国际气候会谈上就能看出来。鉴于 3.0 版社会的治理机制将权力交付给特权阶层，因此，就会系统地危害所有因规模太大而无法轻易组织起来的群体（如消费者、纳税人、公民），或者尚不具备发声能力的群体（如未来的下一代）。

总结来说，我们不能用20世纪福利国家处理问题的方式来解决21世纪的难题。大多数社会面临的挑战都是如何找出应对外部性的方法，并且该方法能够强化个体和公共创业精神、自身应变能力以及跨界创造力，而不是为时已晚后再亡羊补牢。

4.0版社会：以正在生成的整体为中心

当我们继续来处理21世纪复杂的全面挑战时，就会看到一些自相矛盾的趋势：（1）社会子系统的进一步细化，拥有各自的自组织；（2）一个商业子系统在很多国家都掌控并且干预其他分支（政府、民间团体、媒体）；（3）缺乏有效的平台，利益相关者无法全体参与进来，集中精力在整个系统的层面上进行创新。

21世纪初最有意义的变化就是跨界合作平台的诞生，使变革者们能够聚集、觉察并把握整个系统的进化，因此，也能够按照这种共享意识展开行动。

上文讨论的每个阶段都包含一种主要的挑战。1.0版社会应对的挑战是稳定性；其后的挑战是增长（2.0）；随之而来的是外部性（3.0）。每个挑战都要求社会通过创建新的协作机制来应对。为了应对稳定性的缺乏，出现了一系列国家集权式机构；为了迎接增长的挑战，出现了市场；而由非政府组织引领的利益相关者协商则是为了应对负外部性。每个阶段都引发了全新社会分支的崛起：稳定性挑战带来了中央集权（政府）；增长挑战带来了商业的兴起；解决负外部性问题的意图带来了不同类型的、支持利益相关者的非政府组织，如劳工运动家、环保主义者和人权活动家。同样地，每个领域都有其独特的权力来源：大棒、胡萝卜和规范。

此外，每个结构都带有其独特的核心信念，我们在第3章会详细阐述。1.0版社会所带有的意识形态是国家集权式核心信念（国家计划）；2.0版社会应用的是一套以市场为中心的核心信念（市场竞争）；3.0版社会是按照以沟通或对话为主的信念运作的，通常整合了市场和政府（如20世纪的凯恩斯学说或欧式的社会市场经济）。表2-2的最后一行展望了一个正在生成的阶段，我们称之为4.0版社会，或者用一个新名词：共创型生态系统经济，在整个系统的层面上进行创新。在这个发展框架中，每个系统参与者的行为都发源于不同的意识状态。1.0版经济体运作的根据是以传统意识为首要：遵从已有的思维模式和规则。2.0版经济体觉醒于自我系统意识，亚当·斯密有句名言："我们期望的晚餐并非来自屠夫、酿酒师和面包师的恩惠，而是来自他们对自身利益的关切。我们不是向他们乞求仁慈，而是诉诸他们的自利心；绝不要向他们谈论我们的需要，而是要谈论他们的利益。"在3.0版经济体中，这种自身利益的内涵得到了延伸，融合了其他利益相关者的自身利益，这些人群通过工会、政府、非政府组织或其他机构集体组织起来，谋求共同的利益。

在正在生成的4.0版经济阶段中，参与者自然的利己主义延伸成为共享的生态系统意识。生态系统意识内化了在同一系统中其他利益相关者的观点和关注点。这要求人们培养能力，能从他人的角度感知问题，从而带来使整个系统都受益的决定和结果，而不是只考虑其中某一部分。

近距离观察当今的经济体和社会形式，就可以在众多领域看到生态系统意识的觉醒。例如，慢食运动、良知消费运动、公平交易运动、乐活运动（LOHAS）、社会责任投资以及协作消费运动，都是在经济过程中延伸扩展，融合其他领域的关注点。这些活动可以被视作 4.0 版经济状态的先驱。

同一张地图，不同的历程

前面那部分介绍了发展地图，然而地图并不等同于历程或者疆域。国家和文明的历史背景不同，发展的历程也不同。我们来快速浏览一下全球经济的主要区域，看看它们呈现出的不同历程以及从 1.0 到 4.0 的不同疆域。此时我们观察到的是社会从 1.0 版到其当前现代形式的进化，该形式的特点可见于劳动分工和多重子系统的差别化。

‖欧洲‖

极具毁灭性的 30 年战争（1618—1648 年）结束之后，欧洲已经准备好进入 1.0 版社会。1648 年，在如今属于德国的那部分疆域上有 1 800 个国家。随着时间的推移，领土整合在加强，法国大革命使整个欧洲的社会创新大大提速，由此诞生了 2.0 版社会。而在 19 世纪早期到中期，贫困、剥削低收入工人、非法童工等负外部性问题引发了众多社会应对机制，最终带来了 3.0 版社会，其特点包括社会保障立法、环保法规、消费者保护法规。因此，从欧洲视角来看，30 年战争结束后的 20 世纪是 3.0 版社会的成功典范。

然而到了 20 世纪尾声，其中的某些成就开始崩塌。当时出现了失业、环境问题和金融泡沫，欧洲政府是无法使用 3.0 版思维模式来解决这些现象导致的难题的，2008 年的欧元危机充分证明了这一点。

‖美国‖

美国独立战争直接带来了 2.0 版社会，中央集权式的 1.0 版社会在美国几乎没有立足之地。事实上，在美国人看来，1.0 版体制很像他们痛恨的欧洲体制，也正是他们离开旧世界、寻求新世界的原因。美国早期的 2.0 版社会并不是为了制约一个集权压迫型的美国，而是为了制约压迫型的欧洲殖民政权。因此，时至今日，对政府（或是任何类似于 1.0 版结构的体制）的不信任，依然深深根植于美国文化中，而 2.0 版的市场经济则有着极其牢固的基础。

纵观整个 20 世纪，特别是 30 年代的大萧条时期，失业和贫困等外部性问题促使美国朝着 3.0 版社会前进。这一历程的里程碑包括：1913 年，一系列金融泡沫催生了联邦储备体系；1933—1936 年，富兰克林·罗斯福总统颁布的新政（只针对北方的白人工人，不包括南方的黑人农工）。此后直至 1980 年，美国经济都处于相对稳定的时期。

到了 19 世纪 80 年代，新自由主义式的里根 – 撒切尔革命重新塑造了体制结构，使其偏向于（尤其是针对富豪和超级富豪们的）松散管理、私有化和低税收。此后几届共和党和民主党政府都沿用了这种金融体系的松散管理方式。1999 年，在民主党（克林顿总统）而非共和党执政期间，《格拉斯 – 斯蒂格尔法案》（*Glass-Steagall Act*）被废除，从此商业银行获得准许，可以参与证券交易。这一灾难性的事件为数年之后全球金融体系几近崩盘直接埋下了祸根。

奥巴马总统的医疗保健改革立法——《平价医疗法案》（*Affordable Care Act*），完成了始于 20 世纪早期的 3.0 版相关创新。时至我们写作本书的 2013 年年初，美国依然处于一种政治瘫痪的状态，同时人口也明显区分为 2.0 版的宗教激进主义者（极端右派）、3.0 版的信仰者（传统左派），以及认为这两者都解决不了问题、急需全新事物的人群。

‖非洲‖

有研究表明人类起源于非洲。19 世纪，欧洲及其他西方国家向非洲强加了无情的统治，以攫取其土地和人口，数以百万计的奴隶被贩卖至美洲及其他各地。由欧洲殖民列强送上“舞台”的政府,首先肯定是要为列强的利益服务。因此，是一只（充满恶意的）“铁拳”带来了现代社会。

至今在北非土地上，仍然肆虐着自私、腐败的 1.0 版政权。而 2011 年在突尼斯和埃及爆发的“阿拉伯之春”正是为了对抗其最后的大本营。西方各国为了谋求廉价的石油，通常都对那里侵犯人权的行为视而不见。

在 20 世纪末期，世界银行（及其他银行）促进了迈向 2.0 版经济体制创新的步伐。所谓的“华盛顿共识”提倡以市场为导向的变革（松散管理、私有化、减少政府管制和政府支出），这些变革在 1979—2009 年始终指导着世界银行的政策。随着非洲国家沿着不同的道路从 1.0 前进到 2.0 再到 3.0，一个问题浮出了水面：我们如何帮助那些核心社会功能和机构已经被严重破坏的脆弱国家？一个整合了所有利益相关者和所有产业的 4.0 版方案，如何才能强化整个系统的适应能力和创新能力？

‖日本‖

当欧洲列强殖民亚洲的时候,仅有三个国家幸免于难。日本就是其中之一，此外还有泰国和不丹。日本曾吸收了佛教、儒家思想以及中国文化元素，然后在漫长的几个世纪里形成了其自身的 1.0 社会版本，其中最著名的是德川幕府。1854 年, 美国海军准将佩里（Commodore Perry）, 强行敲开了日本的大门，此后于 1868 年出现了明治维新，这些又给日本带来了一场来自西方的文化科技冲击波，于是日本踏上了向 2.0 版和 3.0 版社会前进的道路。太平洋战争的失败再一次强制添加了很多 2.0 版社会的核心元素，然而还有很多 3.0 版社会的文化元素始终存在（如“财阀”，一种非正式的公司联盟）。

‖中国‖

中国拥有 5 000 多年的历史，是最古老的文明古国之一，人口超过 13 亿人。有相当长一段时间，中国都跻身最先进的社会和经济体行列，然而其在 19 世纪错过了工业革命，后又因西方列强的殖民入侵而日渐衰落。20 世纪上半叶之后，中国先后进入了 1.0 阶段（1949 年）；改革开放之后（1978 年），又进入了 2.0 和 3.0 阶段。

中国过去 30 年间所取得的成就在整个世界范围内都独树一帜——不同于英国和美国的工业革命，不同于明治维新后的日本，也不同于第二次世界大战后德国的经济奇迹。

然而，有一点与众相同的是，今日的中国也面临着诸多挑战，包括环境问题、日益增多的不平等现象、新兴中产阶级不断提高的要求、增长的放缓以及日渐低迷的全球商业环境。在其第 12 个五年规划中（2011—2015 年），中国既关注经济增长，同时也关注创新，从而在通往和谐社会的道路上取得成效，中国已经成长为可再生能源核心技术的“领军人”。4.0 阶段的中国经济社会是什么样子的呢？中国要如何塑造出有能力在整体层面上导航和创新的生态系统经济呢？

‖印度尼西亚‖

印度尼西亚是全世界最大的群岛国家，拥有 17 000 个岛屿，人口 2.4 亿人，全球排名第四，是第三大民主共和国。同时也拥有全世界最多的穆斯林信徒。大自然赋予了印度尼西亚极为丰富的资源，以及地球上第二高的生物多样性。印度尼西亚位于中国和印度之间，一直以来都是国际贸易的交通要道，而随着贸易到来的则是各种不同的文化影响：印度教、佛教（从公元前 7 世纪开始）、伊斯兰教（从 13 世纪开始），以及由长达三个半世纪的荷兰殖民统治带来的欧洲影响（从 16 世纪开始）。1945—1949 年，结构高度多样化的印度尼西亚人民团结起来，一致对抗荷兰和日本，建立了一个独立统一的国家。

1945—1967 年，在印度尼西亚首任总统苏加诺执政期间，这个国家是由集权式政府掌管。1968—1998 年，在苏加诺之后的时代里，印度尼西亚在集权式政府管理形式之外又引进了市场和外国直接投资，从 1.0 转向了 2.0 结构。1998 年的革命之后，印度尼西亚踏上了向经济发展的 3.0 阶段前进的道路，其标志为首届总统选举（2004 年）、政府分权（2005 年）及民间团体崛起后，广泛参与经济、政治、社会发展等复杂问题的多领域对话中。印度尼西亚是东南亚国家联盟（ASEAN）的创始成员国，并且在 2008 年经济危机爆发后还加入了迅速壮大的 20 国集团（G20）。

‖印度‖

印度的古老文化可以追溯到公元前 2500—1900 年南亚的印度河文明。历代更迭的王朝和伊斯兰教君主使这个国家从中世纪到 18 世纪都保持了稳定。之后，欧洲先锋开始在那里扶植自己的经济统治。他们带来了技术和基础设施，并和印度的精英阶层结成联盟，从此改变了印度的经济结构。印度不再出口货物，而是开始出口原材料。1858 年到第二次世界大战结束，印度都是英国的殖民地。取得独立后，圣雄甘地提出要“自力更生”，这成为当时的重要经济概念，印度经济保持了与外部经济（经济合作伙伴）的紧密联系。19 世纪 80 年代晚期，印度的全球市场占有率仅有 0.5%。1989—1991 年的经济危机后，这个情况发生了变化。国际货币基金组织迫使印度经济自由化，为国际投资者敞开了大门。因此，印度经济出现了 7%~9% 的爆发式增长，形成了双重经济并存的局面。一重是由大型企业掌控的2.0经济：这些企业取代了政府的角色，在其需要的地方兴建基础设施；另一重则是这些企业控制以外的地区，还是1.0经济，没有任何基础设施。目前，印度的经济增长率已经开始放缓，下一步即将应对的是大规模的生态系统状况。现今整个系统层面的腐败程度和增长压力带来了新的挑战，这恐怕是1.0、2.0乃至3.0经济都无法圆满解决的。

‖巴西‖

巴西的人口超过2亿，居世界第5位，是公认的全球生物多样性最高的国家，其经济在21世纪得到了飞速发展，并且还率先开创了“有条件现金转移支付项目”(conditional cash transfer program),使数以百万计的人民摆脱了贫困。在长达三个世纪的葡萄牙殖民统治之后，巴西于1822年宣布独立，于1888年废除奴隶制，于1889年成为总统制共和国。在20世纪的大部分时间里，直到1985年，巴西都处于独裁的军事政体下，基本上是经济发展的1.0（国家集权）阶段。此后，费尔南多·恩里克·卡多佐（Fernando Henrique Cardoso）先后出任财政部长（1992—1994年）和总统（1994—2000年），创造了2.0经济的坚实基础。而总统路易斯·伊纳西奥·卢拉·达席尔瓦（Luiz Inácio Lula da Silva）充分利用了这一点，将经济发展至3.0阶段——社会市场经济形式，通过将资金交到最边缘人群手中（有条件现金转移支付项目）来实现增长。如今，在总统迪尔玛·罗塞夫（Dilma Rousseff）的带领下，巴西面临着更高的诉求、减缓的增长以及一系列新的基础设施挑战，这些都要求这个国家不能再走“原来的老路”。

‖俄国‖

1917年，两场革命结束了俄国沙皇的统治，开启了俄国内战。1921年内战结束时，俄国的经济和生活状况都满目疮痍。1922 年，俄国共产党成立了苏维埃联盟，创建了 1.0 版计划经济体制。集体农业生产和对日用消费品生产的限制是这种体制的主要特点。1929 年，斯大林采纳了第一个“五年计划”，使其成为共产主义国家的计划经济工具，此后苏联迅速将工业生产拉回至第二次世界大战前的水平。另一次类似的情况发生在 19 世纪 60 年代，勃列日涅夫执政期间，苏联在那时成为全世界最大的天然气和石油出口国。然而，1965 年苏联发动的旨在引进企业管理概念的“经济改革”，也反映出其 1.0 版计划经济的局限性。

阿富汗战争、经济问题及在东欧带来革命的政坛变革导致了苏联的解体。1990 年，戈尔巴乔夫实施了机构调整与改革开放，标志着从 1.0 计划式经济到 2.0 社会的蜕变开始。在他卸任之后，俄罗斯联邦听从了哈佛学者的指导，这场蜕变以“休克疗法”[①] 的形式全面展开。

其结果是灾难性的，导致了急剧增加的贫困和生活条件的进一步恶化。而与此同时，少数个体利用上层人际关系，想方设法谋得了原来国有企业的所有权。几乎毫无监管的体系使贫民以及平民阶层深受其害。随着这些 2.0 市场经济的负外部性到来的是数场政治和经济危机，包括恶性通货膨胀和 1998 年的金融危机。一年之后，新任总统弗拉基米尔·普京重新启用了某些中央权力结构，更好地平衡了 1.0 和 2.0 体系。再加上借力高昂的能源价格，俄罗斯的经济进入了持续增长阶段。

西方媒体对俄罗斯的严厉批评通常都忽略了两点：

---

① “休克疗法”（shock therapy）这一医学术语于 20 世纪 80 年代中期被美国经济学家杰弗里·萨克斯（Jeffrey Sachs）引入经济领域。主要内容是实行紧缩的金融和财政政策，由于这套经济纲领和政策的实施具有较强的冲击力，在短期内可能使社会的经济生活产生巨大的震荡，甚至出现“休克”的状态，因此，人们借用医学上的名词，把萨克斯提出的这套稳定经济、治理通货膨胀的经济纲领和政策称为“休克疗法”。——译者注

- 西方国家花费了相当长的时间才从 1.0（30 年战争期间）进化到 2.0（工业革命），为什么不给俄罗斯几年时间来将形势理顺?
- 当今世界资源日益紧缺，而俄罗斯坐拥巨大的资源宝库。随着时间的推移，这些资源的价值将会凸显，使俄罗斯成为欧盟和新兴东亚经济区的抢手合作伙伴。

1.0 版、2.0 版、3.0 版，以及 4.0 版全球化

这场小小的“旅程”说明了每个国家和地区都有其独特的发展道路，然而不同文化的社会和经济发展道路确实有着某些共性。我们可以将其视作复杂性从低到高的进化，或者从意识的角度来讲，从传统意识和自我系统意识到生态系统意识的进化。

只是我们仍然可以看到有些国家从 3.0 结构倒退回 2.0 结构。例如，新自由主义的里根－撒切尔革命，刺激很多国家削减了国内 3.0 成就（如社会保障），只是为了能在全球 2.0 竞争和全球资本市场中提高“竞争力”。

那么，现实情况到底如何呢？对当前形势的一种解读是，全球化浪潮正在国际层面上复制之前个别国家中出现的进化阶段。

这个历程始于 1.0 版全球化（1945 年，第二次世界大战后成立的联合国体系），到 2.0 版（市场和资本市场的全球化，特别是 1989 年冷战结束和柏林墙倒塌后），再到 3.0 版（民间团体的全球化，特别是 1999 年与世贸组织相关的“西雅图事件”之后），再到 4.0 版（正在生成的、为保护未来公共资产的全球跨界共创）。

LEADING
From the Emerging Future

结语与练习

本章探索了盲点的第一个维度：结构分离。作为整体来看，这些系统分离可能会激发下一波机构更新。正如百年前 2.0 自由主义市场经济的危机催生了全面的机构创新，间接地孕育了今日我们所说的 3.0 版社会市场经济。

▲ 思考题

请拿出笔记本（或是一张白纸），写下你对下列问题的回答，思考在你的生活中，系统分离是如何体现的。

1. 你的食物从哪里来？
2. 物质消费在你的生活中扮演什么角色？
3. 什么使你感到快乐？
4. 你与金钱的关系如何？
5. 参考本章讨论的 4 个经济发展阶段，你如何看待本社区和国家的过去、现在和未来？

▲ 圆圈对话

召集 5~7 个人，组成圆圈，探讨每个人的工作和生活背景。询问以下问题（可以有所引申）。

1. 介绍自己的组织，讲述 1~2 个塑造了当前机构文化的经历。
2. 你的组织在何处感受到一个世界正在结束或消亡，又在何处感受到一个世界正在开启或等待新生？

3. 你认为，在你当前的机构和职业工作中所出现的问题，其根本原因是什么?
4. 你个人认为在未来 10~20 年，你的组织会发生什么? 什么又会发生在你的组织中？
5. 你在当下愿意做些什么? 它会给组织前进的道路带来什么影响?

LEADING
From the Emerging Future

03
蜕变性思维
经济进化矩阵图

我们在被两个世界撕裂：一个充满了全新的领导力挑战；另一个充满了过时的经济和管理工具。这两者之间存在一个巨大的“深渊”。在本章中，我们将继续探索“现状冰山”，从症状（第一层）和结构分离（第二层）前进到潜藏的思维模式（第三层），从而进一步探索这道鸿沟。

盲点II：意识

为了迎接当今时代的挑战，我们必须从个体和社会的层面上转变思考方式。当前所必需的深远变革要求我们在转变思维模式的同时也要转变意识，从自我系统意识进化为生态系统意识。随着21世纪复杂、动荡、颠覆性的挑战不断深入，这个领导力的隐藏维度也会从暗处走向舞台中心，而20世纪的经济和管理工具中的盲点可以总结为一个词：意识。

今日的经济是作为一整套生态系统运作的，虽然于各地实施，却也在全球层面上互相联结。“生态”（ecology）一词是由德国生物学家恩斯特·海克尔（Ernst Haeckel）于1866年首次提出，指的是对有机生物及其周围环境的研究。我们在引言部分中就已经提及，该词的希腊语词根为“oikos”，意思是“整个家庭”或者“住所”。而“系统”（system）表示一系列共生要素构成的有机整体。因此，“生态系统”（eco-system）是指内部元素与外部环境互动的系统：生态、社会、智力和精神背景融为一体——“整个家庭”。

当今的实体经济是一个高度共生的生态系统，而其参与者的意识却分裂出很多个自我系统。大型系统中参与者的意识没有将整体纳入其中，反而受限于较小的子系统。生态系统现状与自我系统意识之间的鸿沟可能是目前最大的领导力挑战，对于商界、政府和民间团体来说都是如此。

无论你去往何处，都能看到领导者们和变革者们正在致力于弥合这道鸿沟。当一家公司的主管为了大家共有的核心过程带领不同部门加强协作时，他就是在试图促使各部门从自我系统意识（单个部门的需要）前进到利益相关者意识（整个公司共有的需要）。当团队领导为了促进跨界合作和创新，将价值链中的关键参与者召集起来，他们也是在做同样的事情：使各自机构中的自我系统意识延伸为所有参与企业共享的生态系统意识。当牛津饥荒救济委员会（Oxfam）或世界野生动物基金会（World Wildlife Fund）之类的非政府组织举办活动，抵制非法童工或环境破坏时，也是在试图使系统内每个人（包括消费者）的意识得以延伸，进而容纳他人的福祉，特别是最边缘化的人群。

促成这种转变绝对不是边缘人群的小打小闹，而是数以百万计的机构和企业所面临的至关重要的过程，领导者、变革者、教练和顾问将辅引这个过程。意识和觉察在主流经济和管理框架中具有切实相关性，但却不是作为变量出现。它们是盲点。除了近期几个著名的行为经济学研究之外，其他的经济学理论都是基于已有的推论来建立竞争和交易模型。人们甚少研究或者关注使系统运作状态发生变化（如从自我系统转变为生态系统）的条件。

主流的经济理论和传统的管理工具为经济行为设想了一个二维的“平面”空间，使其局限于运作意识觉察的单一状态，然而经济和管理执行者行为发源的状态和意识觉察有很多层面。如果经济理论可以将这些意识觉察的不同状态整合其中，而决策者们能够关注这些不同状态给行为结果带来的影响，那么一个政策、创新和集体行为的全新维度就会生成。

社会场域

在物理学中，我们学到了物质在不同状态下的表现形式也不相同。比如，水（H_2O），在 0℃时会结冰；0℃以上，冰会融化；达到 100℃的时候，水会沸腾，然后蒸发。每一种情况下，水分子的结构都是相同的，然而其表现形式却大相径庭。

在社会场域中，我们能够看到与此一致的现象。如果社会场域的觉知状态和人们的觉察力质量有所不同，那么社会系统就会衍生出差异巨大的结构和行为。在某些特定的条件下，人群结构会始终保持不变，这点和物理学中的水是一样的。而自然法则和社会场域之间的区别就在于，社会系统中的执行者能够自发地创造变化。换句话说，在温度变化时，人们不只是坐在水中，他们还有能力亲手掌控这种变化。当这些执行者的觉察力（或对话）场域状态发生转变时，就会以不同的方式彼此联结，最终共创出完全不同的结果。

“整个家庭”：经济思维的起源

按照亚里士多德的理论，经济与道德、政治一样，都是其实用哲学中的一个关键部分。经济的原始含义是管理“家庭”，是关系到“整个家庭”的行为，并且与“城邦”（polis）——自由居民的联盟和社区密不可分，是为“经邦济世”。直到17或18世纪，“经济”一词都与管理一个家庭有关，而不是指以赚取金钱为目的的活动，也就是在当时被称为“商业”的活动。

在现代经济学的发展过程中，经济和治理城邦脱离了关系。经济学变成了一套狭隘的理论，只是针对社会的经济子系统，而不再针对“整个家庭”，不再顾及经济子系统对社会整体的影响及其社会－生态－文化背景。相反，经济学将这些都称为外部性。

也正是有鉴于此，在21世纪初，我们看到“oikos”的原始含义正在逐渐回归，愈加显得难能可贵。对于今日的机构领导者来说，社会和生态挑战迫使他们再一次拓宽视野，将经济探寻重新转向与“oikos”相关的起源。此时“整个家庭”的所指发生了改变，不仅是说个体的“小家庭”，也不仅是说各地的微观条件，而是还囊括了区域性和全球性的“住所”。因此，也指地球的宏观和中观环境，以及社会、生态和精神文化关系的总和。

总的来说，我们对社会与经济关系的看法正在转变。初期的经济学概念将“经济”视为大型社会整体的有机组成部分，而现代经济学则将其看作大型社会整体中的自主子系统。当今社会正在应对的危机，又迫使我们重新思考这种心智模式，并把人类行为对其运作的社会、环境和文化背景的影响也考虑进去。

经济一元论的消亡

当代经济思维的另一个重要组成部分是经济一元论（economic monotheism），人们对其的偏向使“看不见的手”这种协作机制凌驾于其他所有经济活动之上。这种机制是无所不能的，因为没有任何其他机制能对其加以限制，从2008年危机前金融市场的松散管理上就可以看出来。它又是无所不在的，永不停歇地渗透至社会所有产业和体系。它还是无所不知的，网罗了所有的信息。

过时的经济一元论带来了诸多灾难性的失败，包括2008年将世界金融体系推至崩溃边缘的市场宗教激进主义的新自由主义模式。因此，越来越多的顶尖经济学家，如诺贝尔奖获得者约瑟夫·施蒂格利茨和保罗·克鲁格曼（Paul Krugman），都指出主流（新古典主义和新自由主义）经济思维中存在各种结构缺陷。经济思维体系很重要，因为它们位于决定社会未来走向的学术战争（intellectual battle）的中心。麻省理工学院教授、国际货币基金组织前任首席经济学家西蒙·约翰逊（Simon Johnson）论述道："当今危机的焦点正是华尔街与政府之间的权力较量。"按照其说法，在原始的政治体系中，权力通过暴力转移（例如，军事政变和民兵组织，见第2章表2–2探讨的强制性权力）；在较为高级的社会里，权力通过金钱转移（如贿赂、回扣、竞选献金，见表2–2探讨的有偿性权力）。然而在最高级的社会里，权力是通过文化资本转移的，如信念体系（见表2–2探讨的规范性权力）。

约翰逊写道："到了1998年，'对华尔街有利就是对美国有利'已经彻底融入了华盛顿那些政治精英的世界观。"这种信念体系事实上赋予了华尔街对公共决策的决定权，没有任何其他团体或行业还能享有此待遇。自2008年金融危机爆发以来，华尔街对华盛顿无与伦比的影响力有增无减。因此，金融危机并没有带来对金融行业的独立审查，也没有带来可能阻止再一次崩盘的全新法规。相反，美国最大的6家银行变得规模更大了，而整个社会也变得更加依赖它们。

不幸的是，在这场经济理念的激烈交锋中，总是出现一个教条体系对抗另一个的情况：左翼对抗右翼；21世纪思维对抗18~19世纪思维；或者按照前文使用的表述方式：3.0 对抗 2.0。而人们需要的是找到一种全然不同的经济、政治和精神理念，这种理念从根本上不分左右；不以这个或那个机制为主；也不相信大政府（Big Government）、大公司（Big Corporation）、大资金（Big Money）和大意识形态（Big Ideology）能给当前问题带来对策。

当今为变革做出的努力，应该与 21 世纪正在生成的现状联系起来；我们要利用个人和集体的创新力量共创出跨界的新对策。因此，必须强化集体关注力，从未来可能性的场域中寻找创新的源头。

我们需要全新的沟通文化和经济思维，能够聚焦于人类共有的现状，而不只是简单地把下一个教条放在知识宇宙的中心。我们要培养能力，把握并进化集体关注力，以期跟上外在现实持续变化的步伐。与激进左派（progressive Left）和新保守右派（neoconservative Right）的传统观念不同的是，我们并不是要给现实情况再强加一个意识形态或一套信念体系。相反，我们要支撑起一个空间，打开并升华集体关注力，让过时的经济理念臣服于眼前的变化。只有允许人类共有的经济现实改变我们自身以及自身的思想，才能生发出有帮助、有疗愈能力、有颠覆性的新经济理念。

经济进化矩阵图

当前经济是围绕“挑战及其应对”展开进化的。社会应对不稳定、增长以及国内经济外部性等挑战的方式是升级经济逻辑、创造新的协作系统（等级制度、市场、网络、生态系统意识）。每个新的阶段都伴随着觉知的进化，从传统式到以自我为中心，再到以利益相关者为中心。或许在正在生成的下一个阶段，会实现以生态为中心。

第 2 章所讨论的结构分离来自经济思维的潜藏结构，是影响我们今日生活的社会病态现象。所有的经济系统都需要解决商品和货物的生产、分配和消费问题。在不同地区、时代和文化中的社会都发展出不同的方式来架构这个过程。在本书中，我们识别出了以下 5 种：

- 以居住地的社群为中心（前现代）；
- 以中央集权为中心：国家（单一分支，集权制国家）；
- 以竞争为中心：国家、市场（两个分支，分权式市场）；
- 以特权群体为中心：国家、市场、非政府组织（三个分支，冲突的关系）；
- 以大众利益为中心（三个分支，共创的关系）。

我们同时也注意到早期阶段的经济逻辑会持续存在于后期阶段中，只是相应地被融入更高层级的 1.0、2.0、3.0 和 4.0 架构里。

遵循托马斯·库恩（Thomas Kuhn）对经济革命的研究成果和阿诺德·汤因比对文明兴衰的研究成果，我们可以说每当经济模式不能为所处时代的最大挑战提供有效对策时，社会就会进入过渡期，并且迟早会取缔现有的逻辑和运作体系，代之以更好的升级版本。那么，使经济或社会的运作体系发生变化的驱动力是什么呢？我们认为有两个主要的原因：外部挑战（外推因素）和觉知的发展（内拉因素）。

当外推和内拉因素相遇并结合时，当外部挑战无法再被忽视而内心与觉醒的人类意识和意志产生共鸣时，社会进化就会发生。每次这两种力量结合起来，我们就会看到地动山摇的变革。比如，1989 年，柏林墙倒塌；1991 年，苏联解体；1994 年，南非种族隔离制度瓦解；2011 年，埃及穆巴拉克政权和利比亚卡扎菲政权倒台。

我们已经目睹了众多 1.0 国家的变革，并且相信在这 10 年里会有更多的社会变迁发生。然而，那 8 个结构分离提醒着人们，还有很多主要的结构等待着被重新思考、重新设置、彻底改变。100 年前，西方经济创建了新机制来缓解国内经济负外部性，实现了 2.0 到 3.0 的转变。我们今天也面临着一系列新的问题：全球负外部性和持续产生系统崩塌的颠覆性时代。这并非意味着只要再解决一个金融危机就大功告成了，而是要从根源应对系统的极限。

表 3-1 展示了共同使经济运转的 8 个要素，并按照全世界经济进化的阶段描绘了它们的发展过程。

解读矩阵图

经济进化矩阵图阐明了人类经济发展的历程，同时也描绘了未来发展的可能性。

我们建议读者在解读矩阵图时要留意每一行打了阴影的部分，那指的是每个发展阶段的关键生产要素。在 0.0 阶段，“大地母亲”那部分打了阴影，说明大自然是生产函数(production function)中的关键生产要素。而后在 1.0 阶段，依赖性劳动力（dependent labor），比如，农奴和奴隶，成为发展的关键生产要素。生产函数从一个要素（大自然）变为两个要素（大自然、劳动力）。在 2.0 阶段，国家集权式社会前进到市场经济体制，此时发展的关键生产要素是工业资本。资本使市场经济中的新参与者能够有所产出。因此，此时经济体系的生产函数就有了三个生产要素（大自然、劳动力和资本）。

在 3.0 阶段，技术也作为关键生产要素登场了，所以现在生产要素有 4 个（大自然、劳动力、资本和技术）。最后，在正在生成的 4.0 阶段中，经济的所有生产要素都十分关键，却同时又变成了发展的瓶颈：

表 3-1

经济进化矩阵图

阶段 Stage	大自然 Nature	劳动力 Labor	资本 Capital	技术 Technology	领导力 Leadership	消费 Consumption	协作 Coordination	所有制 Ownership
0.0：共有型； 前现代意识	大地母亲	自给自足	自然资本	原生智慧	群居	生存	社群	共有制
0.0: Communal; Premodern Awareness	Mother Nature	Self- sufficiency	Natural capital	Indigenous wis- dom	Community	Survival	Community	Communal
1.0：国家集权制； 重商主义； 国家资本主义； 传统意识	自然资源	农奴； 奴隶	人力资本	工具：农业革命	独裁（大棒）	传统式 （被需求驱动）	等级与控制	国有
1.0: State-Centric: Mercantilism; State Capitalism; Traditional Awareness	Resource	Serfdom, slavery	Human capital	Tools: Agricultural Revolution	Authoritarian （sticks）	Traditional （needs-driven）	Hierarchy and control	State
2.0：自由市场；自由 主义； 以自我为中心的意识	商品（土地， 原材料）	劳动力 （商品）	工业资本	机器： 第一次工业革命 （煤、蒸汽、铁路）	奖励机制 （胡萝卜）	消费主义： 大众消费	市场与竞争	私有： 在市场上可以买 卖私人所有权
2.0: Free Market: Laissez-Faire; Ego-Centric Awareness	Commodity （land, raw materials）	Labor （commodity）	Industrial capital	Machines: first Industrial Revolu- tion （coal, steam, railway）	Incentives （carrots）	Consumerism: mass consumption	Markets and competition	Private: exchange of private ownership in markets

续表

阶段 Stage	大自然 Nature	劳动力 Labor	资本 Capital	技术 Technology	领导力 Leadership	消费 Consumption	协作 Coordination	所有制 Ownership
3.0：社会市场；规范化；以利益相关者为中心的意识觉察	管理性商品	劳动力（管理性商品）	金融资本、（无视外部性）	以系统为中心的自动化：第二次工业革命（石油、内燃机、化学品）	参与性（规范）	部分有意识的消费	网络与协商	混合（公有加私有）
3.0: Social Market: Regulated; Stakeholder-Centric Awareness	Regulated commodity	Labor（regulated commodity）	Financial capital（externality-blind）	System-centric automation: second Industrial Revolution（oil, combustion engine, chemicals）	Participative（norms）	Selectively conscious consumption	Networks and negotiation	Mixed（public-private）
4.0：共创；遍布、直接、对话；以生态为中心的意识	生态系统和公众利益	社会和商业创新	文化创意资本（觉察到外部性）	以人为本的技术：第三次工业革命（可再生能源和信息技术）	共创（集体自然流现）	CCC：有意识的协作消费	ABC：基于觉察的集体行动	共享服务和公共资源
4.0: Co-Creative: Distributed; Direct; Dialogic; Eco-Centric Awareness	Eco-system and commons	Social and business entrepreneurship	Cultural creative capital（externality-aware）	Human-centric technologies: third Industrial Revolution（renewable energy and information technologies）	Co-creative（collective presence）	CCC: collaborative conscious consumption	ABC: awareness-based collective action	Shared access to services and common resources

- 大自然——资源短缺，必须降低我们的生态足迹；
- 劳动力——释放自主创业的力量；
- 资本——使全球资本的流动转为公共资产服务；
- 技术——为第三次工业革命打造核心技术；
- 领导力——共创感知并实现正在生成的未来的能力；
- 消费——提倡有意识的协作消费（CCC）；
- 协作——基于觉察的集体行动（ABC）来协作。

先来说说 0.0 阶段：大部分古老文化都被西方文明通过殖民毁掉了。将 0.0 至 4.0 的进化视为直线型过程是一种误导，我们建议将其看作一个环式过程：0.0 阶段位于顶部，按照逆时针方向前进至 1.0 和 2.0 阶段，然后继续前进至 3.0 阶段，最后 4.0 阶段结束时又回到靠近起点的位置。西方思维倾向于将历史看作直线型过程，而东方观点更倾向于环形。这两种元视角有着其各自的优势和盲点，如果我们将两者结合起来，就会得到一个类似螺旋的模式，或者说 U 型。这个 U 型结合了环形和直线型元素的进化模式，然而 U 型历程结束的位置并不在起点上，因为在这个过程中会有新事物诞生并得以发展。

有些经济体，比如，欧洲的那些，用了几百年才完成这些阶段的进化。而其他国家，比如，中国在 30~60 年的时间里就将进化完成了一大半。在这两种情况中，未来 4.0 版的经济阶段会如何呈现尚不明晰。这个世界偶尔也会有所倒退，比如，西方世界在 1980—2008 年的新自由主义革命。因此，各个国家做出的选择都有可能使其前进或使其后退。

我们认为，当今最重要的研究挑战莫过于打造能够绘制、推动、维持 4.0 版经济的机构创新，并为其塑造原型。换言之，需要将经济运作体系从自我系统升级至生态系统逻辑和意识。

8 大要素

20 世纪的公众对话仅仅聚焦于两个选择：是以市场为主还是以政府为主？而表 3-1 中的矩阵图则为应对当前挑战多贡献了 390 623 种可能的方案。本章的剩余部分会重点讨论将经济对话拓展至“2.0 对 3.0”以外的模式。

如果通过 2.0 或 3.0 思维的视角来迎接 21 世纪的挑战，就好比驾车时始终盯着后视镜，你将错失眼前的大好风景——这里指的是澎湃而至的颠覆性变革浪潮。下面的问题会指引我们深入探讨本章的 8 个深层次系统变革的“穴位”。

- 大自然：我们如何才能摒弃经济与自然之间那种“拿来用完就扔掉”（take, make and throw away）的模式，重新设想一个完整的闭合回路结构（closed-loop design），让我们可以将从地球发掘的一切再以同等或更高的质量输送回去？
- 劳动力：我们如何才能将工作（追求的事业）与“一生的工作”（真正热爱做的事情）重新联结起来？
- 资本：我们如何才能回收金融资本，并将其投入生态、社会和文化公共资产的服务与建设之中，从而重新联结金融经济和实体经济？
- 技术：我们如何才能大范围地触及第三次工业革命的核心技术，如何才能融合信息技术、可再生能源和社会技术，以期释放出个人和集体的创造力？
- 领导力：我们如何才能打造出可以在整个系统层面进行创新的集体领导能力？
- 消费：我们如何才能重新平衡经济竞争环境，使消费者能够进行有意识的协作式消费，从而成为创造大众福祉的重要经济合作伙伴？
- 协作：我们如何才能将觉知从自我系统升级至生态系统层面，进而终止部分与整体之间的对抗？
- 所有制：财产权需要什么样的创新，才能够赋予子孙后代发声权，并且促进宝贵资源和公共资产的最佳社会效用？

从大自然到所有制这 8 个要素界定了所有经济体系的核心。人们关于每个要素的看法在 0.0 到 4.0 的历程中都发生了深远的变化。了解这些变化不仅能使我们认清当前的现状，同时也能辨识出未来的潜质。

本章后面的内容介绍了每一个关键生产要素（或“穴位”）从 0.0 到 4.0 的前进历程。如果你并非对所有经济思维进化的细节都感兴趣，可以直接去阅读每部分末尾的结语，或者先大致浏览一遍，然后挑出最吸引你的部分来看。

要素 1 大自然：重新联结经济与大自然

所有的经济活动都始于大自然，最终也都会回归大自然。大自然在经济思维和行为中最初所扮演的角色是“母亲”（0.0），此后依次蜕变为资源（1.0）、商品（2.0）和管理性商品（3.0）。在经济思维正在生成的下个阶段，可以将大自然的角色塑造为生态系统和公共资产，集体对其进行培育和管理，为子孙后代和人类整体谋福祉。

‖从 0.0 到 3.0 的历程‖

农业革命是从 0.0 过渡到 1.0 的标志。当人类的经济活动尚局限于以采摘和打猎来遮体果腹时，他们对大自然的影响力也是非常有限的。后来人们择地定居，耕耘土地，此时他们开始使用工具砍伐树木、犁地撒种，对自然生态系统的干涉逐渐加深。此后的几千年里，人类都聚焦于提升农业生产效率，并努力开发了一套种子、工具、牲畜和耕作技术的复杂体系。

18 世纪诞生了又一次深远的经济革命——工业革命，首先兴起于英国，最终推动经济系统从 1.0 前进到 2.0，这个过程一直持续到 19 世纪和 20 世纪。

随着棉纺、蒸汽机、炼铁技术的发明以及所有制的同时出现，工业革命将人类对自然的改造带到一个全新的层面：最初是采摘野果，到后来使用工业机器挖掘金属和化石燃料。社会主义学家马克斯·韦伯（Max Weber）有一句名言："一股不可逆转的力量将这种秩序（即资本主义）与机器生产的经济和技术条件牢牢绑在一起，机器生产决定了这种机制下每个人的生活。可能直到最后一吨煤被燃尽前都会如此。"

随着化石燃料的消耗已经不可逆转地逼近了终点，人类所面临的负外部性促使整个系统都朝着下一个进化阶段前进。在 20 世纪，标准和管制的引进帮助工业经济从 2.0 进化到了 3.0。这些体制创新保护了自然、劳动力和资本的再生能力，同时也有助于稳定消费者的收入，推动大众消费，使工业机器保持前进和增长。

物质增长和成功不利的一面则在于公共资源储备的快速损耗。虽然引进新技术在一定程度上降低了经济价值创造的物质足迹，然而整体经济的总增长率已经超过了工业生产的物质减量化（dematerialization）。这样带来的总体结果就是人类直到今天还在从地球上攫取资源。以 2005 年为例，经济系统消耗了 580 亿吨原材料来维持全球工业生产。引用朱丽叶·肖尔（Juliet Shor）在《大萧条下的生活经济学》（*Plenitude*）一书中的说法，全球每年人均要使用 8.8 吨原材料，而美国人的用量超过该数值的 2.5 倍（每人每年 23 吨）。

探寻 4.0

我们要如何重新思考、彻底改造经济秩序，才能使经济循环与大自然重新整合起来？

当前的经济思维结构脱离了地球的生态系统现实。0.0 状态早已远去。人类的经济思维将地球视作一件商品，制造出来的经济机器需要 1.5 倍于地球总量的资源。

如何才能缓解这种矛盾？我们抛砖引玉，提出以下 4 条建议和原则。

1. 所有的经济活动都始于大自然，最终回归到大自然。在经济发展的早期阶段，经济活动与自然世界之间形成了一条显而易见的自然纽带，而到了后期阶段，这条纽带在逐渐减弱。然而，大自然在经济过程中所起的实际作用却在不断增大。

如果没有大自然，当前总额为 60 万亿美元的全球 GDP 将会瞬间化为乌有。我们的整个经济和社会都依赖于大自然提供的生态系统服务。根据联合国环境规划署在 2010 年的研究来看，整个生态系统服务（仅是大自然所做贡献的一部分）的总价值至少为每年 70 万亿美元。换句话说，大自然为人类经济过程和福祉所创造的价值不可估量，要高于人类所有产品和服务的总和（全球 GDP）。然而，大自然几乎已经完全从现代经济思维类别中消失，转而进入了我们所说的巨大体制盲点之中。

2. 商品假象。目前，经济的生态足迹是地球面积的 1.5 倍。为什么会这样？答案是“商品假象”。在所有现代经济理论中，大自然都被视作商品。而我们从卡尔·波兰尼（Karl Polanyi）的著作《巨变：当代政治与经济的起源》（*The Great Transformation*）中可以了解到，这只是一个假象。商品是指我们生产出来、用于消费的产品。然而地球不是我们生产出来的，其存在的目的也不是供我们消费。地球是上天赋予我们的礼物，需要我们照顾。时至今日，当农民谈到自己的土地时，当企业家们谈到自己的企业时，我们都能感受到这种深切的责任感。他们之中没人认为，地球或自己的企业是一件商品，可惜的是，现代经济思维中没有反映出这个深刻的人类思想。

导致生态足迹 1.5 倍于地球面积的根源，就是将大自然看作商品的经济结构——可以说，目前所有主流经济结构都是如此。

3. 仿生学。如果将人类塑造并管理的经济过程交由大自然来设计，结果会如何呢？《仿生学》（*Biomimicry*）一书的作者，美国仿生学 3.8 研究所（Biomimicry 3.8 Institute）的共同创办人珍妮·班娜斯（Janine Benyus）提出了这个非常重要的问题。总结一下大自然及其生态系统的关键法则，以下几点十分值得借鉴。

- 零废物。大自然本身是个零废物系统。每个物种的产出都可以转化为另一个物种的养分，其中根本不存在"废物"这个概念。而与之相反的是，人类经济在攫取自然资源的同时产生的废物非常多，并且只有一小部分能够回收至再利用系统。
- 太阳能。大自然是依靠 100% 可再生资源运作的。细胞，就像人类经济一样，需要能量的外部来源。不同之处在于，人类经济将这些来源主要定位在化石燃料上，而细胞则是从阳光中汲取可持续能量。
- 多样性和共生性（symbiosis）。所有生态系统的基础都遵循多样性和共生性的原则：不同的物种以共生并且和谐的方式协作成长。而工业生产却提倡单一技术（monoculture）和单品种最大化（single-variable maximization），因此，降低了适应性和系统抵抗破坏的能力。

4. 独立循环实体。为了在不毁掉地球的前提下给全人类谋求福祉，我们必须将资源生产率提高 5 倍，否则就必须减少 80% 的资源使用（按照目前的消耗率来计算）。《五倍级》（*Factor Five*）一书的合著者魏伯乐（Ernst Ulrich von Weizsacker）认为，如果所有关键参与者都开始朝这个方向努力的话，这个目标实现的可能性非常大。这将意味着用一个材料和能源的独立循环实体来代替现有的工业模式（拿来用完就扔掉）。威廉·麦克多诺（William McDonough）和迈克尔·布朗嘉特（Michael Braungart）认为，可以将经济过程改变为"来自地球，回归地球"的独立循环实体，将经济学、生态系统科学、化学、设计和系统思考都整合其中，这也是该方面研究的一个开创性实例。

实行这种方式的现实挑战是要把商业生态系统中的利益方和参与者都召集一堂，让他们能够观察、思考、交流并合作。稍后我们在论述领导力问题时，还会进一步讨论这个话题。

看到未来：耕耘我们的“公地”

目前涌现出了很多实例能够体现刚才所说的几项原则：慢食运动、社区支持农业（CSA）、本地食品运动（local food）、活跃地方经济（local living economies）、可持续采购方式（sustainable sourcing practice）。

其中一个我们非常欣赏的实例是生物动力学（有机）农场，因为奥托本人就是在德国的一个生物动力学农场长大的。打造此类农场的原则有：零输入（独立循环实体）、零废物（每个物种的产出都能转化为另一个物种的养分）、多样性（实行轮作和多样生态环境，而不是单一栽培技术），以及大型有机系统中所有要素的共生关系（每个农场都有其独特的生命力个性）。

从小范围来看，生物动力学农场体现了很多前文提到的原则。然而我们如何才能将这些方法的应用提升至整个食品系统，乃至整个世界经济的层面呢？稍后在本章以及第 7 章，我们会分享美国活跃地方经济商业联盟（Business Alliance for Local Living Economies，BALLE），以及可持续食品实验室（Sustainable Food Lab）的故事，到时再继续讨论这个问题。

要素 2 劳动力：重新联结工作（职业）与“一生的工作”（使命）

所有的经济价值创造都始于将劳作付诸自然。在最原始的打猎和采摘野果时代如此，今日依然如此，两种情况下都是人类在大自然中应用了自己的创造力。这种共创行为的结果以“附加值”的形式出现。比如，一个苹果，我们知道几乎其全部价值都是来自大地“母亲”。大自然负责“生产”过程，我们所做的只是采摘、分拣、打包和销售。

然而，一台苹果电脑的情况则完全不同，它是由价值创造的全球性协作网络生产出来的。除了位于加州库比蒂诺市（Cupertino）的设计人员，还有成千上万的人贯穿于整个价值链：他们在世界各地处理原材料、在亚洲制造核心元件与机身配件、在中国组装，然后将整机运往消费者市场中的苹果专卖店进行销售。在这个过程中，劳动力与大自然的比例要远高于从自家后院摘个苹果下来。

而在整个全球化分工的历程中逐渐缺失的正是意义。个体看到自身与整体的联结，看到自身为整体所做的贡献时，就能感受到意义的存在。可如果我仅仅是一名工人，为 iPad 的全球供应链组装产品，拿着微薄的工资，又能从中获得多少意义和使命感呢？少得可怜。目前，改造劳动力的挑战不仅涉及工作和工资问题，同时也涉及意义的追寻，即将工作（职业）与“一生的工作”（热情、使命感）重新联结起来。

‖从 0.0 到 3.0 的历程‖

正如表 3-1 中描绘的那样，工作和劳动力所起的作用随着历史的发展已经有了巨大的变化。在 0.0 阶段，劳作还只是体现在为了生存下去而进行的集体行为中。在 1.0 阶段，大部分劳动力都是奴隶或者是签订契约的仆人。当时的劳动力是依赖性的体现，在很多地方至今仍是如此。当亚里士多德在其实践哲学中写到“oikos”（整个家庭）时，他所指的主要是由奴隶提供服务的家庭。

此后工业革命到来了，随之而来的是卡尔·波兰尼的“劳动力商品假象”学说——即把劳动力当作商品的理念。在2.0经济世界中，大部分人不再是奴隶，不再出售自己的身体，他们出售自己的时间。雇主付给他们薪水，因此，也有权告诉他们要做哪些工作。与1.0世界（奴隶制）相比，这是一项巨大的进步。然而2.0世界却没有为雇员们提供任何创业自由，它只是一个依赖性关系的升级版。从冷冰冰的1.0版依赖性关系（奴役），升级到温和的2.0版依赖性关系（劳动力作为商品），这确实改善了工人们的生活状况，然而还远远不够。因此，在2.0向3.0进化的过程中，出现了工会、社会保障以及其他劳工保护组织。

进化到3.0经济是又一次飞跃性前进。然而此后，尤其是在20世纪晚期到21世纪初期，3.0版的应对方案也行不通了，这主要表现在：（1）发达国家大规模失业越来越严重，无就业增长现象加剧；（2）人们认识到持续的几何级增长只会毁掉地球，而无法解决失业问题；（3）人们承认劳动力问题的3.0对策比想象的要脆弱，只在某些地区起作用，而起作用的时间也有限。3.0经济其实都是依靠攫取廉价化石燃料，对增长来说无异于拔苗助长。坦率地说，人类是在透支子孙后代的未来。

‖探寻4.0‖

这条路已经走不下去了，我们现在该怎么办呢？先来看看目前的三种观点：（1）应该蒙混过关，继续运作3.0经济；（2）应该回到2.0状态（这就意味着要取缔工会、社会保障、对金融行业的监管以及环保措施）；（3）建议人们回到1.0或0.0经济状态（此观点声势较小，虽然不一定发生，但有可能会以极权法西斯主义的形式出现）。

我们认为，以上观点在今日都不具备可行性。现在需要的是不同于以往的对话，能够致力于前进，创建通往4.0的道路，而不是倒退。这场对话伊始，可以先要求政客们和经济学家们承认，走原先的老路无法解决失业问题。1.0、2.0乃至3.0的工具都已经过时，不足以迎接我们正在面临的巨大挑战。

因此，我们应该集体审视当前困境的根源。请将以下4个概念作为此类4.0谈话的素材。

1. 否认的过程。目前有很多公众言论都是关于降低赤字，以及将工业就业机会从中国和印度争夺回来就能实现增长的承诺。这些言论都认为现在我们只是处于循环的下行周期，只要经济衰退一结束，问题就能得到解决。只是他们忽略了人口结构的变化趋势、生态破坏和当前经济低迷的程度。根据世界银行在2012年发布的信息："大约2亿人口处于失业状态，其中有7 500万人是25岁以下的年轻人。在未来的15年间需要增加6亿个新工作岗位。"

我们为这6亿还在求职的年轻人到底提供了什么？目前的争论根本涵盖不了这个挑战的规模，因其始终徘徊在2.0和3.0观点之间，而没有走出去，认真审视现状。有两个谬见使人们被牢牢禁锢在旧有的思维模式中：增长的谬见和金钱的谬见。

2. 增长的谬见。使当前言论停滞不前的一个观点是，在未来的二三十年里，人们可以通过加速的增长来解决经济困境，而事实远非如此。至少有三个原因能够说明这只是人们幻想中的谬见。

- 生态局限性：如果我们想要使用过去10年中的过时方式来解决就业问题，结果只能是在不到一代人的时间里就造成严重的生态破坏。
- 社会局限性：美国的低薪工作人员、欧洲靠福利生活的人和失业人群加在一起，得出的数字才能更真实地反映出当前无法就业的人数。这个群体可能要占到成年人口的20%~30%。在其他国家，尤其是南半球，该数值已经超出了60%~70%。我们该为这个庞大的边缘群体做些什么呢？

- 无就业增长：虽然世界上有很多地区的经济在持续增长，可是却没有带来必要数量的工作岗位。

在过去 10 年里，增长谬见遭到全球环保组织的大量抨击，而另一个谬见却几乎被完全忽略了。

3. 金钱的谬见。为什么教师、企业家、工程师等能够尽其所能、如此出色地完成工作呢？因为他们联结到了激发创造性力量的内在源头。与源头的联结推动了来自所有文化、所有年龄人群的深远创新与复兴。问题在于当前的经济和经济思想是围绕一个非常糟糕的理念展开的：工作是为了赚钱。这个理念是最大的创造力“杀手”。不幸的是，此种思维模式很早就被根植于人们内心，比如，从小父母就会用奖品鼓励孩子：“如果你做到了这个，我们就给你买那个。”于是对所有孩子内在创造力的破坏从此开始了。第二次破坏出现在学校，因循守旧的教育模式继续重复这种行为：“如果你好好学习，就能上高中，然后就能上大学了。”第三次破坏发生在工作场所，形式是管理层的奖励，把目标与奖金（以及商学院里所传授的其他有用技巧）捆绑在一起。而有研究表明，这样做恰恰会扼杀组织中的创造力。

这些行为会毒害创造力，因其将我们谋生的职业（工作）与我们真正关心的所在（“一生的工作或热情”）拆分开来。所有伟大的发明家、创造家、企业家以及社会活动家，都有着相同的内在历程和满足感的源头：热爱你所做的，做你所热爱的。史蒂夫·乔布斯可以被称作工作型创业者的最佳典范，借用他的说法：“这是成就伟大事业的唯一途径。”只有感知到与深层觉知源头的联结，才能在所有外部方向感都失灵的时刻助我们一臂之力。

4. 重新联结工作与创业精神。4.0 的实质在于提供一个机构环境，允许我们将工作（职业）重新联结至“一生的工作”（使命）。工作在从 1.0（奴隶制）

进化到 4.0（“一生的工作”）的历程中，已经逐渐把控制中心从网络化个体的外在（依赖性）转移到内在（网络化的独立性）。这一历程始于逐渐脱离 0.0 结构（传统），然后脱离 1.0 结构（契约）、2.0 结构（劳工市场依赖性）、3.0 结构（福利国家依赖性），到现在我们可以强化条件，孕育个体与集体创业精神。

为了能跨入正在生成的 4.0 空间，我们需要更多的赋能型基础组织结构，以便邀请更多的人在生成性空间里共同感知并共创他们关心的未来。今日，想要融入这种空间的远不止几百万、几千万人，而是几亿甚至是几十亿人。我们需要从全新的视角审视大局。目前所有的问题，包括贫困、失业、环境破坏和经济危机，全都息息相关。不能只解决其中某一个，而是要找到一个整体的方案来处理所有问题。要打造全新的支持型基础组织结构，帮助人们共同感知、共同开发、共同创造创业能力，服务于其所在社区的真正需要。

这些基础组织结构包含以下因素，并可以使我们联结到：

- 赋能型空间：创新都诞生于培育空间里；
- 关键的挑战：挑战是所有学习的原材料；
- 感知能使人们看到自己即是整体一部分的机制；
- 培养能力的机制；
- 资本；
- 技术；
- 社区：一个导师、合作伙伴和企业家组成的全球网络，集体为 4.0 社会塑造原型。

作为一个国际社会，我们必须询问自己：是否接受我们并非独立的个体，而是在生态、经济、社会和精神层面都高度互相依存、互相联结这个事实？如果答案是肯定的，那么我们是否愿意向彼此伸出援助之手？

如果所有人都愿意，那么经济干预的高杠杆点就是使地球上每个人都享有基本收入的“经济人权”。如果在实现这种基本需求之后，还能提供免费的或者优惠的医疗保健和教育，我们就能打造一个更加平等与公平的竞争环境。在那样的一个世界里，每个人都有均等的机会去追求自己的创业志向和梦想。换句话说，我们可以使自己的创造力服务于更大的整体。

这个理念可能听起来有些激进，然而并非如此，事实上有些地区已经开始实行。只是由于我们的思想仍然深陷于 2.0 类型的商业交易框架中，所以通常都无视正在生成的 4.0 经济中的共创因素。因为这些因素是通过自然流现的经济运作的，而不是通过商业交易利润的经济运作的。

下面来看一个例子：Otjivero-Omitara 是纳米比亚的一个小村庄。从 2008 年 1 月到 2009 年 12 月，这里成为无条件现金转移的第一个试点地区，发放形式为基本收入资助（basic income grant，BIG），其理念为基本收入是每个人的人权。在两年的试验期间，当地的每个人，不论其收入如何，每个月都能拿到 100 纳米比亚元（13 美元）的资助。仅仅一年之后，儿童营养不良现象从 42% 降低到 10%；贫困家庭从 76% 降低到 37%；辍学率从 40% 降为 0；犯罪率下降了 42%。与此同时，创业活动和自主经营上升了 300%。

现金转移背后的理念很简单：基本收入是人权，只要将其赋予人们手中，就能削弱政府的官僚统治，并在当地产生消费需求，从而催生小型创业机会和新的公司。在这种情况下，现金转移到穷人手中，从小型创业者的层面启动并强化了经济。而为纳米比亚全体人民提供现金转移，只需花费该国 GDP 的 2.2%~3%。

这个令人惊叹的实例是否形成了星火燎原之势，并在世界其他地区也引发了类似的行动呢？没有，起码不具备必需的速度和规模。为什么会这样？因为其有悖于当前的经济思维，即认为人类行为中的外部刺激有用而无视内在激励。人们不相信纳米比亚的试验结果，因为这与他们所持的 2.0 经济信念结构正好相反，他们认为，人类行为的驱动力是奖励和惩罚，而不是热情与使命感。话虽如此，我们已然看到巴西和拉丁美洲取得了巨大的成功，它们为数千万人提供了现金转移，使其摆脱了贫困。

‖看到我们的未来：点亮社会创业的全球性场域‖

未来的种子已经种在土里，从前文讨论的第一波社会创业浪潮中已见端倪。我们在研究工作里也看到第二波未来社会创业浪潮正在生成，数以百万计的个体参与其中——他们很多人在传统的大型企业中都感到有些放不开手脚，因此，十分乐意投身到这场正在生成的全球运动当中。这两波创业浪潮与社会责任意识如何相遇并连接呢？我们来看一个例子。

美国活跃地方经济商业联盟

美国活跃地方经济商业联盟的创始执行总监米歇尔·郎（Michelle Long）出生于美国中西部的一个非常传统、保守的地方。她大学读的是商业，并且在毕业之际，获得了一家大型医药公司提供的职位。对于她这样有事业心的学生来说，这份工作可谓是梦寐以求。只不过米歇尔的梦想很快就破灭了，虽然她工作十分努力，然而除了给公司赚钱之外，她看不到任何远大目标。直到有一天，公司要求她执行一项她认为是不道德的任务，在选择拒绝的同时，她意识到目前所走的道路不符合自己内心的追求。米歇尔不顾家人的反对，辞去工作，开始了一场环球旅行，寻找更加吸引她的道路。

在之后的两年里，她去了很多地方，最后到了印度。在那里她了解到，过去她认为是“理所当然”的行为和习惯，在这个新环境中远非如此。很多在她看来是自然而然的事情，在印度人眼里却十分陌生，反之亦然。米歇尔明白了世间的事并非只有一种想当然的运作方式，她突然获得了一个启示：也许可以创造出不同于印度或美国传统商业模式的全新运作方式，而这个方式对每个人都更加有利。

带着新的动力，米歇尔回到了美国，报名参加了商学院。她以当时来说还很新锐的理念参与到创业竞争中：发展中国家有工匠和农民，西方国家有消费者希望购买与其社区理念和环保价值观相符合的产品。因此，可以创建一个在线市场，将双方连接起来。米歇尔在竞争中胜出，获得了风险投资以及如世界银行等传统利益相关者的支持。她离开了商学院，去践行自己的梦想。

然而随着业务的展开，米歇尔却开始感到有些困扰。她觉得自己与力图服务的群体之间有距离感，并且开始感到当自己周遭的社会中尚有很多问题时，跑去改善她知之甚少的遥远国度实在有些本末倒置。就在那时，米歇尔领悟到了一个对她来说非常重要的事实：她最想改变的是自己热爱并深深联结的土地。

于是她迈出了关键的一步。她与所有公平贸易供应商进行了结算，关闭了公司，然后启动了一个崭新的方案，通过 Overstock.com 网站（后来改为 WorldStock.com 网站）将所有的商贩（公平贸易工匠）联系起来。米歇尔坚持追求自己的梦想，投身到可以通过本地资源协作而使当地经济重获新生的行动当中。其成果就是这个充满活力的全国性网络——BALLE，它现在已经是北美发展最快的社会责任企业网络，米歇尔出任其执行总监（关于 BALLE 的详情，请见第 7 章）。

米歇尔和 BALLE 的故事是个很好的例子，充分说明了地球上最了不起的潜在超级力量，正是未开发的创业创造力。这股力量能够打造以社会使命为导向的企业，即包含了个人主动性、社会使命和商业运作的“混搭型”企业。

要素 3 资本：重新联结金融与实体资本

资本是经济学中的精髓概念，由“资本主义”一词就能反映出来。然而，资本同时也可能是当今少数最受曲解的概念之一。大多数人都认为，资本是指金钱，实则不然，资本有多种形式：物质、人力、工业、金融、社会以及精神。所有这些资本形式都有一个共同特点：人们期望资本能够产生利润。“利润”一词来自拉丁语，意思是“取得进步”。

资本是个年轻的词汇，起源于拉丁词汇“caput”，意为“头部”。正如本章表 3-1 中指出的那样，资本的含义在整个人类和经济历史进程中发生了巨大的变化。

从 0.0 到 3.0 的历程：自然、人力、工业及金融资本

0.0 社会中并不存在“资本”这个说法。从今天的角度来看，0.0 经济使用资本的形式是以劳作工具和内在智慧去应和大地“母亲”的自然循环。在我们称之为 1.0 的农业革命期间也没有使用“资本”一词。相反，劳作设备、手工艺和工具使用知识的高级形式成了资本的代表。

在中世纪，资本意指人们投资于商业的金融资产。我们今日所说的资本始于英国殖民帝国的商业资本，稍后演变为工业资本。如果没有物质、人力和金融资本的积累，工业革命所带来的增长奇迹根本不可能发生。此时资本的数量和质量都发生了变化。物质资本体现为重型机械。生产的新形式、工业组织以及当代教育类型共同引发了空前的增长，并将重心从人类个体技能转移至工业组织和大规模生产。为了实现这种转变，就必须有一种金融资本的全新维度，从而促进所有要素的融合。

所以事实上是工业革命赋予了“资本”一词新的含义，可以与今日的含义联

系起来。亚当·斯密可能是最早强调盈利预期的经济学家之一。卡尔·马克思使用“资本”一词来描述其经济分析的核心范畴。他认为，资本的流动是从货币（M）到实体资本，最终回到货币（M′）。而 M 与 M′ 的差别就是利润，即在这个循环中获得的进步。马克思认为，生产力（比如生产能力的进步）和生产关系（比如所有制）之间的内在矛盾是社会蜕变和变革的关键驱动力。

2.0 资本主义并没有因其内在矛盾而崩盘，反而显得异常灵活与坚韧，它将自身改造成为 3.0 资本主义，表现形式是利益相关者为导向的社会市场经济，承诺更加顾及对环境、劳动力和金融的监管机制。从 18 世纪 70 年代俾斯麦在德国的社会保障立法开始，到 1913 年 12 月的《联邦储备法》（*Federal Reserve Act*）的颁布，再到 19 世纪 30 年代的美国新政，世界各地一系列完整的监管创新帮助经济从 2.0 前进到 3.0。这个历程在西方进行了半个多世纪，而中国仅仅用了 10 年，就将基本社会保障体系的覆盖范围从 2000 年只占人口的 15% 提高到 2010 年的 95%（增加了超过 10 亿人）。

2.0 经济的工业革命动力主要来源于物质和人力资本的增长。而相比之下，带来 3.0 经济崛起的则是金融资本的空前增长和积累，但同时也导致了整个 20 世纪金融经济与实体经济的分离日益严重。

‖金融经济与实体经济之间的鸿沟‖

金融资本所具备的独特优势是金融与实体经济日益分离的一个原因。物质和人力资本只能局限于具体的地点和环境，金融资本则可以全球流动。正如约瑟夫·施蒂格利茨在《不平等的代价》中所写的那样：

> 想象一下，如果只有能流动的劳动力，而没有流动的资本，世界会是什么样？……美国在其早期历史中就是这种情况，也确实出现了完全不同的进程。当时的新领地和新加入联邦的西部州府，与东部沿海的老

州府争夺居民，在全美范围内引发了选举权、从政权和公共教育的蓬勃发展，因此，也使美国人民的读写能力有了很大提升（相比于美国之前的水平以及当时欧洲的水平而言）。

目前，金融资本倾向于全球化，而劳动力和物质资本则变得本地化。金融资本可以在几秒钟之内更换所有者和所在地，而劳动力与实体资本则不能。此外，实体资本在使用过后一般都会贬值，而金融资本的价值则不会出现这种情况（除了通货膨胀）。通过利息与复合利息的机制，金融资本反而会随着时间呈指数增长。相比之下，实体资本就显得局限性很强。

这些结构上的差别使金融资本比实体资本多具备了结构上的优势，也使得金融和实体资本之间的分离越来越严重，其危害在2007—2008年的金融危机中完全凸显了出来。20世纪八九十年代，里根和克林顿政府都对金融产业实施了宽松的管制，因此，导致了金融和实体经济之间的鸿沟大幅度加剧，从以下数据点就能看出：

1. 金融泡沫。2006年，麦肯锡全球研究所（McKinsey Global Institute）计算出金融市场上有167万亿美元的全球流动性资产急待寻求投资。这个数值空前巨大，差不多是当时全球GDP总额（52万亿美元）的3.5倍。时任美国财政部副部长的罗伯特·金米特（Robert Kimmitt）估计这个数字是190万亿美元。

2. 利润泡沫。金融产业与其他产业的利润差距也在不断加大。前者的利润在21世纪的前10年里就从只占国内企业利润的16%（1973—1985年）跃升到了41%。这种变化反映出金融产业相较实体经济的优势，然而以利润萎缩的实体经济为基础的高利润金融产业是不具备可持续性的。资本的收益必须来自实体经济。因此，当金融产业的利润如此巨大时，就会产生泡沫。泡沫迟早会破裂，而实体经济不得不为其埋单。

3. 薪酬泡沫。西蒙·约翰逊和郭庚信（James Kwak）说道："在1948—1979年，银行产业的平均薪酬与私营产业是相同的，而到了2007年，银行业员工的平均薪酬已经是私营产业员工的两倍。"然而真正引起公众强烈抗议的是投资银行家们拿到的分红。华尔街2008年得到政府2 430亿美元的紧急援助，然后当年就向其纽约市的雇员发放了180亿美元的年底分红。

这边有190亿美元寻求高收益投资机会的金融资本，那边有急需金融资本来运作和增长却又与其对接不上的实体经济和社会产业，两者之间的鸿沟正是世界经济危机的关键所在。其中也有我们前文提及的问题，150万亿美元的外汇交易总额比国际贸易额多出75%。这个问题带来的结果可明显见于三个鸿沟的所有方面。更有甚者，人为夸大的金融经济给其他社会产业造成了过高的盈利期望，令实体经济更加举步维艰。虽然中小型企业创造了大部分当今社会迫切需要的工作岗位，却很难拿到价格合理的贷款。

结果如何呢？可以把这种情况比作体内循环系统，一直向头部输送血液，而让身体其他部位干涸而死。这样的系统有很大的问题，需要进行修正。经济中的货币就像人体内的血液，可以让系统持续运转、互相连接并保持生命力。如果循环系统出现了坏死，就会将整个经济的健康状况置于风险之中。

此类危机的3.0对策是更多更有力的监管手段，包括：（1）限制银行的规模，令它们不再有能力要挟国家（意即"大而不倒"）；（2）监管金融产品（限制金融衍生品）；（3）向投机性金融交易收税；（4）使银行核心业务与投资业务脱钩，这样风险投资就不会威胁到银行的核心服务，特别是向中小型企业和创新者发放的贷款。

然而，对于阻碍我们看到资本与货币新现实的深层问题和谬见来说，这些监管手段也只是隔靴搔痒。

‖探寻 4.0‖

我们需要就资本与货币在 21 世纪经济中的新“角色”进行一次严肃的对话。对话伊始，先提出 4 个命题，质疑将我们的思维囚禁在过时框架中的传统观点：

1. 金融系统交易过于追求效益。按照《货币的未来》(*The Future of Money*)一书的作者伯纳德·列特尔（Bernard Lietaer）的观点，当前金融系统的主要问题在于交易过度追求效益，过于狭隘地关注短期盈利能力，对给人类和地球带来的负面影响毫无觉察。金融系统带来的结果，就是整个经济中所有公司都变成只会产生空前金融利润和负外部性的机器，而付出的代价则是系统长期的健康状况、适应能力以及生存能力下降。与实体经济市场不同，金融产业交易的产品仅仅是一个法律契约，因此，也不必遵循经济体系中其他商品和服务所适用的规则。“对金融产业有利就是对整个国家和经济有利”的指导原则，或是其美国版本“对华尔街有利就是对美国有利”，并不是真的好用。2007 年至 2009 年底，金融崩盘毁掉了大约 50 万亿美元的资本，以及全世界范围内差不多 300 万个工作岗位。我们需要的是能更加有效地满足实体经济需求的金融市场，而不是通过制造一个又一个泡沫来攫取利润的高效金融服务行业。

2. 货币不是资本。资本是创业能力促进经济发展、推动价值创造的蜕变过程。金融资本使企业家们能够将想法变成现实：雇用员工、打造他们设想的产品、创建维持生意运转所必需的基础组织结构。经济学家约瑟夫·熊彼特（Joseph Schumpeter）将这个过程描述为“创造性破坏”（creative destruction）。其背后的驱动力是什么呢？按照熊彼特的观点，正是企业家。他认为资本主义会持续将创业企业家们挤出日益变大并且越来越官僚化的公司，直到最后自我毁灭。熊彼特关于企业家的观点确实令人信服，然而还有一种更深层次的动力在起作用，它激发了社会所有阶层的创业能力并创造价值，那就是创造力。我们认为，个体与集体创造力才是所有资本和价值创造的终极源头。

重新设计泡沫后的金融经济需要我们彻底改造货币的流向，使其服务于实现社会所有阶层的创造性资源，还要使货币和资本流向从无视外部性模式转变为觉察外部性模式。换言之，经济需要从3.0前进到4.0。

3. 货币不是商品。英国在2010年的一项调查表明，66%的调查对象不知道银行将其活期存款的一部分拿去做什么了。尽管伦敦是非常重要的全球金融枢纽，然而大多数人对货币制度的运作方式还是一无所知。目前，很多银行体系的基本信念都是"货币是商品"。为了证明这个说法是错误的，我们将货币的历史看作一部四幕的"话剧"，按照经济模式1.0到4.0的顺序来快速浏览一下。

序幕（0.0）：实体。最初的"货币"有着各种各样的实体形式，比如，谷物、金、银、盐，都是本身具有价值的实体物质。

第一幕（1.0）：象征。货币从具有实体价值的金或银转变为具有象征性价值的法律或社会契约，其基础是相信所有的经济参与者都接受象征物作为大家认可的支付方式。

第二幕（2.0）：商品。当私有银行以赚取利润为主要目的而开始发行货币时，货币就变成了商品。虽然这种做法最初会为经济注入大量货币，促进了增长和发展，然而迟早会使金融和实体经济逐渐分离。

第三幕（3.0）：管理性商品。作为商品的货币变成了制造金融泡沫的载体。泡沫一旦破裂，实体经济就会摇摇欲坠，每个人都要付出代价。为了应对这些危机，出台了很多法规，比如，1929年股市崩盘之后的《格拉斯–斯蒂格尔法案》（1933年），以及2007—2008年金融危机后的《巴塞尔协议III》（*Basel*

III)。此时的市场将货币视为管理性商品。法规的目的在于确保过去的错误不会再重演，并且从这方面来看，确实很有效果。而大部分法规的短处是它们只看到了过去，只能修正之前的泡沫带来的问题，却不能预计下一个泡沫的到来。

第四幕（4.0）：有意识地实现创造力的货币。这一幕正在生成的货币史尚在书写中，内容是关于使用货币来实现有意识的集体创造力。货币的历史就是意识进化的历史，意即一个觉察和意图逐渐提升的故事。实体货币（0.0）有其本身固有的价值。象征性货币（1.0）通过经济参与者们都认可的社会契约来获得价值。作为商品的货币（2.0）被某些人（银行家们）更加有意识地使用，不幸的是，在经济过程中的其他人都没用到。法规的实行（3.0）使更多的利益相关者能够有意识地共同塑造货币的系统性应用。整个需求方的增加，或称凯恩斯主义，是这派学说的典型例子：使货币的系统性特征能为整体服务。然而还有许多参与者被排除在这个过程之外。4.0 货币（还未存世）应该可以最大化所有经济执行者的能力，使其能够将货币的系统性应用塑造得更有意识、更有集体性、更有创造性。

货币 4.0 与资本 4.0 的主要目的，在于把货币的发行重新联结到我们身边的创业意图上。所有货币和金融机制的作用都是为实体经济服务——打开个体和集体创造力的场域，为整体的福祉服务。货币和资本是经济中的支持性条件，用来制造产品和提供服务以满足社会的需求，但它们本身并非产品（或商品）。这就意味着，我们必须将对其的治理更加有意识地联结到需求和系统的进化上。商业和社会企业家们到底需要什么类型的货币和金融呢？我们如何才能为社会中的所有群体和创意人群，特别是下一代企业家们，提供资本呢？

华尔街的问题并不在于是否需要更多的管制，而是在于银行机构用 2.0 的思维模式和工具组合，在正在生成的 4.0 世界里运作；重点不在于某些银行家的贪婪，而在于系统的结构不完善。21 世纪的金融系统应该基于对实体经济公平、包容、透明兼有效的原则来设计，而我们今日的金融系统结构不包含以上任何一点。

4.0 系统应该将这些原则付诸实施。货币和资本的流向应该从 190 万亿美元寻求利润的资本泡沫，转向那些资金短缺的社会产业——基本上是经济的整个可再生领域：创新、教育、健康、可持续性，以及环境、社会和文化公共资产。

4.0 货币所必需的不只是监管，还需要觉察并联结到一个经济系统的整体进化。比如，现在已经出现了一种全新类型的银行，包括欧洲的特里多斯银行（Triodos Bank）和 GLS 银行，以及孟加拉国的 BRAC 银行。特里多斯和 GLS 银行向客户保证其存款会用于投资生态型社会企业，并且发放的贷款也都会百分之百公之于众（如公布在互动式谷歌地图上）来实现透明性。BRAC 银行是孟加拉国第三大银行，成立于 2001 年，其宗旨是为“正在消失的中间层”，即提供了当前急需的就业机会的中型企业提供服务。这些银行开发的金融产品正好能够应对社会的关键性挑战：为可再生能源提供金融工具；为主要使用现金的企业家们提供贷款；为住在偏僻乡村的家庭提供电话银行系统，以便他们快速地收到国外亲戚的现金转账。这些创新都是金融产业服务于实体经济的良好典范。

4. 货币不只是货币。每次货币的交接都不只是技术上的操作，同时还通过以下 4 种情况的一种反应在实体经济中。

（1）投机交易。投机交易将货币始终留在金融产业内，不会回流去更新生态、社会和文化公共资产，并且还会带来金融泡沫。泡沫一旦破裂，对实体经济有害无益。

（2）购买。购买货物和服务是有明确时间和地点的经济交易。当双方都同意交接货币时，交易就产生了。

（3）放贷。使用货币放贷与使用货币购买有本质区别。借贷者是否有偿还能力？借贷者的目的是什么？借贷者过去是否取得过成功？其创业理念是否符合市场需求？多久才能还清贷款？贷款会：（1）延长交易的周期；（2）加深对借贷者及其借贷目的的调查；（3）要求评估借贷者未来还款的能力。这也说明单纯以消费为目的的贷款意义不大，因为这种投资不会带来任何盈余。

（4）捐赠。作为捐赠的货币在经济对话中通常都被忽略了。我们为孩子支出教育费用，或者捐钱去做慈善的时候，都不会指望金钱上的回报。然而这些捐赠却使他人有能力实现自己的潜质。捐赠的货币在经济系统中具有非常重要的再生作用，只是人们尚未完全认识到这一点。

从货币接收者的角度来看，这4种类型的金融交易在实体经济中产生了完全不同的足迹：（1）从长远角度来看，投机交易会给实体经济中的个体造成伤害，因为实体经济要为不合理的波动以及泡沫破裂后的衰退埋单；（2）在购买过程中，卖方必须给予买方完全符合其要求的商品，因此，自由度也非常有限；（3）放贷时，借贷者可以自由使用货币来实现其创业理念；（4）捐赠则使接收者能够不受短期盈利能力的限制而投资于未来，因此，具有最大限度的自由。不同于传统认知的是，作为长期考虑，捐赠的货币往往能够创造最大的生产力，因为接收者可以不必顾及深陷旧有模式的投资人（或其他利益相关者）的期望，转而充分感知并实现正在生成的未来。

当前金融危机的深层结构问题可以归为两大类：（1）第一层的货币活动过多，都是投机领域里虚构价值的创造；（2）第四层的货币活动过少，而捐赠经济（gift economy）才能使全新类型的社会创业家们复兴经济，实现为整体服务的社会使命。简言之，我们需要使货币从第一层（投机的自我领域）前进到第四层（社会革新的生态领域）。

经济理论强调投资的重要性，强调贷款对创新和创业精神的结构重要性，这无可厚非。然而当今的经济学家们对两点事实认识不足：其一是捐赠经济能带来更高的生产力；其二是由投机带来的过于庞大的赌场经济（casino economy），不为实体经济服务，只会带来毒害影响。只有一些杰出的人才持有不同观点，比如，阿马蒂亚·森（Amartya Sen）、约瑟夫·施蒂格利茨、朱丽叶·肖尔、保罗·克鲁格曼、拉古拉迈·拉詹（Raghuram Rajan）、理安·艾斯勒（Riane Eisler）、西蒙·约翰逊，他们也都确认了这种主流认识的趋势确实存在。

我们所说的共创式生态系统经济，是指金融产业源源不断地向非金融形式资本（自然、人力、社会和文化创意资本）投资。货币活动的不同领域之间变得更加平衡是 4.0 金融系统的核心所在。

‖看到我们的未来：集体创造力资本‖

我们在这里所讨论的不是只能在遥远未来实现的抽象理想。全球有很多地区都已经将其付诸实施，或是展开实验。以下是其中几个例子。

GLS 银行和特里多斯银行

这是之前提过的两家欧洲银行，使我们能够一瞥正在生成的 4.0 金融机构模式：GLS 银行在德国；特里多斯银行总部在荷兰，并且在 6 个欧洲国家有分部。这两家银行都向生态和社会领域的领军创新者们提供金融援助，其创新型金融产品服务于能够应对迫切社会经济挑战的创业企业家们。这两家银行按照三重底线和透明化原则运作，所有的存款客户都知道自己的钱被用于哪里，并且知道自己的存款会百分之百流向生态与社会投资。

BRAC 银行

在孟加拉国，致力于发展的非政府组织 BRAC 可谓是家喻户晓。该组织成立于 1974 年，目前在全球 10 个国家开展业务。孟加拉国内有 500 万儿童毕业于 BRAC 资助的 32 000 所学校，其医疗保健项目覆盖了 9 200 万人。1974 年，BRAC 就开始打造小额信贷产业，为孟加拉国以及其他 8 个国家提供服务，但后来 BRAC 逐渐意识到小额信贷力度不足。企业家们若想取得成功，发展壮大，所需要的资源远不止小额信贷这么简单。于是该组织的创始人决定成立 BRAC 银行来填补传统银行业的这块空白，主要通过标准化贷款申请程序来发放具有成本效益的大额贷款。这就意味着 BRAC 银行必须开发一种全新的业务模式，以便对接没有银行账户的小型公司和创业企业家。而正是这些公司提供了新的就业机会，从根本上解决了孟加拉国的贫困问题。

补充货币

目前，全球性发行补充货币（complementary currencies）的运动并没有得到重视。补充货币是本地或区域内发行的货币，作为全国性（或地区性）货币的补充。比如，2003 年在德国南部发行的“基姆高”（Chiemgauer）就是一种区域货币，用来促进当地的商业发展，共有 2 700 个参与者，包括 750 家公司。另一个例子是加拿大于 19 世纪 80 年代成立的本地交换贸易系统（local exchange trading system）。在全球 50 多个国家都有类似的系统在运作。在日本，一种名叫“kurin”的当地货币共有 570 个参与者。

所有这些创新行为的主要目的，都是创建支持地方和区域经济交易的体系，以期强化地方经济发展。补充货币只在当地商圈流通，参与者可以用自己的服务来交换；并且因为这种货币在区域外不能使用，因此，比起全国通用的货币来说，持有者会先将补充货币花出去，从而带动了当地交易量的增加。

1932 年，奥地利的小镇沃格尔实行了一次非常著名的补充货币试验。当时小镇面临着恶性通货膨胀和极高的失业率，于是镇长发行了一种当地货币，居民可以用来支付基础设施项目费用，当地的商家也都接收。结果是就业率上升，当地经济也稳定了。随后其他城镇也开始效仿这种模式，发行当地货币。可惜最后中央政府插手干预，加以禁止，声称只有国家政府才能发行货币。

这类试验说明，在整个国家经济危机越严峻、而补充货币与当地功能结构结合越紧密的情况下，其所起的作用就越明显（如 1932 年）。因此可以说，补充货币是对系统弹性的一项投资。

‖重塑对资本的所有权‖

当今的核心经济挑战就是实体经济与金融经济之间不断加剧的分离。这种分离源于我们对货币和资本的看法。传统认知对货币和资本有以下 4 种谬见：（1）过分追求效益的金融市场对经济有利；（2）资本就是货币；（3）货币是商品；（4）货币等于货币。表面看来，每一条似乎都很合理。然而仔细考虑后，就会发现全都错得离谱。我们需要的其实是：

- 新工具，用来监控和测量 4 层货币应用（投机、购买、放贷和捐赠）的总体社会经济影响，提高透明度和对影响的觉察力。
- 资本概念，能够重新将真正的价值创造与其源头——经济社区中所有参与者的集体创造力联结起来。
- 货币概念，能够拆穿商品假象；使货币的发行透明化，并且能与社区中的创业意图保持一致。
- 更健康的平衡关系，在货币相关行为的 4 个领域之间获得，亦即去除第一层（赌场经济），强化第四层（捐赠经济），目的在于允许人们激发并实现自己的最高创业潜质。

4.0 经济同时也能将所有参与者的个人意图重新联结到集体共享意图。确实已经有个别金融机构开始按照这种方式运作，然而从大局角度来看，它们所影响的只是整个可部署资本中非常小的一部分。由全球领先的可持续发展银行组成的联盟组织（Global Alliance for Banking on Values，简称全球银行业价值联盟）是一个拥有 20 家金融机构的网络，致力于重新联结金融与带来积极社会变革的共享意图，树立了良好的榜样。

要素 4 技术：重新联结技术与集体创造力

所有的经济价值创造都涉及知识和技术的应用，农业、工业和后工业生产都是如此。虽然技术工具极大地改善了人们的生活品质，然而最近几十年里技术体系似乎也带来了诸多挑战。

‖ 1.0 到 3.0 的历程：工具、机器和系统 ‖

技术的进化迄今共经历了 4 次浪潮（见表 3–1）。第一波浪潮是工具的出现（1.0）。人类开发出各种工具来提高体力劳作的效率，常见的有斧子、铲子、犁和刀。

第二波浪潮是机器的出现。蒸汽机、铁路以及纺织和钢铁工业催生了一系列互相关联的机器，带来了第一次工业革命。从此燃煤机器代替了体力劳作，使生产力水平得到了迅猛发展。

第三波浪潮是指第二次工业革命（石油能源、内燃机、石油化工产业），使制造业从单个机器的状态跨入了以系统为中心的自动化生产行列。单个机器仍然需要人类操作，而 3.0 世界中自动化系统的操作员都被使用数学算法的应用程序取代了。当今汽车制造厂中的自动生产线堪称是 3.0 先进制造技术浪潮中的突出典范。

按照德国社会学家尤尔根·哈贝马斯（Jürgen Habermas）的观点，工业系统世界的需求已经开始“殖民到生命世界”，即人类的生活和工作体验。3.0 技术浪潮的主要发展在于以系统为中心的观点，功能专家们（function specialists）控制了整体的关键算法，因此，大众用户在这个系统中感到十分无力，不能改变结构的基本格局。想想大公司里的“自动客户服务”系统，你需要将相同的信息重复 4 次才能联系到一个真人客服，这就是以系统为中心的感觉。大批量生产（mass production）和大规模消费（mass consumption）渗透到了社会的各个方面。

现在，第 4 波技术创新的浪潮将会带来又一次工业革命。融合了信息和通信技术（ICT）、可再生能源、智能电网和基于觉察力开发的社会技术，令生产和使用都更加以人为本。正如 2.0 机器借助能源的力量改变了 1.0 工具的主导地位，而 3.0 自动化系统又通过采用数学算法的应用程序改变了 2.0 机器的主导地位，当前人们正在目睹 4.0 技术逐渐改变以系统为中心的旧有技术。

我们将正在“发芽”的第 4 波浪潮称为“以人或生命为中心”的技术，因为它是围绕有力量的人类个体与集体感受，即觉醒的核心过程及其激发的行动而展开的。应用到技术层面来讲，就是把技术发明的焦点从优化抽象的系统转向共同塑造创造性的人性化过程，从而改变人类从系统中获得的感受、彼此的感受以及自身内部的感受。

真正的颠覆性变革并不在于云计算或者更快的数据处理，而在于一种转变。从优化抽象的系统功能，或者借用哈贝马斯的说法，“系统强迫性需求”（systemic imperatives）转变为创造人类觉察力的共享场域，培育全新的创新创业精神，从正在生成的整体展开行动，我们将这个蜕变性历程称为 U 型过程。

杰里米·里夫金（Jeremy Rifkin）认为，信息通信技术、生物技术、纳米技术、可再生资源以及智能电网的整合是第三次工业革命。前期的技术浪潮都形成了相应的经济领域，反映并放大了机械（1.0）、电机（2.0）和系统（3.0）功能。因此，当前技术创新的焦点也在于反映并放大认知和沟通功能（4.0）。随着人类与机器、机器与机器之间的联结日益强化，一个问题浮出水面：这个历程将带领我们走向何方？

为什么未来不需要我们？

在此背景下，一个因电影《黑客帝国》而流行起来的场景值得讨论，那就是由机器统治的未来。《黑客帝国》三部曲上映几年之后，时任太阳微系统公司（Sun Microsystem，美国计算机公司）首席科学家的比尔·乔伊（Bill Joy）发表了一篇精彩的文章《为什么未来不需要我们》（*Why the Future Doesn't Need Us*），他提醒人们机器统治世界未必只是一个电影虚构情节："21 世纪最强有力的技术正威胁着人类，要将其变为濒危物种。"他还说道："原子科学家们的经历清楚地说明了个人责任感的必要性，以及若事情发展过快，过程最后会主宰一切的危险。我们可能和他们一样，在转瞬间就制造了人类无法解决的问题。如果不想被自己的发明所导致的结果震惊得说不出话来，那么还是三思而后行吧。"

探寻 4.0

若想从 3.0 技术（以系统为中心）前进到 4.0（以人或生命为中心），需要具备哪些条件呢？下面 4 条提议可以作为对话的开端。

1. 拆穿自由的谎言。不久之前，我们还在以为通信、生产和家居方面的新技术会带来大把的空闲时间，并且还认真地讨论这些时间可以用来做什么。事实上，如果人类始终维持着 20 世纪 50 年代的物质消费水准，那么每个人

（或雇员）只要每周工作 11 个小时就能达到必要的产出。只不过现状与预期有着天壤之别，我们的生活是前所未有的混乱。工作时间持续延长不说，还显得越来越不够用，并且每时每刻都会受到数种不同通信设备的干扰。有一点似乎很明显，科技并没有解放人类。下面这段话是一位印度尼西亚朋友分享的，十分引人深思："在苹果和黑莓都还只是水果的时候，生活要简单得多。"

每个人的关注力和去关注的能力都是值得用心品味、保护和培育的神圣空间，因为这就是人类力量和福祉的源泉，本书前文已经讨论过关注力的重要性。那么这个神圣空间目前的状况如何呢？四面楚歌！

现在我们知道了，同时做多件事其实只是一个谎言，只是意味着分配给每个任务的时间缩短了。技术不会带来解放，只有人类才能做到。首先必须改变应用技术时的思维模式和觉察力状态。如果带着 3.0、2.0 甚至 1.0 的思维模式在 4.0 的环境中应用技术，那么我们只会持续地在自己的内心和周围制造混乱。

开发和使用先进的技术意味着我们同时也要提升内在觉察力。如果能做到这一点，那么技术就会成为带来解放的力量；如果做不到，我们就会制造出一系列系统强迫性需求和依赖性，进而制造出一个（借用比尔·乔伊简明扼要的说法）最终"不需要我们"的未来。总而言之，科技到底会带来解放还是依赖性取决于我们行为发源的内在场所，亦即关注力的质量。

2. 拆穿技术解决法的谎言。无论探讨什么样的社会挑战，人们通常都会听到两种应对的建议：（1）研究些新技术出来，问题自然就解决了，这就是所谓的"技术解决法"；（2）新技术固然必要，但是远远不够，还需要更深层次的变革——彻底转变我们的思想和意识。

技术纵有诸多不足，然而人们始终坚信它能够奇迹般地解决有关水、粮食、能源、医疗和可持续问题的全球（和区域）性危机。这个理念最吸引人之处在于其简单易行，不需要我们应对深层问题，也不需要展开深刻的变革。气候变化？没问题！研发一个地球工程学项目，比如，在地球外围打造一层屏障，把太阳光都反射出去就可以了！

3. 将研发投资与迫切的社会需求重新联结起来。目前，全球的研发投资总额大约为 1.2 万亿美元。国内研发支出总额（Gross Domestic Expenditure on R&D，GERD）指数包括了商界、政府、高校和非政府组织的研发费用。大家可能都预料到了，超过 70% 的研发投资都用于工业化国家，因此，也不难猜出由此而来的技术和创新都是关于哪些方面的。研发投资都是由盈利预期以及（或者）政治决策（比如军事研发）牢牢操控，因此，非工业化国家提高生活水平所急需的创新研发投入严重不足。比如，被忽视疾病方面的研究相对而言就少之又少。医疗产业 90% 的工业产出都聚焦在发达国家盛行的非传染病上面，几乎无视了非工业化国家中低收入人群的热带传染病。正是这种不平等导致了 90/10 的差距。医药行业之所以回避被忽视疾病，也是因为这类投资的回报微乎其微。

4. 引领第三次工业革命。技术是当今最为强大的动力之一，那么这股动力的深层本质是什么呢？

20 世纪的德国哲学家马丁·海德格尔（Martin Heidegger）在其著作中也探讨了这个问题。他写道，“技术”（technology）一词可以回溯到希腊词汇“techne”，意思是“艺术”。而艺术是创造性过程的实现。从这个角度我们可以区分出两种类型的技术（以用户的观点来看）：创造力增值型技术（creativity-appreciating technology）和创造力贬值型技术（creativity-depreciating technology）。

鉴于以上区别，未来技术领域的公共决策和投资所遵循的基本标准，应该是看一项技术会提升还是损害人类的创造力。比如说，我们是正在把技术用户转变为产品内容的被动接受者，还是正在赋予其能力，使其能够共创自己的内容并互相分享？

这个区别重要吗？思考一下吧。关键就在于技术会使人类和生命的集体创造力增值还是贬值，毕竟这种创造力才是所有经济资本的终极源头。

看到我们的未来：释放遍地的集体智慧

在哪里能看到未来的种子？这里有几个例子。

维基百科

维基百科于 2001 年 1 月正式创立，是欢迎任何人参与集体共创的网络百科全书。成立第一年有 20 000 个条目被创建；三年之后，其文章储备已超过 100 万篇，包含 100 多种不同的语言。成立 10 年之后，维基百科创建了 1 970 万个条目，并且成为全世界第 7 大最受欢迎的网站。维基百科于 2002 年决定不接受任何商业广告，而是选择了一家基金会作为其法定形式，完全依靠捐赠来维持运营。2005 年，在其早期的一次资金筹措活动上，该网站获得了 94 000 美元的捐赠；到了 2011 年，捐款数额已经达到了 1 600 万美元。

Linux

1991 年 8 月 25 日，芬兰首都赫尔辛基，一位名叫林纳斯·托瓦兹（Linux Torvalds）的年轻人十分不满意当时的电脑操作系统，于是自己着手开发了一套系统，并在公布该系统时附带了一封邮件邀请函：

各位使用 Linux 的用户，大家好：

我正在为 386（486）AT 开发一个（免费）的操作系统（这只是个人

爱好，不会像 gnu 那么正式和专业）。这个想法从 4 月份就开始酝酿了，现在已经基本成型。我欢迎任何反馈，你们喜欢什么，不喜欢什么……我的意思是想在几个月内拿出一个成型的东西来，所以想知道你们最喜欢哪些功能。任何建议都来者不拒，但是不保证一定会用上。

林纳斯

（邮箱：torvalds@kruuna.helsinke.fi）

22 年后，林纳斯在邮件中发布的这个项目已经演变为全球最受欢迎的操作系统之一，并形成了价值逾十亿美元的产业。这一切都是怎么来的呢？林纳斯从一开始就决定要以开源的形式开发整个程序，允许所有的开发者将源代码用于各种用途（商业和非商业均可），还可以任意调整以满足用户的特定需求，以及与整个社区共享他们的修订版本。这种方式使林纳斯从 1991 年的一封邮件起步，汇集了来自世界多个国家和不同文化的开发者，打造出一个全球性协作社区，并奠定了该社区进化与成长的坚实基础。

这两个例子的共同之处在哪里呢？它们都不再只是将产品设计好，然后交付到用户手中；而是创建一个平台，使世界各地的用户和开发者可以共创自己的产品（应用程序）或内容。用户从过去的被动接收者，摇身一变成为产品和服务的共创者、共筹者和共享者。

‖结语：重塑赋能型技术‖

纵观历史，技术经历了从简单的工具演变为机器，进而成为自动化系统的过程。今天我们面临着技术创新的又一次飞跃，从以系统为中心前进到以人或生命为中心，打造意义深刻的新技术。如果取得成功，就能加强创造力提升型技术的应用，促进共同感知、共同创造和共同使用。

那么，这一切需要哪些条件才能实现呢？需要形成意图明确的创造性社区，比如，林纳斯当初用一封简单的邮件启动的那一个；还需要支持性的空间和人群来更加频繁、更加有意识、更加有包容性地创造这类社区。一旦实现了这个目标，将会对21世纪的历程产生重大的影响。

要素5 领导力：重新联结领导力与正在生成的未来

领导力缺失所表现出来的状态已经众所周知，那就是我们集体带来了没人想要的结果。除非积极重塑领导力，否则本书中讨论的话题都不会有机会得以实施。

‖从1.0到3.0的历程：大棒、胡萝卜和规范‖

领导力的精髓始终都在于感知与实现未来、跨过界点、步入全新的领域和完全不同于以往的未来。"领导力"（leadership）一词的印欧语系词根是"leith"，意为"前进"、"跨过界点"或者"赴死"（放下）。放下的感觉通常都像正在消亡。在整个人类历史的进程中，领导力的深层次过程都在于放下然后接纳全新和未知的事物；都在于消亡然后重获新生。这一点始终未曾改变。德国诗人歌德深谙此道，他说："如果你不知道生和死的奥秘，那么你将只是地球上一个沉闷的过客。"

然而造就这个过程的社会实体结构已经发生了变化。正如表3-1所显示的，社会实体已经从领导力集中并且等级森严的单一金字塔结构（1.0），转变为领导力通过授权和竞争体现，权力下放的多重金字塔结构（2.0），此后又进一步转变为参与度高、互动性强的网络结构（3.0），多个利益相关者和特权团体可以在其中进行协商与对话。由此可见，当今领导力和组织领域的三类关键词汇分别是：

集权与等级；放权与竞争；参与度高、互动性强的利益相关者对话网络。

而所有这些机制都不足以解决当前的问题。很多人都有的无力感其实只是表面症状，真正的深层次冲突则是固有的领导力关键词已不再适用于迎接今日的挑战。气候变化、粮食短缺、金融寡头、贫困——能否用过时的组织思维来应对这些难题呢？

真相总是令人难以接受：我们不能！若想处理好目前的混乱局面，就必须启用全新的思维模式以及集体领导力机制，允许多样化的参与者组合能够相互联结、共同感知、共同创造。

‖探寻 4.0‖

打造能够在“源头”层面应对关键挑战的 4.0 领导力机制，都需要哪些条件呢？

全世界只有一个真正的领导力问题

当今主要的领导力挑战是一个严峻的事实：我们的经济现状是一个全球性互相依存的生态系统，而从总体来看，机构领导者们却固守着自我系统的组织意识。大多数领导力问题都能够浓缩成一个主要矛盾：客观的经济现状是以全球性生态系统的形式来运作的，而个体与机构领导者们却仍然聚焦于自我系统意识。因此，他们将其他人的利益视为外部性。同样的问题也出现在机构内部：领导者们只看重自己的个人目标（通常都与奖金挂钩），而忽略了整体的利益。

当全球性生态系统现状遭遇自我系统领导力时会出现什么情况呢？那就是有关公共资产的迫切问题得不到解决，由此导致的结果可见于前文对三道鸿沟的探讨。

如何才能调和已经运作于 4.0 世界（生态）的现状与大部分依然禁锢于 2.0 思维（自我）的领导力意识？这个问题的答案将是新领导力的本质，帮助组织机构和利益相关者们从自我系统意识前进至生态系统意识，从而适应全球性网络世界的现状。

对于公司来说，通常都是由非政府组织来引导其完成这个过程：使觉察力突破组织边界，扩展覆盖供应商、合作伙伴、顾客和整个社区的利益。以耐克公司为例，20 世纪 90 年代，非政府组织举办公开活动，抗议亚洲的非法雇用童工现象。耐克起初回应公众，表示这不是公司的错，而是海外供应商的问题，公司只看这些供应商是否符合耐克的标准。然而很快管理层就意识到，一句“不归我们管”不足以保护公司最重要的资产——耐克品牌。

因此，他们别无选择，只好将供应商的问题当作自身问题来看待。耐克公司的经理们使自己的意识和管理程序突破了组织界限（自我系统），延伸至扩展型全球企业（生态系统）。

三个领导力谬见

三个最常见的领导力谬见加深了心智与物质的分离，进而使我们在周围观察到的现状更不易攻破。它们听起来都合情合理，但事实上却指向错误的方向。

谬见 1：领导者就是位置最高的那个人。这种对领导力的解读已经过时，不可能用来应对当今机构所面临的挑战。我们需要组织里的很多人，有时甚至是所有人，都参与进来。

谬见 2：领导力是关于个人的。事实上，领导力是系统内遍布的或是集体能力，而不只是个人行为。领导力是整个系统感知并实现想要生成的未来的能力。

谬见3：领导力就是创造并传达愿景。这个谬见的问题在于把焦点主要放在传播讯息上，而忽略了一个更加重要的方面：聆听。聆听是走向共同感知、共同创造正在生成的未来的重要一步。这个世界充满了冠冕堂皇的领导力愿景，可惜随后都灰飞烟灭了。想想安然（Enron）、雷曼兄弟（Lehman Brothers）、通用汽车（GM）、美国国际集团（AIG）、高盛（Goldman Sachs），以及导致了伊拉克战争的“布什－切尼－拉姆斯菲尔德政府”愿景，就能看出问题不在于缺少愿景，而是愿景彻底脱离了现实。我们真正缺失的是聆听。

卓越的领导力都是始于聆听。这就意味着要带着打开的思维、心灵和意志去聆听；不仅要听说出口的话语，也要听其背后隐含的意义；要听到所有人潜在的需求和志向。

缺失的机制：集体感知与塑造原型

为了能够学会集体聆听，我们需要一个共同感知的机制，帮助系统内所有的领导者和用户跨界聆听、观察，直至真正了解现状。参与共同感知的一个方法是携手踏上学习和感知的历程，另一个方法是邀请较大生态系统（“扩展企业”）中的利益相关者代表团，来参与分享和对话的集体过程。

其实，人们并不是没有对于较大生态系统或扩展企业的设想，只是这些设想都还局限在隔离的单个机构的模式中。大部分人都缺少可以坐在一起共同感知并思考较大生态系统如何进化的空间。而正是共同感知这类行为才能激发对整体系统的认知，否则在没有外部突发事件的情况下，通往U型深层次的变革很难实现。

此外，人们还缺少为探索未来实际塑造原型的空间。塑造原型是指通过亲身实干开发并推进一个理念。塑造原型有一句关键的口号，来自IDEO设计公司的合作创始人大卫·凯利（Dave Kelly）：“失败能引导我们更快地走向成功。”在理念成型之前，先为其塑造原型是一种试验性的探索方法，可以获得利益相关者的反馈，使理念更加完善。

反馈是共同感知和共同创造的延续。4.0 阶段的领导力需要一套全新的执行基础组织结构，能够支持生态系统集体参与共同感知（觉察真相）、共同激发（联结源头）、共同创造（塑造原型）新的可能性。

‖领导力的精髓在于自然流现‖

领导力的精髓在于联结、步入想要生成的未来场域，并使行为发源于此。如何才能做到这一点呢？我们想要前进的时候，要从哪里得到指引呢？2005 年，史蒂夫·乔布斯在斯坦福大学的毕业典礼演讲中解答了这个问题：“只有在回顾过去时，你才能够连点成线，向前看时是做不到的。”好吧，既然向前看时无法连点成线，那么应该从哪里得到指引呢？乔布斯继续说道：“你要找到自己心中所爱。工作会占据生命中的很大一部分，唯一能让你真正感到满足的方法就是去做你认为最伟大的工作。能完成伟大工作的唯一方法就是热爱你所做的。如果你还没找到自己的目标，就继续找，不要安于现状。”

能完成伟大工作的唯一方法就是“热爱你所做的，做你所热爱的”。无数企业家和创新者都用自己的亲身经历印证了这个深刻的真理。然而，如何才能创建出合适的体制基础结构，使我们系统层面的集体行为也能发源于这个深层次源头呢？

据我们所知，“做你所热爱的，热爱你所做的”这一内在准则，需要与深切融入世界的外在准则相辅相成，特别是要深切融入世界的“边缘”。方法就如《快公司》（*Fast Company*）杂志创始人艾伦·韦伯（Alan Webber）所说的那样：“要始终保持与宇宙的对话。”他还说道：“宇宙实际上是一个非常有用的场所。含义就是：无论你得到了什么回应，你都可以认为它是想以某种方式帮助你。”韦伯又进一步解释了这个社会创业精神的重要准则：“如果你以开放的态度看待自己的主意和想法，宇宙就会帮助你，它会暗示你如何改进你的想法。”

今日社会所必需的是将乔布斯和韦伯谈及的这种深层创业核心过程提升至集体层面，使同样的过程能够在整个（生态）系统的范围内得以展开。比如，乔布斯，他的天赋在于他所创造的产品和服务与当今这一代人的志向和生活方式都非常契合。然而，有很多生产 iPhone 或者 iPad 的工人，他们的工作环境很糟糕，拿着最低工资。乔布斯并没有对他们的境遇表示特别同情，也没有提出好的办法去改善他们的生活方式或者提高他们的薪资。真正的 4.0 生态系统领导力会关注系统内所有成员的福祉，而不是只看其中的一部分。

‖看到我们的未来‖

过去 18 年里，我们一直在与来自不同系统的人合作，因此，也明白如果想帮助生态系统中不同的利益相关者群体感知和实现未来可能性，就必须有全新的基础组织结构或支持空间，来完成 5 个关键的步骤：（1）共同启动（co-initiating），即帮助分裂系统中的利益相关者进行联结，发掘共同基础；（2）共同感知（co-sensing），即帮助人们感受他人的视角，从边缘观察系统，培养集体感知的能力；（3）共同激发（co-inspiring），通过反思练习以及有意识的静默时刻，帮助人们联结到深层次觉知的源头；（4）共同创造（co-creating），通过亲手塑造原型来探索未来；（5）共同进化（co-evolving），普及并维护新生事物。有很多不同的方法和工具可以提供不同的支持空间，然而如果没有这些执行条件，在较大而又分裂的系统层面能够获得有用结果的可能性会非常小。

要素 6 消费：重新联结经济与幸福感

每种经济都有两个主要的价值创造来源：生产方与消费方。所有的经济价值创造都起源于我们作为用户、消费者以及公民的体验质量。人们说没有大自然就没有经济，这是毋庸置疑的真理；那么同样也可以说，没有消费，所有经济价值创造都毫无意义。经济存在的终极目标就是满足其成员的需求。

我们认为，用户或消费者的体验在所有经济价值创造中都处于首要地位，与此形成鲜明对比的是，现实生活中权力的不均衡导致经济竞争环境的不公，对用户、消费者和公民都非常不利。

‖从 0.0 到 3.0 的历程：从消费主义到有意识消费‖

如果以此角度来看，经济发展的历程是什么样的呢？本书前文已经探讨过，这个历程是按阶段进化的。在 0.0 阶段，经济活动就是为了生存，即满足当地人群的最基本需求。在 1.0 阶段，由于农业革命使生产更加系统化，目的性也更强，因而生产功能开始出现细分。

到了 2.0 经济，这种细分一直在持续，并带来了第一次工业革命。大批量生产催生了大规模消费。专业广告、销售策略以及产品设计慢慢成为工业管理过程的一部分。在 3.0 经济阶段出现了第二次工业革命，市场营销和品牌逐渐成为管理的主流理念，由此激发的全球性消费文化将物质消费推升至前所未有的高度。与此同时，消费者维权活动也在日益壮大，制定了各种法规来保护消费者的利益。

从 1.0 到 3.0 的历程所导致的大规模消费的文明模式，是我们每年超额 50% 使用地球可再生资源的原因。要解决这个问题就必须重新思考消费主义的根源。乌拉圭作家豪尔赫·马赫富德（Jorge Majfud）曾经说过：“只试图减少环境污染而不去扼制消费主义，就如同只打击贩毒而不根治毒瘾一样。”不言而喻，这句话对于美国的“向毒品宣战”也是准确的描述。

‖探寻 4.0‖

能够从源头层面应对全球挑战的 4.0 后消费主义经济会是什么样呢？我们又如何从 3.0 前进到 4.0 呢？

这个历程的第一步就是澄清另外三个谬见。

谬见 1：生产和消费是分离的。在这种思想中，经济被视作一条价值链，起点是产品设计和原材料；终点是消费者；中间是一系列过程，通过劳动力、机器和各种组织将原材料应用起来，组装成花样繁多的产品，包装好以后运送到分销商和消费者手中。这个画面有什么不对吗？难道我们在工厂里看到的情况不是这样吗？

其他都没有问题，唯一不对的地方就在于消费者是站在终点，其需求并没有成为生产过程的开端。消费者需求处于源头与其作为终点之间的差别，正是 4.0 与 3.0 之间的差别。只要消费者还站在生产过程的末尾，过时的工业化管理思维就还占据统治地位，那就意味着机械类的固定资本投资就必须持续运作以获得规模经济。预算高达上亿美元的营销手段“敲锣打鼓”地吸引着消费者的注意力，于是产品源源不断地被推向市场，塞进消费者怀里（3.0）。此时的消费者是经济活动的目标，而不是合作伙伴，其持续演变的需求没有得到辨识和满足。

如果消费者被置于价值链的末尾，如果商业广告和行销策略对其“狂轰滥炸”的目的是催生欲望而不是满足需求，那么就会构成一场“物质侵略”，这只能加重生产的生态足迹，而不会提升对顾客和用户的真正价值。然而，如果消费者身处价值链的源头，其真正的需求得到了集体评测（包括弱势群体的需求），将标志着整个价值创造过程的开端。成果将会是生产商与消费者或用户之间更加公平的经济环境，这两个群体之间也会有更多的机会进行开放、透明、包容的对话，形成创新和商业发展的共同起点。

谬见 2：消费者之间是分离的。按照这个谬见来看，消费者被禁锢于只追求个人利润最大化，而不考虑更大的整体利益的逻辑，这确实从一定程度上反映了社会现实。消费主义已成为当今全球物质主义主流文化的一部分，其意识形态使每个人都大量接触广告营销，影响并折射了现有的沟通模式。不过目前另一种正在出现的声音也值得我们注意，此前这个声音从来没有出现在营销产业当中过。

这个声音所讲述的故事是关于消费者如何开始以更有意识、更加包容的方式共创经济的。其深远根源可以回溯到 1769 年在费城抵制英国贸易货物的"无代表，不纳税"（no taxation without representation）运动，也就是美国独立战争的开端；还可以回溯到圣雄甘地对英国产品的抵制及其对手工自制衣物的提倡；还可以回溯到 20 世纪 70 年代对与南非种族隔离系统有生意往来的公司的抵制，由此引发了社会责任投资运动。其中包括公平交易运动，始于 20 世纪 80 年代，是由全世界关心人类和地球福祉的有觉知的消费者兴起的。该运动改变了很多产业的经营方式，并且在今日依然以各种形式的、有意识的协同消费持续着，本书稍后会有详细阐述。

在以上所有例子中，都能看到相同的主题：消费者已经将其意识从自我系统（自身利益）扩展到了生态系统（整体福祉）。很多个体都明白了他们的购买决定可能会对几千里之外的生产商造成影响。当公平贸易运动绕开中间商，使南非的咖啡生产商可以对接欧洲的咖啡消费者时，这些活动家们就已经开始按照透明、包容和公平的原则重新设计经济体系了。

如今，4.0 消费者运动的事例随处可见：农夫市场、慢食运动、当地有机食品运动、社区支持型农业、有机面料服装（organic-fabric clothing）、生态旅游、都市农业（urban agriculture）、汽车共享（car sharing）、零排放汽车、可再生能源。4.0 消费者所做的不仅仅是抵制某个产品，而是做出明智的、有意识的决定去支持和共创更加包容、透明，更具可持续性和协作性的经济过程。

谬见 3：物质消费会带来幸福。从本书第 2 章的论述就能得知，这个结论看起来合理，然而事实上还有待商榷。发达国家中物质消费的提升并不会带来更多的幸福感。幸福感来源于我们作为用户、消费者和市民的体验。这种体验的形成既有外部因素（比如产品），又有内部因素（比如意识觉醒的过程）。意识觉醒的内部过程是已故认知科学家弗朗西斯科 · 瓦瑞拉（Francisco Varela）的研究重点，被其描述为“暂悬、转向和放下”。在 U 型理论和自然流现的语境中，我们将这种内在体验称为打开思维、心灵和意志的 U 型过程。

因此，不破坏地球就能提升幸福感的策略应该是减少无用的产品和无觉知的广告，提升系统将资源转向用户真正需要的能力，同时强化用户联结到幸福与健康的源头的能力。

‖通过经济对话形成完整的反馈回路‖

当经济不再分离时：（1）消费者与产品；（2）消费者彼此（生态系统意识）；（3）消费者与其自身（幸福感的源头），一个完整的反馈回路就在消费者与生产商之间（破除谬见 1）、消费者群体之间（破除谬见 2）、消费者自身之间（破除谬见 3）形成了。在此基础上崛起的经济将会更具透明性（信息全部公开）、包容性（包括所有关键参与者）、反思性（系统可以观察自身）。

若想实现这个变革，经济体制需要不同的沟通方式，特别是在消费者和生产商之间。目前的沟通模式是单边的、不透明的、直线型的。说其单边，是因为信息只会朝一个方向流动，如广告；说其不透明，是因为获得信息的渠道很受限制；说其直线型，是因为系统内没有反馈回路，所以无法观察自己。

目前所需的沟通模式能够在不同的经济参与者之间创建缺失的环节：它是多边的，意即多方都可以参与对话；是透明的，意即完全公开所有信息；是循环型的，意即允许团队和系统反思并观察自身。

‖看到我们的未来：有意识协作消费的力量‖

消费者们这种有意识的、协作性的、能够赋予自身更多权力的 4.0 未来如何才能到来呢？以下列举了 4 个动力。

第 1 个动力是技术。万维网通过公开信息会持续影响经济走向，因此，也会带来更加公平的竞争环境。生命周期分析和数字化信息两种技术的结合，很快就会使消费者能够用手机查看超市货架上产品的环保足迹（environmental footprint）。这种发展会持续推动透明化的巨大潮流，并且会带来很多易于掌握的指标，帮助消费者做出更加明智、更具有可持续性的选择和联结。比如，www.couchsurfing.org 这个网站就是帮助闲置资源（分别是想出售的衣服和可提供的住处）对接有需求的人群，提供了对等交换的平台。

第 2 个动力是觉察力。希望能够拥有健康、积极、可持续生活方式的人越来越多。在美国这一趋势形成了乐活运动，涵盖了大约 1/4 的美国成年人（将近 4 100 万）。同时也带来了聚焦于健康、环保、社会公正、个人发展、可持续生活的产品和服务，以及价值约 2 900 亿美元的商机。

第 3 个动力是日益频繁的破坏与颠覆。旧有的正规系统裂变得越厉害，就会出现越多联结和自组织合作的新模式。比如，1997 年金融危机之后，印度尼西亚就出现了很多非正式的当地经济网络。

第 4 个动力是经济人权。目前全球经济总额为 60 万亿美元，却依然无法降低贫困人口的数量，很多人都觉得这个事实令人难以接受。南美国家采用的有条件现金转移迈出了万里长征的第一步，推动经济人权成为未来“世界内政”（weltinnenpolitik）的基础。

要素 7 协作：重新联结部分与整体

现代经济是基于劳动力的本地、区域以及全球分工建立起来的。在过去 100 多年里，劳动力分工在世界范围内都引发了惊人的生产力。只是在持续变化的整体背景下，我们如何才能将这些个体行为协调并联结起来呢？

正如表 3-1 所显示的那样，纵观整个经济史，不同的社会运用不同的方式协调其经济活动：（1）通过国家计划；（2）通过市场；（3）通过协商与对话。这些机制带来了三个经济发展阶段：

- 1.0：等级与计划→计划经济崛起（一个社会分支）；
- 2.0：市场与竞争→自由市场经济崛起（两个社会分支）；
- 3.0：协商与对话→社会市场经济崛起（三个冲突的社会分支）。

如今，我们站在为协作问题找出第 4 种答案的风口浪尖上：4.0，基于觉察的集体行动（ABC），一个有觉察意识的市场经济。

‖从 0.0 到 3.0 的历程：分离的程度‖

4 种协作机制的不同之处在于它们与经济执行者的联结方式。总体上说，这种关系的进化趋势是由外到内，由忽视到觉察。具体如下：

- 在中央控制的经济中，经济行为受到目标和计划的外部机制指导（大棒）。
- 在市场经济中，经济行为主要受到价格和竞争的外部机制指导（胡萝卜）。

- 在社会市场经济中，市场嵌入并受到协商、网络和对话的指导（规范），这种机制对于经济执行者及其觉察力来说是内外兼顾的。
- 在共创式生态系统经济中，市场嵌入并且主要受到共有意识觉察的内在机制（ABC: 由看到整体生发的行为）的指导。

因此，在第一阶段（中央计划）到第四阶段（ABC）的历程中，我们的意识以及内化整体的程度在持续提升。在第一和第二阶段，整体的福祉基本不在个体执行者的考虑范围之内；然而到了第三和第四阶段，整体的福祉则几乎完全融入了个体执行者的意识之中。结合本书之前的论述，可以得出这样的结论：从第一到第四阶段的历程是经济决策者不断将外部性纳入其觉察力的过程。

表 3-2 提供了两个用以界定社会自身协作方式的维度：整体首要性或部分首要性。经济协作机制的进化始于 1.0 中央计划（左下区域），然后移至 2.0 市场和竞争（右下区域）。中央计划这只"看得见的手"与放权市场这只"看不见的手"有一个共同点：都不要求个体决策者考虑整体利益。好像只要个体或组织达到了（中央计划的）目标，（在市场中）谋得了自身利益，看得见的或是看不见的手就能自动照顾好整体似的。

表 3-2　　4 种经济协作机制：内化整体的历程

系统整合 / 纳入整体的程度 System integration/Degree of interiorizing the Whole	整体首要性 Primacy of the Whole	部分首要性 Primacy of the Parts
高 High	4.0：ABC*：头脑、心灵和双手（有意图地） 4.0: ABC*: head, heart, and hand（intentional）	3.0：协商与对话：头脑、心灵和双手（随机） 3.0:Negotiation and dialogue: head, heart, and hand（ad hoc）
低 Low	1.0：中央计划：看得见的手 1.0: Central planning: visible hand	2.0：市场和竞争：看不见的手 2.0: Markets and competition: invisible hand

* Awareness-based collective action，即基于觉察的集体行动。

但那只发生在理论层面。事实上情况有很大不同——比如说外部性问题已经迫在眉睫。这些现实状况促使经济系统进化到上面两种形式，以便能以 3~4 种形式同时运作。如今，随着非政府组织在全球的兴起，大部分经济体都已经将利益相关者之间的协商和对话纳入其实际协作机制之中。

上面两种形式的转变说明个体决策者对外部性的觉察已经有了很大程度的提升，同时也意味着创建支持空间，令执行者和决策者能够领悟到其决定对他人的影响以及整体（外部性）的状态。在协商和对话中，对外部性的领悟通常都局限在系统子集的层面上，如某人自己的网络或利益群体。通过 ABC 进行协作则可以领悟到整个生态系统的外部性。为了使 ABC 有效实现，不同群体必须开放心态，联结彼此的共同利益（头脑）、集体行为（双手）、团结精神和同理心（心灵）。协商和对话所需要的关键程序与此基本一致，只是倾向于局限在系统的某个部分上。

有些例子很能说明这个问题，比如，欧元危机时，北欧国家（特别是德国）与南欧国家很难领悟到对方的外部性；再比如 20 世纪初期，美国的白人中产阶级很难将社会保障体系扩展至其他有色人种以及无业人员（这些人自 19 世纪 30 年代就都被排除在新政之外）。转变这些行为的核心就在于重新思考“我们”和“他们”的定义。

那么，到底哪种机制才代表了良好的治理呢？其中任何一个都无法独立成行，正确的答案是在有需要时启动并运作全部 4 种机制。

像梅西那样传球

下面来看一个比较好理解的例子：足球队。怎样才能让 11 个男孩（女孩）组成高效的球队呢？

1.0 方法是严格遵守教练在赛前制定的战术，但是这种缺乏灵活性的队伍在强大的对手面前表现肯定欠佳。如果换成 2.0 对策就能给个体球员更多自由进行发挥。

让我们将这个想法推向极致：比如说你召集了 11 名全世界最优秀的球员，希望他（她）们的个人才能可以叠加出一支完美的球队。然而事实上却有很多事与愿违的例子，比如，（篮球迷们熟悉的）2011 年，迈阿密热火队在对达拉斯小牛队的决赛中溃不成军；（足球迷们熟悉的）2010 年世界杯锦标赛中，法国和英国球队的惨败（笔者无意冒犯）。这三支球队的球员都具有卓越的才能，但组合在一起却无法获胜。

当人们明白了优秀的球员未必能组成出色的球队时，下一步要做的就是实施不同的协作机制，亦即我们所说的 3.0。你要允许球队发挥更多的创造力，允许几个队员临时组成阵型以便更快、更准地传球。但与此同时也要保留最基本的位置：防守、中场、进攻。

若想到达 4.0 的境界就必须"突破"传统的角色和思维方式。足球界的 4.0 理念可以说是起源于"全攻全守足球"（total football），是由里努斯·米歇尔斯（Rinus Michels）于 20 世纪 70 年代早期执掌阿姆斯特丹阿贾克斯球队和荷兰国家队时发明的，当时这两支球队的主力是同一批核心球员。1973 年，球队里最出色、最有名的球员约翰·克鲁伊夫（Johan Cruyff）转签了巴塞罗那俱乐部，正是他把"全攻全守足球"的理念从荷兰带到了西班牙，从阿贾克斯带到了巴塞罗那。后来，克鲁伊夫成为巴塞罗那俱乐部的总经理（1988—1996 年），他将此理念进一步演变为我们今天所说的"tiki-taka 足球"，从而培养出当今两支最优秀的球队：巴塞罗那俱乐部［于 2008—2012 年，在佩普·瓜迪奥拉（Pep Guardiola）教练的带领下赢得 14 次胜利］，以及西班牙国家队

（2012 年欧锦赛冠军和 2010 年世界杯冠军）。这两支球队的主力也是同一批核心球员，遵循的也是同一个核心理念。

是什么让巴塞罗那俱乐部与西班牙国家队脱颖而出呢？答案是这样几个足球理念：（1）大量使用近距离快速短传来控制球的有效系统；（2）要求球员从整体角度思考（同时关注力的中心协作点要始终放在球的持续动向上）；（3）出其不意的短传能够瞬间突破对方的深度空间，使其出现漏洞；（4）作为一个球队，当球在整个活跃场域中的位置持续改变时，所有球员担当（或可以担当）所有的角色和位置（防守、中场和进攻）。

这是最前沿的足球战术，所有的亚军球队和有潜力的球队（比如前景很好的德国队）都在努力效仿。这些理念中蕴含了数个精彩的 4.0 特点，包括在未来可能性持续进化的场域中共享的觉察力。

现在看来，全世界最出色的球队所使用的战术，已经非常接近进化整体的 4.0 版共享的觉察力了，那么全球经济的发展方向又如何呢？很可惜，还是禁锢于比较早期的阶段。当前的经济形势反映出系统在用 2.0 或 3.0 思维来应对 4.0 挑战。

‖探寻 4.0‖

将经济运作系统升级到 4.0 都需要哪些条件呢？下面有 4 点提议。

1. 市场与集权的对立是一种谬见。20 世纪的大部分时间都浪费在一个不成立的议题上：到底是选市场还是选政府；到底是选资本主义还是社会主义。经济竞争环境的复杂性以及发展前景仅仅局限在到底是“以市场为主”还是“以政府为主”的对话上。经济进化矩阵图展示了经济进化的“棋盘”，并提供了 390 625 个可能性，然而人们在学术讨论中却只保留了上面两个选择。

2. 不是“二选一”，而应该是“两者兼备”。在 20 世纪 90 年代和 21 世纪初期，经济思维中致命的“二选一”逻辑导致了不顾后果的金融产业松散监管，也正是这种心态引发了 2007—2008 年的金融危机。如果近距离观察一下当前经济，就会发现市场和政府缺一不可。

以“两者兼备”理念为基础打造的经济体将会无比强大，比如，中国、新加坡、韩国、巴西、印度尼西亚、德国以及其他的北欧国家；相比之下，它们更快地摆脱了 2008 年的金融危机。这些经济体都是在政府、商界（有时还包括）民间团体之间进行战略性的跨界协作，创建了多重对话平台，使整个国家或社区的战略方向能够得到探讨和规划。当颠覆性变革兴起时，他们能够团结一致、紧密合作，而不是分崩离析，加深政治鸿沟。

3. 经济体不等同于公司。两者之间起码有两个重大区别：（1）经济体无法弃公民于不顾；（2）经济体必须内化其所有外部性。

传统的市场理念认为，公司的目标就应该是努力扩张财务底线，同时把所有的外部性都抛给他人，华尔街的对冲基金和大部分金融服务公司都是这么做的。企业集团并购其他公司也是为了利润最大化，必须以高利润率出售有价值的资产，缩减剩余部分的规模，将社会保障成本塞给政府其实就相当于转嫁给整个社会。而经济体则需要完全不同于公司管理的领导力，需要能够完全承担起责任、降低负外部性、提升正外部性的领导力。

4. ABC 可以在部分与整体之间形成完整的反馈回路。今日资本主义进化所面临的界点意味着一种全新协作机制的诞生，可以对现有三种机制（计划、市场和协商）形成良好补充，并培育整体能力，使其自我观察、感知和更新。我们将其称为 ABC——基于觉察的集体行动，因为，此种行为发源的场所能够催生系统观察自身，感知正在生成的新事物，通过亲身实干探索未来（塑造原型）的能力。

当今社会是否具备这样的空间，让经济生态系统中的关键参与者能够集体观察、感知和自我更新呢？答案是没有，我们缺失了这样的空间。这是一个重大的机构盲点。虽然很多个体的组织和个人会进行思考与制定策略，然而目前甚至没有一个社会整体能够对现状达成共识的空间。一切有组织的利益群体都在自己的机构内部独立完成自身的意义构建。我们缺少的只是可以共同感知、发掘共有意识和共有意志的空间。

‖看到我们的未来：ABC‖

4.0 经济进化可以说是无所不在，它是前进的正确方向。我们身边有很多活生生的例子可以说明这一点，足球场只是其中之一。

不过问题在于这些例子当中：（1）很多都是随性而发的，不是有意识的行为；（2）通常都发生在微观和中观层面上，而不是宏观和世界观的层面，在本书的结尾部分会详细阐述这一点。

一个 ABC 协作的现实例子来自俄亥俄州。在减少医疗事故和失误方面，核对清单的应用可算是创新式的方法。正如飞行员在起飞前会使用核对清单来确保万无一失，外科医生及其手术团队在为病人实施手术前也会这么做[①]。研究表明，这种方法起初确实降低了事故风险，然而出错的概率后来又慢慢回升至原来的程度。俄亥俄州的一位妇产科医生马克·帕尼斯（Marc Parnes）注意到了这个模式，于是设计了一套不同的机制。他不再使用核对清单，而是在病人被推进手术室时与其直接交谈。整个手术团队都会参与进来，进行一次简短

① 更多有关清单在医疗方面的作用，可见《清单革命》（*The Checklist Manifesto*）一书，此书中文简体字版已由湛庐引进，北京联合出版公司出版。——编者注

的、人性化的谈话，确认所有相关事宜。出人意料的是，与仅仅使用清单相比，这种方式十分有效地降低了出错率。

我们认为，这个例子有很大的参考价值，非常值得关注，因为它切实冲破了阻碍系统观察自身的那层隔膜。此处的系统就是手术室中的所有人，包括病人在内。当系统看到自身时，就会促成一场谈话，让每一个成员（包括病人）都能通过他人的视角观察情境。这种觉察力的生成以及通过其他利益相关者的眼睛看到系统，是所有深刻系统变革的关键平衡点。

要素 8 所有制：重新联结所有制与最佳社会应用

随着经济的发展，所有权的结构也在不断进化，而在互联网出现后变得尤其明显。开源的维基百科或知识共享平台所使用的全新版权模式，与《禁止网络盗版法案》（*Stop Online Piracy Act*）和《保护知识产权法案》（*Protect IP Act*）完全冲突。所有制是指一系列权利和责任。如同其他权利一样，所有权在社会背景下的合法性不断崛起、进化和改变。一切合法性都是在社区人群中找到权利与责任之间的平衡感。

‖从 0.0 到 3.0 的历程：开放式获取、国有、私有、混合制和公共资产‖

产权是指由法律强制实施的权利束和责任束。权利包括：（1）获取权；（2）使用权；（3）管理权；（4）排他性（exclusion）；（5）可让渡性（alienation）。这 5 项内容可以看作所有权中的 5 个分支。所有制的一侧只有一项权利，而另一侧则是其他 5 项权利。个体或集体都可以持有这些权利。表 3-3 说明了所有制如何从开放式获取逐渐演变为国有、私有、混合制以及公共所有制结构。

表 3-3 按经济阶段进化的产权

经济 Economy	产权 Property Rights	货物类型 Types of Goods	权利束和责任束 Bundle of Rights and Responsibilities	体制化 Institutionalization
0.0	开放式获取	公共资产储备：海洋渔业、大气层（无排他性、无竞争性）	无产权	公共所有
0.0	Open access	Common pool resources: ocean fisheries, atmosphere (nonexcludable, rival)	No property rights	Communal ownership
1.0	国家所有权	公共财产：国防（无排他性、无竞争性）	由国家分配产权	国家所有：4 年选举周期
1.0	State property rights	Public goods: national defense (nonexcludable, nonrival)	Property rights assigned by state	State ownership: four-year election cycles
2.0	私有产权	私有财产：食品、衣物、住房（排他性、竞争性）	私有产权可以通过市场进行交易（获取权、使用权、管理权、排他性、可让渡性）	私人所有：盈利
2.0	Private property rights	Private goods: food, clothing, housing (excludable, rival)	Private property rights can be exchanged by market (access, use, management, exclusion, and right to sell)	Private ownership: quarterly results
3.0	混合制（公－私）产权	混合所有财产（公－私）：生态系统服务（排他性、非排他性、竞争性）	混合制产权可以通过市场管理和部分交易（获取权、使用权、管理权、排他性、可让渡性）	混合利益相关者所有（有组织的利益群体）
3.0	Mixed (public-private) property rights	Mixed goods (public-private): eco-system services (excludable, nonexcludable, rival)	Mixed property rights that are managed and in part exchanged by markets (access, use, management, exclusion, and right to sell)	Mixed-stakeholder ownership (organized interest groups)

续表

经济 Economy	产权 Property Rights	货物类型 Types of Goods	权利束和责任束 Bundle of Rights and Responsibilities	体制化 Institutionalization
4.0	公共资产型产权	公共财产：渔业；生态系统服务（非排他性、竞争性）	产权由信托型共同所有人、利益相关者、受托人联合掌控（获取权、使用权、管理权、排他性、可让渡性）	共享型生态系统所有制（受托人代表整个系统，包括子孙后代）
4.0	Commons-based property rights	Common goods: fisheries, eco-system services（nonexcludable and rival）	Property rights are jointly controlled by trust-based co-owners, stakeholders, and trustees（access, use, management, exclusion, and shared cultivation）	Shared eco-system ownership（trustees representing the whole system, including future generations）

在 0.0 经济中，大部分财产都是由整个社区共享的，但也有一些私人财产。共享财产是指公共资源，如空气质量、海洋渔业和“村镇公地”（Allmende，一个德语词汇，指的是村民集体进行农业耕种的土地区域）。目前全世界（包括欧洲）仍有很多乡村地区存在这种共同使用的公地。

在 1.0 经济中，更加正规化的产权出现了，如国有财产（美国的国家公园）和私有财产。国家成了重要的经济参与者，尤其是在公共财产（如国防和万维网之类的信息产业基础设施）的生产方面。公共财产的特点是所有人都可以获得（无排他性），并且某个人对它的使用不会减少他人从中得到的利益。

在 2.0 经济中，私有制的首要地位凸显出来。私有制存在于经济和社会发展的所有阶段中，然而却是首次成为公共政策和经济发展思维中的主要财产理念。私有制的成功体现在两波浪潮，第一波来自罗马帝国时期，最初由西塞罗（Cicero）提出的古老的所有制“占有理论”。该理论一直到工业革命之前都主导着欧洲有关私有财产的认知和辩论，其核心理念为：这个世界起初是被赋予整个人类的，然而第一个宣称所有权的人持有合法权利，即“先到先得”，并受到国家保护。该理论有如下主要原则：（1）最初，所有人共享一切财产的所有权；（2）先到先得，界定了个人所有权；（3）私人所有制，包括为后来者和较贫困者提供帮助的社会责任；（4）只有当整个社会都处于危险之中，才允许国家干预私人财产的所有权。

直到1689年，约翰·洛克（John Locke）发表了《政府论（下篇）》（*Second Treatise of Government*），“占有理论”模式才受到了挑战。洛克在文中介绍了后人所谓的“财产权劳动理论”，其主要观点是人拥有自己的身体，因此，也拥有自己的劳动成果。这一理念颠覆了数个文化建构。此前财富的积累一直被批判为贪婪的表现，而此时则被视作上帝对人类劳动的回报。财产权劳动理论同时也支持“贫穷是懒惰的结果”这一观点，因此，削弱了国家为了整个社会的利益而干预私有财产权的能力。

在第一次和第二次工业革命期间，私有产权一直都十分盛行。然而，正如本书前文所讨论过的，经济增长与物质财富积累都是以负外部性（如贫困和环境破坏）为代价的。社会为应对这些负外部性而产生了一系列机构创新，从而将其他利益相关者（社会保障、公共教育、环保立法、建筑法规及公司合作关系）都考虑进去。

只是这些3.0创新都不足以解决我们今日所面临的问题：公地悲剧（也可以叫作公共资源悲剧）直接导致了三道严重的鸿沟。这些公共资源包括生态领域，如水、表层土、清洁空气、能源、种子；社会领域，如社会信任、社会软件、社会网络；文化领域，如知识、智慧、学习型基础组织结构。

我们这个时代的危机是公共资源的危机。三道鸿沟反映出公共资源正在遭受负外部性的巨大攻击，而罪魁祸首正是当前的所有权结构。

在 21 世纪的网络社会中，价值是通过人们互相联系的关系生成的。因此，基于高度个体化理论建立的所有权不会带来任何好处，毕竟我们所处的不是 17 世纪的英国社会，而是 21 世纪的全球化世界。若想续写私有财产权的辉煌，就必须将其带到下一个进化阶段：一种全新的公共资产型产权，要求受托人和多重利益相关者负起全责，服务于整个生态系统和未来一代的福祉。

‖探寻 4.0‖

下面来看几个提议，由此启动 4.0 所有制对话。

一切所有制形式都是基于社会构建

一切所有制形式都是基于社会构建，因此，必须符合实际情况。洛克所生活的社会特点是人口少、个体生产的规模小，并且有着看似无限的资源，因此，强调个人私有财产权完全合理。而在 21 世纪的今天，人口数目高达 70 亿，有着规模庞大的、共创生产的分布式网络以及协作性消费，资源日益稀缺，公共资产所剩无几。可以说，如果在这个时代还坚持个人产权为主，那么不仅观念过时，与时代需求也将发生冲突。

越来越多的人认识到，任何形式的私有财产权都应该对其（货物或服务）产生的负外部性所影响到的其他利益相关者负起责任。例如，德国宪法的首要奠基条款写道："财产包含责任，对其的使用也应带来社会福利。"说明宪法试图在私人财产权和整个社会利益之间取得平衡。然而，我们更加想看到的是对公共资产型产权的切实强化，从而兴起以共创生产和协作消费为特点的第三次工业革命，正如当年个人财产权激发了第一次和第二次工业革命那样。

有两个主要的谬见将人们对产权的理解禁锢在过时的思维方式里。

谬见 1：只有私人财产权才是有效的，其他形式则不是。私人财产权确实获得了巨大的成功，并且成为 2.0 和 3.0 现代资本主义崛起不可缺少的一部分。然而，“所有其他产权形式都不如私人财产权有效”这种看法却是不对的。有三个例子说明我们应该重新评估私人财产权的首要地位：（1）中国的经济成就，其 GDP 的主要来源是国有企业；（2）2008 年金融危机后，德国的恢复速度最快，得益于公司、政府和工会的紧密协作；（3）日益稀缺的全球生态公共资产，由此也反映出目前缺少能够在滥用宝贵资源方面拥有透明度和问责制的产权机制。

谬见 2：没有第三种形式的所有制。此观点认为，公有和私有是仅有的两种所有制形式，再没有第三种了。事实上，过去几十年的发展进程在很大程度上都受到了一些不光彩的特权群体的影响，这些群体利用国有和私有产权之间的灰色地带，剥夺了当地社区应有的公共资产所有权。举例来说，发展中国家的农民无法摆脱没有再生产能力的转基因种子。过去种子都是社区所有的公共资产，而现在则成为国有财产，继而又变成了私有财产（归孟都山之类的跨国公司所有）。印度和其他地区的农民在毫不知情的情况下，就被迫停止传统的共用和再生种子技能，因为孟都山公司已经给当地种子申请了专利。农民们使用种子一直是正当的文化经济行为，如今却变得违法，甚至会受到控告。因此，他们被置于左右两难的境地：要么就从经济上依赖孟都山公司，获得转基因种子；要么就会触犯法律。这情况导致了在过去 16 年里有 25 万印度农民自杀，是人类历史上有记载的、规模最大的一次自杀潮。印度媒体将其称为“转基因大屠杀”（genetically modified genocide），而西方媒体，尤其是美国，始终选择视而不见。

我们需要公共资产型产权

彼得·巴恩斯（Peter Barnes）在《资本主义 3.0》（*Capitalism 3.0*）一书中提到，应该创建第三种公共资产型产权，作为现存国有和私人财产权的补充。公共资产型产权将会采用的惯例是：信托基金和受托人必须对生态系统中的所有利益相关者群体负起责任，包括我们的子孙后代；必须服务于整体利益。金融利润在国有制形式中归国家所有，在私有制形式中归利益相关者所有；而公共资产则是流向相关社区中的所有人，切实提供“公民红利”（citizen dividend）。

信托型社区产权（trust-based community property rights）的特点是不会像公司那样注重短期利润，也不会像政府那样注重短期和中期的特殊利益（如选举前的筹备阶段）。信托基金及其独立受托人要维持所管理公共资产的长期可持续性，以造福未来一代。

共享所有制正在崛起

生活中有很多信托基金以及其他共享产权的例子，其中之一就是对互联网的接入和使用已经成为我们生活中不可或缺的一部分。正在出现的所有权形式构成了一场全球性运动，可谓是千姿百态，只是对其自身本质尚未完全觉察。这种 4.0 共享型所有制颠覆了旧有的商业模式。马克·莱文（Mark Levine）在《纽约时报》上写道：“共享对比拥有，就好像 iPod 对比磁带；太阳能光板对比煤矿。共享看起来清洁、新鲜、气派又超前；而拥有看起来无聊、自私、胆怯又落后。”

作家雷切尔·布茨曼（Rachel Botsman）也就相同的理念发表过看法：“我不想要东西，我想要东西满足的需求和带来的体验！我认为这甚至称得上是一场革命。当社会面临重大挑战时，就会产生震撼性变革，从个人的获取和花费转向重新发掘集体利益。”

我们来看几个这种震撼性变革初级阶段的例子。Zipcar 是一家汽车共享服务公司，2000 年成立于马萨诸塞州坎布里奇，到 2012 年的时候有 67 万成员。奈飞公司（Netflix）成立于 1997 年，有 2 300 万名成员，可以共享 DVD。Zimride 是麻省理工学院的一个社交网络，可以安排学生、工作人员和教师通过协商互相“搭车”。在德国的“疯狂换物派对”（Powershopping Parties）上，超过 800 位女性聚在一起，交换衣物。消费者们正逐渐从购买转向“使用”，这种现象正是布茨曼所说的协作性消费。

戴姆勒汽车公司旗下的 Car2go 是一家自助式租车公司，在加拿大温哥华，美国得州奥斯汀、华盛顿特区、圣迭戈，荷兰阿姆斯特丹，奥地利维也纳，法国里昂，德国汉堡、杜塞尔多夫、乌尔姆都有运营。该公司 CEO 罗伯特·亨利希（Robert Henrich）说：“起初是年轻人对我们的业务特别感兴趣，现在社会各阶层都参与进来了。有学生、公司员工、个体经营者、企业家、高管。”以上这些例子中，用户都是共享资源，而不是拥有一辆车、一张 DVD 或是一件工具。

都市社区农业也在兴起当中。英国的土地分享项目将有园子但没时间或没兴趣打理的人，与想要种植作物的人联系起来。该项目于 2009 年启动，三年后会员达到了 71 000 人，成功地结合了本地种植的愿望和社交网络的创新。互动式地图和网站构成了当地种植者的网络，会员有个人和家庭，也有学校和养老院。

英国西约克郡的托德莫登镇（Todmorden）将这一理念提升到了新的高度，并且设定目标，要在 2018 年实现蔬菜、水果和蛋类的自给自足。该镇的警察局前面种着胡萝卜，运河边种着覆盆子、杏和苹果，医生办公室旁种着黑加仑、红加仑和草莓，欢迎所有居民来采摘，而种植都是免费的。托德莫登镇的做法启发了其他市镇也加入这种模式中，不仅提供了免费的当地产品，同时还培养了新的集体感。美国亚特兰大的英特飞（Interface）是一家方块地毯制造商，厂家保留地毯的所有权，客户每月支付费用就可以获得使用权。除此之外，英特飞还有一套体系，替换（并回收）破损的地毯方块，这样就将替换整张地毯的需求降低了 80%。

4.0 共享所有制形式并不局限于产品或资源，也可以应用在资本主义最宝贵的资产——工业资本上。

举个例子：全球汽车供应商博世集团（Bosch）在 60 多个国家拥有超过 350 家分公司，30 多万名员工；2011 年的盈利额高达 514 亿欧元。然而持有该集团 92% 所有权的博世基金是一家慈善基金会，资金来源是一部分的集团红利。

另一个模式是员工持股型企业，把所有权都分配出去，归公司员工持有。西班牙巴斯克地区的蒙德拉贡联合公司（Mondragon）不仅是一家公司，同时也是欧洲乃至全球最大的合作社集团之一。2011 年，公司拥有 83 000 名员工，盈利高达 147 亿欧元。蒙德拉贡有 256 家合作社，均以参与度极高的企业文化和商业模式在运作，也因此发展出一整套生态系统协作模式。这些合作社的拥有者都是其合股劳工（worker-members），执行的根本理念是“一人一票制”。

总体来看，共有 10 亿人参与合作社，或作为成员（消费者），或作为员工（股东），或者以上皆是。2008 年，300 家最大的合作社盈利总额为 1.6 万亿欧元，可以与全球第九大经济体的 GDP 相媲美。

最后还有一点很重要，互联网有超过 21 亿名用户，几乎占全球总人口的 1/3。互联网并不实行集中式的管理，而是遵循两个运作原理：（1）IP 地址空间；（2）域名系统。而负责互联网核心协议（IPv4 和 IPv6）的国际互联网工程任务组（The Internet Engineering Task Force）是一个具有公开性质的大型民间国际团体，任何愿意提供专业技术的人们都可以参与合作。

‖ 看到我们的未来：重新执掌所有权，管理好公共资产 ‖

从开放式获取到国有、私有、混合制，再到公共资产型产权的进化，正是当今全球大蜕变的中心。虽然我们亲眼看见了很多协作式公共资产和分配式所有制的全新形式在自发出现，但是也不能就此忽略三道鸿沟在未来几十年里会给社会带来的严重影响。它们将会导致重大的破坏，因此，我们也必须从头开始，重新思考主流机构和系统的产权结构设计。仅在系统外围试验新的产权形式是远远不够的，还要重新打造所有影响公共资产再生能力的主流系统的所有权。

当前资本主义的危机来自过时的 2.0 和 3.0 经济思维框架，即认为大自然、劳动力和资本都是商品。对商品假说的坚信使人类不假思索地积累资本，组织工业劳动力，并且在不到 200 年的时间里几乎就把地球上几百亿年积攒起来的矿石燃料都耗尽了。

如果所有东西都能被当作商品，那么就可以将其任意买卖、使用、丢弃，之后再买新的。事实上也是如此。私人产权在较为当地化的商品系统中作用显著，而应用到复杂的、分布式的公共资产上时就显得十分累赘。

现代经济思维将地球、人类和货币都视为商品，结果直接导致了生态鸿沟（超额使用）、社会鸿沟（不平等和贫困）以及精神文化鸿沟（压抑）。地球并不是商品，人类也不是。地球并不是我们制造出来的，而是被赋予我们的。我们不应该只是“拿来、生产、出售、使用，然后扔掉”，而是要成为优秀的管理者，将地球完好如初地，或者以更佳状态传承给子孙后代。

此刻正值历史的转折点，人类集体造成的负外部性已经远远超出了周围生态、社会以及精神文化系统的承受能力。我们进入了瓶颈期，从国际社会所面临的不断增长的破坏性就能看出来。而这同时又是进化道路上的关键时刻：我们可以选择觉醒，调整方向；也可以选择无视当前的情况，继续走在导致巨大失败、破坏几十亿人生活的毁灭性道路上。

这就是我们在考虑经济与经济思维的进化时必须顾及的紧迫形势。

LEADING
From the Emerging Future

结语与练习

本章聚焦于照亮潜藏在8个结构分离（见第2章）中的盲点。是什么导致这些结构分离一再重演？答案是：促使决策者行为的、过时的经济思维框架与模式。

这些系统分离的背后是8个经济思维的核心理念，我们深入探寻了其进化过程：大自然、劳动力、资本、技术、领导力、消费、治理和所有制。在重现经济思维的过程中，我们发现每个核心理念都有着相同的历程（见表3-1）。经济思维的元过程分别经历了共享（0.0）、国家集权（1.0）、自由市场（2.0）、利益相关者或社会市场（3.0）阶段，如果继续发展可能会进化为有觉知的生态系统经济，为整体谋福祉（4.0），因此，也重新界定了这些核心理念的本质含义。这个不同经济模式的历程也可被视作人类意识的进化，从传统型（1.0）、自我系统意识（2.0）、利益相关者（3.0）到生态系统意识（4.0）。

综上所述，人类经济与经济思维的进化追随着意识的进化。新经济的本质在于将经济思维从自我系统意识蜕变至生态系统意识。本章通篇例证了 8 个问题领域，或称 8 个“穴位”的蜕变。这些“穴位”的故事基本上就是破除土地、劳动力和资本的商品假象，发展管理公共资产的好方式，使金融资本转而注入个体与集体创业能力、创造力和身心健康的真正源头。

▲ 思考题

将表 3-4 作为经济发展矩阵图（表 3-1）的迷你版，以便按照以下 5 个步骤评估你的组织。

1. 在每一行勾出你认为最能代表当前你的组织背景中主要运作模式的方框（1.0、2.0、3.0、4.0）。
2. 然后将所有方框连起来，画出一条现状线。
3. 哪种运作模式最适用于应对未来 10~20 年的重大挑战？在每一行中找到对应的方框，用另一种颜色的笔勾出来。
4. 将第二组方框连起来，画出一条正在生成的未来线。
5. 将现状线和正在生成的未来线对比一下，两者有区别吗？如果有，是在哪里？意味着什么？

表 3-4 组织资产

大自然 Nature	劳动力 Labor	资本 Capital	技术 Technology	领导力 Leadership	消费 Consumption	协作 Coordination	所有制 Ownership
1.0 资源 1.0 Resource	奴隶 Serfdom	人力 Human	工具 Tools	独裁 Authoritarian	传统 Traditional	中央计划 Central planning	国有 State
2.0 商品 2.0 Commodity	商品 Commodity	工业 Industrial	机器 Machines	奖励 Incentives	消费主义 Consumerism	市场与竞争 Markets and competition	私有 Private

续表

	大自然 Nature	劳动力 Labor	资本 Capital	技术 Technology	领导力 Leadership	消费 Consumption	协作 Coordination	所有制 Ownership
3.0	管理性商品	管理性商品	金融	以系统为中心的自动化	参与性	部分有意识的消费	网络与协商	混合制
3.0	Regulated commodity	Regulated commodity	Financial	System-centric automation	Participative	Selective conscious consumption	Networks and negotiation	Mixed
4.0	生态系统、公共资产	创业创新能力	文化、创意	以人为中心	共创	协作性有意识的消费	ABC：基于觉察的集体行动	公共资产：共享
4.0	Eco-system commons	Entrepreneurship	Cultural, creative	Human-centric	Co-creative	Collaborative Conscious consumption	ABC: Awareness-based collective action	Commons: shared access

▲ 圆圈对话

1. 完成上面的任务之后，请每个成员都分享一下什么样的答案意味着前进。
2. 你能为自己的工作和生活想到哪些有趣的原型，来探索 4.0 运作模式呢？

LEADING
From the Emerging Future

04

源头

联结到意图和觉察力

本章所要探讨的是“现状冰山”的最深层级，我们称之为源头层级或意图和觉察力层级。冰山的可见部分是水面之上的领域，即社会中的“表面症状”（见第 1 章）。可见症状之下是结构分离，导致了我们作为国际社会正在不断逼近的系统极限（见第 2 章）。在第 3 章中，我们看到了引发结构问题的经济思维模式，并将其总结为经济进化矩阵图（见表 3-1）。而本章则要探寻社会现实创造的源头层级——如何联结到想要生成的未来源头。

盲点 III：源头

1996 年，我们在麻省理工学院的同事兼朋友彼得·圣吉讲述了他在香港与中国禅学大师南怀瑾老先生（人称“南师”）的一次对话：

在中国，“南师”是一位很受敬重的人物。他集儒释道思想精华于一身，被尊为非凡的学者。我问他："您是否认为工业时代产生的环境问题会使人类自我毁灭？我们是否必须找到方法去弄清这些问题并改变工业化体制？"

当时南怀瑾大师不完全同意这个观点，这不是他看待问题的方式，他从更深的层次去看待这个问题。他说："世界上唯一存在的问题，就是物质与心智的重新整合。"这是他的原话——"物质与心智的重新整合"。

这些话犹如醍醐灌顶，我（奥托）感觉一道阻碍我看到深层现实的"隔膜"被冲破了。脑海中立刻出现了一个社会场域，表面之上所呈现的是当前社会病态的症状，而表面之下则是导致这些症状出现的深层次源头。

所有的表面症状会不会只是深层次源头体现出来的小小一角呢？

在社会场域的层面，在国际社会实施集体行为的层面，"物质与心智的重新整合"又意味着什么呢？是否意味着重新整合"行动"与"觉察力"以应对当今时代的挑战？是否意味着需要在整个系统的层面形成结果、行为和思维之间的完整回路呢？

有关物质与心智的对话

1999年的秋天，我有幸与"南师"在香港进行了一次访谈，他认为，20世纪缺乏将社会和生活整合为一体的中心文化思想，并且世界正日益深陷于以技术和金钱为主导的物质主义中。但同时"南师"也看到一种新灵性的兴起，他说："（世界）一定会朝着灵性的方向发展，但是不论在西方还是东方，这条路线都不同于过去。它将是一条崭新的灵性之路，是自然科学和哲学的结合。"他还认为，这种新灵性会依然紧密联结于人性的深层维度："我们最终还是要回到这些问题上来。生命的目标是什么？生命的价值是什么？我们为何存在？"

当天晚些时候，我从“南师”的学生那里得知他出版了一本书，解读儒家的《大学》。“南师”在书中指出：“领导者若想获得最大的成功，就必须学会达到觉察力的7个状态。”而《大学》的核心部分读来很像一个从宏观到微观，而后再返回宏观的U型实践过程：

> 古之欲明明德于天下者，先治其国；
> 欲治其国者，先齐其家；
> 欲齐其家者，先修其身；
> 欲修其身者，先正其心；
> 欲正其心者，先诚其意；
> 欲诚其意者，先致其知；
> 致知在格物。
> 物格而后知至，
> 知至而后意诚，
> 意诚而后心正，
> 心正而后身修，
> 身修而后家齐，
> 家齐而后国治，
> 国治而后天下平。

世人皆道儒家思想主要是服从，不反抗权威，而“南师”认为，这不是对《大学》的正确解读：“事实上最重要的部分在于了解你自己，了解自己打开的过程。”

领导力之“道”

那天晚上，我和“南师”以及他的学生欢聚一堂。我们畅所欲言，有人吟诵，有人冥想，欢声笑语，无所不谈——实修（cultivation practice）、科学，甚至谈到了关于植物也有感觉的研究。

赵教授是我的翻译，在他的帮助下，我向“南师”求证对他下午所说的话我理解得是否正确。我将他的观点总结为（部分有所引申）：20世纪的盲点在于我们没有能力看到社会现实逐渐形成的过程，或者换句话说，没有能力看到我们的行为到底发源于何处。通常人们认为，周围的社会现实是一个事物，是外在的并且独立存在的事物。盲点就意味着人们看不到从一开始就是自己创造了社会现实，看不到自身的意图与觉察力对周围现实产生的影响。为了照亮这个盲点，我们必须掌握“南师”在其《大学》新解中指出的领导力的7种冥想状态。

“南师”认为我的理解是正确的。于是我深入询问同一个问题的不同版本，首先是：这股社会现实创造流到底源自哪里？“南师”回答说源头是“心智和思维”。然后我又继续问道：“心智和思维源自哪里呢？”“南师”向我解释了意识和自我的不同层次。我的最后一个问题是关于自我的源头：“自我和大我源自哪里呢？”大我是指我们的最高潜力。

“南师”回答说：“自我和大我来自同一个源头。”他进一步解释道：

> 两者可以说是同源同宗。整个宇宙就是一个大我。宗教人士称之为“神”；哲学家称之为“本我”；科学家称之为“能量”；佛教徒称之为“自我”；中国人称之为“道”；阿拉伯人称之为“安拉”。因此，在每种文化中，人们都知道有终极的大我存在。宗教人士只是将其拟人化了，使大我看起来像人一样，比如“神”。神是超自然体、拥有一切超能力等，这是宗教的观点。哲学家运用逻辑来分析。科学家希望通过物理实验来揭示或找到大我的存在。如果你仔细研究一下人类文化，就会发现起初出现的

是宗教，后来人们产生了怀疑，就开始对宗教进行研究。接着哲学出现了，但还是不能消除人们的疑虑。哲学的基础都是推理和逻辑，太抽象了，不真实。人们又想做点试验，于是科学粉墨登场了。这就是西方文明的发展过程：从宗教到哲学再到自然科学，所有的一切都为了寻找大我，亦即生命的起源。大我最初是一个整体，合而为一。

“南师”还区分了自我和大我：“在佛教的修行中，首先要做的就是摒弃自我的观点。一旦达到了无我的境界（放下自我），就能进入大我的境界。慈悲、仁爱等，都是发源于大我。大我永远都不会自私。”

我带着深深的感动与启迪拜别了“南师”和他的学生，此行让我认识到克服物质与心智的分裂就在于大我的源头。那么，怎样做才能深入了解这个源头呢？

认知科学的盲点

这个问题令我想起2000年与认知科学家弗朗西斯科·瓦瑞拉的一次会面，他是那个时代最为出色的科学家和思想家。如果必须找出两三次对U型理论发展最为重要的访谈，与瓦瑞拉的谈话绝对当之无愧。

第一次是在1996年，他发表了一个重要的见解：“问题不在于我们对大脑或者生物学了解得不够多，而是在于我们对体验了解得不充分……西方的系统方法，现在是更加直接的现象学方法，存在一个盲点。每个人都认为自己了解体验，但我认为我们不了解。”

在2000年的那次访谈中，我首先问瓦瑞拉在这个话题上是否有任何深入研究。他回答说自1996年我们会面以来，这个问题一直是他的研究重点。瓦瑞拉从架子上抽出一本《意识研究杂志》（*Journal of Consciousness*）特刊，指着它对我说道："这在三四年前是不可想象的。"他一直在研究并整合三种主要的方法论：现象学、心理自省、冥想练习。在瓦瑞拉看来，它们可以解决体验中的盲点问题。他发现个体在这三种方法下都经历了相同的觉察力觉醒的根本过程，于是将这个过程总结为跨过三个界点：暂悬、转向和放下。

当瓦瑞拉向我描述这三个界点，并说明跨过它们会给关注力方式带来何种变化时，我马上就认出了它们。我在团队中，在工作坊的静修中，都见过同样的觉察力和关注力的转变。每当团队和组织的工作目标是应对复杂挑战，需要创新型对策和集体创造力时，这三个阶段就会出现：

- 暂悬：停止并暂悬旧有的判断和思维习惯是第一阶段的先决条件，要求我们打破习惯模式，开始真正去关注。
- 转向：暂悬过去的模式和下载的习惯之后，我们需要从另一个角度开始观察现实。要聆听他人的观点和体验，进而从多角度层面观察现状。
- 放下：如果我们运气好，就会经历一个"静默"的时刻，能够放下旧我，联结到另一重境界，帮助我们觉察到真正的自我和使命的境界。在面对"针眼"时，我们必须放下不必要的一切，丢弃所有负担。进入这个深层次境界允许我们从共创流中展开行动。

与瓦瑞拉的对话就像一粒种子，或者一份礼物。今日回头再看，U 型理论的总体框架（我们称之为社会进化矩阵图）正是生长于这粒种子。U 型理论的精髓——联结到源头，正是由此联系到"南师"的观点：物质与心智的重新整合。

社会进化矩阵图

U 型理论的核心理念之一就是形态随关注力或意识而改变。当人们行为发源的内在状态改变时，外部现实也会随之改变。社会进化矩阵图（以及本书其余部分）阐明了个体（关注）、团队（谈话）、机构（组织）和全球系统（协作）处于这种状态时的表现。表 4-1 所显示的是不同的社会场域（微观、中观、宏观和世界观）依照行为发源的内在场所（关注力质量）所产生的蜕变。

表 4-1 社会进化矩阵图

场域：关注力结构 Field: Structure of Attention	微观：关注（个体） Micro: Attending (individual)	中观：谈话（团队） Meso: Conversing (Group)	宏观：组织（机构） Macro: Organizing (institution)	世界观：协作（全球系统） Mundo: Coordinating (Global System)
1.0：惯性意识 1.0：habitual awareness	第一层级聆听：下载惯性思维 Listening 1: downloading habits of thought	下载：重复已知内容 Downloading: speaking from conforming	中央集权：以等级制度为中心 Centralized control: organizing around hierarchy	等级：命令 Hierarchy: commanding
暂悬 2.0：自我系统意识 Suspending 2.0: ego-system awareness	第二层级聆听：打开思维 Listening 2: factual, open-minded	争论：差异化言论 Debate: speaking from differentiating	分权：以差异性为中心 Divisionalized: organizing around differentiation	市场：竞争 Market: competing
转向 3.0：利益相关者意识 Redirecting 3.0：stakeholder awareness	第三层级聆听：同理，打开心灵 Listening 3: empathic, open-hearted	对话：探询对方，探询自我 Dialogue: speaking from inquiring others, self	遍布 / 网络：以特权群体为中心 Distributed/ networked: organizing around interest groups	协商对话：合作 Negotiated dialogue: cooperating
放下 4.0：生态系统意识 Letting Go 4.0: eco-system awareness	第四层级聆听：生成，开放的同在感 Listening 4: generative, open-presence	集体创造力：感受心流 Collective creativity: speaking from what is moving through	生态系统：以正在生成的未来为中心 Eco-system: organizing around what emerges	基于觉察的集体行动：共创 Awareness-based collective action: co-creating

了解关注力对现实产生影响的第一步是观察个体层级的行为。以聆听为例。

第一层级的聆听称为下载。原来是什么样，现在还是什么样！聆听者听到的观点都是重复他已经知道的内容。比如：（1）执着于旧有的理论，看不到新的挑战；（2）执着于旧有的框架或过去的经验，感知不到未来的机遇。

第二层级的聆听称为客观聆听，优秀的科学家都是采取这种做法。他们不会执着于对现实的既有解读，而是让数据自己呈现出来。即使事实与已知的理论或观念有所矛盾，他们也会尝试听取。客观聆听将人们联结到现实世界的状况中。

然而这种聆听缺失的是对社会复杂性的深入。**此时就需要第三层级的聆听——同理聆听。**同理聆听允许个体从他人的视角观察现实，并感知他人所处的情境。这并不是说两人达成一致的意见，而是说他们能够承认并尊重对方的观点。同理聆听意味着从另一个利益相关者的角度进行观察。

第四层级的聆听是生成聆听。意味着形成深层关注力空间，允许正在生成的未来可能性“着陆”或者显现。卓越的教练都是采取这种做法：深入聆听，允许自己联结到正在生成的未来自我。比如，一个爵士乐团表演时那种“随心忘我”的状态，就很好地说明了这种能力。当每位演奏者开始聆听整体，并同时将乐器的音律调整至正在生成的模式时，他们就是在共创全新的事物。

随着聆听从第一层级（肤浅）前进到第四层级（深入），聆听者的关注力场域会经过数个转折点：暂悬（通向第二层级的大门）、转向（通向同理聆听的大门）、放下（通向生成聆听的大门）。

从第三行到第五行表明了一系列的打开过程在团队（谈话）、机构（组织）、生态系统或社会（协作）中是怎样展开的。

跨过 4.0 社会的界点

诚然，使社会和经济系统前进到 4.0 运作状态是一个巨大的挑战，要求我们在数个层面上进行自我反省，跨过元意识（meta-awareness）的界点。个体，必须开始关注自己的关注力（自我觉察）；团队，必须开始谈论彼此之间的谈话（对话）；企业，必须开始理顺组织形式（网络构成的网络：生态系统）；而作为生态系统，我们必须开始调整协作模式（基于觉察的集体行动的系统）。

跨过每一个层面上的界点都要经历自我反省的转折。关注自己的关注力意味着使观察转向，以便看到自我；谈论彼此之间的谈话意味着使谈话关注力转向，以便帮助团队观察自身；组织我们的组织形式意味着创造条件，是生态系统使自组织变得意图更加明确、更有灵活性、自我觉察力更强。调整协作形式意味着创造元层级（meta-level），允许参与者观察自身，根据需要调整现有的协作机制。例如，重新划分工业合作和竞争的界限。

为了跨过界点，我们需要社会技术、工具、方法以及领导力行为，使意识和觉察力从自我系统前进到生态系统。

LEADING
From the Emerging Future

结语与练习

余下章节将会介绍表 4-1 中详述的社会技术是如何应用于以下蜕变的：

- 个体：从我到我们（第 5 章）；
- 关系：从自我到生态（第 6 章）；
- 机构：从等级到生态系统（第 7 章）；

- 能力建设：从旧有形式到全球领导力行动学校（第 8 章）。

每一次历程都是一个深入的打开过程，其本质与南怀瑾大师对儒家思想的新解不谋而合。按照《大学》中所写，这一历程是由外（世界、国家、家庭）而内（正心、诚意、致知在格物）。

格物会带来全新的动力，通过更新的知、意、心、家以及更新的国，乃至更新的世界再次注入现实当中。

“南师”以及他人的问题带领我们近距离观察物质与心智之间的关系——觉察力和意识如何影响造就社会现实的道路，如何塑造我们呈现世界的方式。在社会进化矩阵图的第一层和第二层，社会场域都是在物质与心智分离的基础上建立起来的；而在第四层，这些界限消失了，打开了共创可能性的全新场域。于是未来的同在就此展开……

▲ 思考题

将表 4-2 作为社会进化矩阵图的简化版并回答下列问题，评估你当前的形势。

表 4-2　个人评估

觉察力 Awareness	微观：聆听 Micro: Listening	中观：谈话 Meso: Conversing	宏观：组织 Macro: Organizing	世界观：协作 Mundo: Coordinating
1.0：惯性 1.0: habitual	第一层级：下载 Level1: downloading	下载 Downloading	中央控制 Centralized control	中央计划 Central planning
2.0：自我系统 2.0: ego-system	第二层级：事实 Level 2: factual	争论 Debate	分权 Divisionalized	市场与竞争 Markets and competition
3.0：利益相关者 3.0: stakeholder	第三层级：同理 Level 3: empathic	对话 Dialogue	网络 Networked	协商与对话 Negotiation and dialogue

续表

觉察力 Awareness	微观：聆听 Micro: Listening	中观：谈话 Meso: Conversing	宏观：组织 Macro: Organizing	世界观：协作 Mundo: Coordinating
4.0：生态系统 4.0: eco-system	第四层级： 生成 Level 4: generative	集体创造力 Collective creativity	生态系统 Eco-system	ABC: 看到整体， 展开行动 ABC: seeing/acting from the whole

1. 你用在每个层级的聆听的时间各占多少百分比？请分别写下来。
2. 你用在每个层级的谈话的时间各占多少百分比？
3. 你所在的机构要求你按照集权、分权、网络和生态系统结构进行的运作各占多少百分比？
4. 你按照等级、竞争、利益相关者协商或 ABC（共有的整体觉察力）机制联结到整体的时间各占多少百分比？
5. 换另一种颜色的笔，勾出符合你想要的未来状态的方框（写出百分比）。
6. 对比两组数字并注意差距，思考消除差距的方法。

▲ 圆圈对话

1. 在回答完上述 6 个问题之后，请每个人都跟圆圈成员就自己的个人结果分享一下见解、问题、意图。

2. 若想将个人情况从现实状态前进到理想状态，你能想到哪种有趣的小规模原型来探索 4.0 模式？

LEADING

From the Emerging Future

05

引领个人变革

从“我”到“我们”

步入未来场域开始于关注内心开启的裂缝。若想追随这条裂缝，我们需要放下过去，让一些能够感知得到，然而在浮现之前却不明晰到底是什么的新事物“生长起来”。此刻，我们虽然看不清前方，却必须持续行进，就好像要跃过一道深渊。虽然在纵身起跳的那一刻，我们并不知道是否能够成功抵达彼端。

作为人类，我们终生的历程都是在寻找真我。这趟从自我到大我的历程永无止境，遍布着颠覆、困惑和挫折，但同时也充满了突破，其最终目的是要联结到大我的深层次源头。

人类是一根软索

19 世纪的哲学家尼采看到了人类现在与未来之间的紧张状态。1883 年，他在《查拉图斯特拉如是说》（*Thus Spake Zarathustra*）中写道：

人类是一根系在兽与超人间的软索

——一根悬在深谷上的软索。

往彼端去是危险的，停在半途是危险的，向后瞧也是危险的，

战栗或不前进，都是危险的。

人类之伟大处，正在他是一座桥而不是一个目的。

人类之可爱处，正在他是一个过程与一个没落。

我爱那些只知道为没落而生活的人。因为他们是跨过桥者[①]。

人类是一根悬在深谷上的软索。是桥梁，不是目的，是跨过深谷的真实象征。在尼采写下这些诗句的时候，他的读者、同事甚至朋友中，没有一人明白他所说的“存在危机”，没人能领会他的意图。当然，尼采过世 30 多年后，纳粹以他的作品为指导，亵渎他的思想时也不是真的领会了。尼采的作品标志着人类意识中一个意义重大的颠覆或开端。他看见了这道深谷，只是在他生命的历程中没有成功地跨越过去。

时至今日，这道深谷的存在已经不再只是 130 多年前一位哲学家的个人体验，它将人类思维带到了消亡和重生的边缘，孕育了 20 世纪哲学的伟大转折。21 世纪伊始，这道深谷的真实存在（一个正在消亡的世界与另一个获得新生的世界并存），可能是首次在人类历史上成为人们的广泛共识，不论其来自哪个文化、行业和世代。这种感受同时也存在于群众、政府、全球公司、非政府组织和联合国机构中，存在于所有人都能看到现实世界的地方。

这种感受存在于关系、机构和系统中，然而最明显的莫过于从自我到大我的个人层面上。

① 译文参考网络。——译者注

消失的隔阂

有一天，在停车场边上，我们看到一株嫩芽冲破柏油涂层钻出了地面。当这类不可思议的事情出现在眼前时，不禁令人思考它们都是如何发生的。

这一幕捕捉到了当前很多行动的本质。不论你看向何处，都有出色的个体和社群已经想方设法穿越灾难，打破独裁，意在联结到人性的深层源头。而使这些突破一再实现、奇迹一再发生的条件都有哪些呢?

实现的条件

如果我们始终把观察力放在周围的外部世界上，而从来不去观察自己，那么我们永远不可能找到真我。为了发掘真正的自我，就必须使科学观察力转向至观察自我——转回至源头。弗朗西斯科·瓦瑞拉将其描述为“悟道的核心过程”，他的三步走：暂悬、转向和放下，标志着 U 型过程的下行一侧。

本书的余下章节将会依次探讨将观察力转向的过程：个人蜕变（本章）、关系蜕变（第 6 章）、机构蜕变（第 7 章）、社会蜕变（第 8 章）。我们将会描述一个名为“逆转”的全新蜕变元模式，这是一个深入的过程，社会场域会被彻底刷新，会发生翻天覆地的变化。

在第 4 章的社会进化矩阵图中，我们列出了 4 种不同的聆听类型：

- 第一层级聆听（下载）：投射旧有的评判；
- 第二层级聆听（事实）：使观察力转向外部世界；
- 第三层级聆听（同理）：采纳他人的观点，从他人的视角看待自身（扭转观察力）；

- 第四层级聆听（生成）：从整体和正在生成的新事物聆听，进一步将观察力转至自我的深层源头。

‖在柏林扭转关注力‖

自然流现学院的一个高级从业者项目可以作为各层级聆听的例子。项目为期两年，在 2012 年 6 月的最后一个模块中，来自 19 个国家的 72 名参与者齐聚柏林。我们的同事戴娜·甘宁汉（Dayna Gunningham）记得一次感受强烈的体验，特别能说明扭转关注力会产生的巨大力量：

> 我们小组里的几个人有犹太血统，在大屠杀中都失去了亲人；而另外几个人则有德国血统。在柏林的那个星期，我们参观了很多地方，其中就有大屠杀纪念碑，唤起了很多人痛苦而又重要的回忆。有天晚上，我们（德国人、美国犹太人、非裔美国人［我］，都是女性）聚在一起，边用餐边聊起了此次德国之行的意义。我的一个非常要好的德国朋友描述了作为德国人的痛苦感受：好像全世界都看不起你。她还说到虽然德国社会下定决心要直面过去，然而在她小的时候，那些历史课上再现的内容让她感到十分恐惧。因此，她在想是否德国儿童不应该过早地面对这些，毕竟他们还太小，承受不了这么可怕的历史。
>
> 听她说这些话，我感到自己心生怒意。当时所能想到的全都是我认识的犹太儿童，从小就知道大屠杀有多么恐怖，因为那就是他们的家族历史。接着又想起我和白人朋友聊天的时候，他们觉得应该保护好自己的孩子，不要让他们过早地接触美国种族歧视的残酷事实，等到长大一点再说。而我却不得不给年幼的孩子解释“黑人开车，让停就停”（driving while black）[①]是怎么回事，这样他们才不会认为，经常被警察拦

① 美国社会对非裔美国人的种族歧视表现：如果开车的司机是非裔美国人，警察可以毫无理由地让其停车、检查，甚至处以罚款。——译者注

下的爸爸是罪犯。我从很小的时候就感受到种族歧视带来的恨意，并且也早早地就把愤怒当成了自我保护。

于是我再也无法静静地坐在那里听朋友讲述她的经历，此时愤怒已经全写在脸上，我大声说：“你真是这么想的吗？那你觉得犹太儿童应该在多大的时候了解大屠杀的恐怖事实？要不要从他们出生开始？”然后我又吐了很多自己的苦水，比如，和孩子解释种族歧视有多么困难。我说了好一会儿，才想起来要去看朋友有什么反应，结果看见她一言不发地坐在那里，脸上的表情很难过，我说不下去了，突然明白自己根本没有顾及她的感受，伤害了她的感情。我很后悔没有带着打开的思维去聆听她的诉说，并为自己考虑不周向她道歉。我问她有没有想法，怎样才能更好地解决这种历史遗留的困境。她的回答深刻而又充满人性：创建一个能让所有人得到疗愈的模式。

在那次交流中，我和朋友之间超越了下意识的指责和排斥，因此，谈话也很快从第一层级（礼貌与客套）上升至第二层级（指责与冲突），进而到第三层级（反省与联结）。然而情况远不只如此，我回到住处，给在美国的儿子打电话，讲述了刚才发生的事情。我还是感觉不好，朋友难过的表情在脑海中挥之不去。有些东西触动了我，但我说不清是什么。

直到第二天，一切都见分晓了。我们 72 人全部体验了一次深远的转变，在场的犹太人、德国人、美国人、亚洲人、非洲人、拉丁美洲人、澳大利亚人都联结到了彼此，联结到了自身。其深刻、纯然、不设防、至真的程度远超于此前任何一次类似团队的经历。

奥托首先发言，谈到了此次在柏林的经历。他很动感情，那种纯然的、不设防的状态开启了一道“裂缝”。很快大家都开始分享自己的故事。盖尔·雅各布（Gail Jacob）是一位美国籍犹太女性，她的故事深深地触动了我。盖尔的母亲是集中营的幸存者，不知背负着多少恐怖的记忆。然而她跟孩子讲述的唯一回忆，却是获救后看到集中营外的大街上站满了德国人，他们都在哭泣。听到这里我的心被深深地震撼了，在纳粹对她施加了如此残忍的暴行之后，她却依然能够看到其中人性的光辉。

随着大家分享的故事越来越多，房间里的聆听下沉到了更深远的层次，谈话的内容也变得越来越精彩。这种场域的转变使每一个人都能从不同的整体视角来看待自己的生命历程。一种全新的体验在流动，大家的内心在发声，未知的自我在发声，流经我的心头、流经所有人心头的感受在发声。很多故事讲述的都是个人的磨难，然而在这个房间里，磨难在集体聆听中蜕变成了强有力的疗愈。

另外一名学员是来自以色列的伊沙伊·尤瓦尔（Yishai Yuval），他回忆道：

> 前一天我们参观了大屠杀纪念碑，并且在小组内分享了充满感情的回忆。当天晚上我们几个教练坐在一起用餐，又各自分享了一些感受。那是当时最后一次面对面交流的机会，所以每个人都敞开心扉、毫无保留。
>
> 第二天上午，奥托提议大家谈谈此次相聚在柏林的意义，谈谈与犹太同事，甚至是大屠杀幸存者同行的意义。学员们轮流站起身来，谈论着磨难、残酷以及不能忘却的必要性，持续了一个多小时。我看着房间里的犹太同胞，希望他们也能加入这次谈话，可是没有人行动。于是我想，这样的谈话不能缺少受害者的声音。虽然我并不是一个爱在公共场合发言的人，但是那次我勇敢地举起手来，要求把麦克风递给我。从我坐着的角落到场地中心只需走10步，不过当时真是感觉很遥远呀……
>
> 接下来堪称是我人生中的决定性时刻，周围的一切开始放缓，我根本

不用花心思去搜索词汇组成句子，它们自然而然地排列好，然后从我口中流出。周围的人都在认真聆听，散发出深切的同理、深切的理解，还有爱。分享变得很轻松，我给所有人讲述了大屠杀的受害者在被处决之前，每天都生活在恐惧中，然而他们还是想尽办法保持自己做人的尊严。其中有很多人都觉得人性和爱救不了自己，反而是愤怒、暴戾，甚至是恨意能够让自己一天一天活下去。作为一个以色列人，我生来就继承了这些品质。谁都不值得信任，只能坚强地依靠自己。我很骄傲自己是个士兵，受过训练，必要时可以将对方击毙。我很感恩自己有能力保护家人和人民；很感恩自己不是手无缚鸡之力；很感恩自己不必像我妈妈的父母和姐妹那样面对残忍的杀害。然而随着时间的推进，以色列人拥有了力量，不再任人宰割，因此，也不得不开始思考一些让人烦恼的问题：我们是否强大到可以不诉诸武力就能保证安全？是否时机已到，我们应该放下仇恨和质疑，打开心结，与敌人共享真正的和平？然而在对手面前展现人性是否太过天真，甚至是危险的？

我一边讲话一边看着身边的人，心中充满了归属感和与整体的联结感。他们的深切聆听和同理释放出的善意与温暖，直到项目结束后很久还一直萦绕在我左右。

又过了一会儿，坐在大厅对面的一位美国犹太女士站起身来，她想为大家唱首歌。创作这首歌的年轻犹太姑娘汉纳赫·西纳什（Hannah Senesh）[①]于1944年离开巴勒斯坦，空降到匈牙利执行援救任务，结果被纳粹捉住，受尽严刑拷

① 汉纳赫·西纳什是第二次世界大战时期的一位革命者、诗人和伞兵，她立志抵制战争的精神被称为现代的圣女贞德。1944年，身处巴勒斯坦安全地带的她加入了拯救匈牙利犹太人的组织，空降敌后时不幸被捕，受尽严刑拷打，最后被纳粹杀害。她的战争日记、家庭档案、照片都是研究第二次世界大战的重要史料。有一部关于她的纪录片《汉纳赫·西纳什生死传》（*Blessed is The Match: The Life and Death of Hannah Senesh*），通过史料以及历史学家的评述来展现这位伟大革命者的故事。——译者注

打，最后被处决：

> 啊，上帝，上帝！
> 让这一切长存于世吧！
> 沙滩和海洋，
> 涌动的波涛，
> 明亮的天空，
> 祈祷的声音……

伊沙伊接着说道：

> 听到她用如此柔和的声音，如此全心的吟唱，坐在大厅另一端的我忍不住再次站起身来，与她一起唱。从那以后，只要听到这首歌，我的内心就会感到一阵轻颤。歌声触及了我心中未知的领域，带给我从未有过的感受。我永远都不会忘记与唱歌的那位女士以及所有在场学员产生深远联结的宝贵时刻。

唱歌的犹太女士名叫安托瓦妮特·克拉茨基（Antoinette Klatzky），来自纽约，以下是她对这个场面的回忆：

> 我12岁那年在犹太学校上学，知道了汉纳赫·西纳什。她去匈牙利救援犹太人，被纳粹处决时才23岁。如今，我26岁，与72位变革者一起坐在这里，深切地聆听着每一个分享个人经历的声音，我感到自己的内心开启了一道裂缝。每听到一个人的分享，内心的裂缝就开启得更大一些，我的心也跳得更猛烈一些，“砰砰”地应和着每一分痛楚，迎合着每一道充满希望的疗愈光辉。
>
> 我能感受到那首歌，汉纳赫的祈祷，从内心深处的根喷发出来。每

个字都在我心中跳动，旋律激荡着我的血管，我仿佛身处地震般不由自主地站了起来。整个世界都浓缩在这个房间里——过去、现在、未来，这首歌贯穿了我生命中的每个瞬间。写歌词的语言我已经很多年没用过了，此刻却随着眼泪一起流出，每个字都宛如一个渐强音。我感到很多声音透过窗户飞进来，和我们一起吟唱。房间里充满了光线和歌声，汉纳赫也来到这里，与我们同在柏林。

歌唱完了，音符就像电流般穿过了我的身体。我坐回到椅子上，整个人都被“拥抱”着。

片刻之后，来自越南的学员寿海文（Tho Ha Vinh）站起来，分享了一首一行禅师所写的诗。他告诉我们：“诗的名字叫作《请以种种真实之名呼唤我》[①]。”然后他从口袋里拿出一个小本子，这首诗就抄写在上面，可以随身携带，贴近心灵。寿海文开始读道：

别说明日我将离去，
因为今天我依旧前来。

请深深地看吧：每一刻我到来，
化作春天枝头上的一朵蓓蕾，
化作一只羽翼未丰的雏鸟，

---

① “没有人能为他是谁负责，你找不到可以怪罪的人。”
一行禅师有一次收到一封信，信中说泰国海盗横行，有一位12岁的少女被泰国海盗强暴后，跳海自尽。写信的人请求一行禅师，想办法制止强盗的恶行，然而一行禅师却写下了这首诗，他说：“诗中有三个人：12岁的少女，海盗，还有我。我们能不能彼此对望，并且在彼此身上认出自己？”
当然，我非常愤怒。但我无法恨他。我要这样做很容易，但我做不到。我明白，如果我也出生在他的村庄，并和他过着一样的生活——在经济上、教育上，等等，很可能我现在就是那个海盗。所以我很难站在哪一方的立场上。我痛苦地写下这首诗。
这首诗的名字是《请以种种真实之名呼唤我》，因为我的名字不计其数。当我听到其中任何一个名字被点到时，我就得回答：“有！”
诗歌译文参考网络。——译者注

在新巢中学习引吭高唱，
化作花蕊中的一条毛毛虫，
化作埋身岩壁的一颗宝石。

我依旧前来，
为了要欢笑，为了要哭泣，
为了要害怕，为了要期望。
我心脏的律动，
就是一切众生的生与死。

我是河面上蜕变的蜉蝣，
我也是在大地春回时前来掠食蜉蝣的鸟。

我是悠游于清澈池塘的青蛙，
我也是悄悄前进吞食青蛙的草蛇。
我是乌干达的小孩，
全身只剩皮包骨，双腿细如竹竿；
我也是军火贩子，
出售致命武器给乌干达。

我是小船上那名12岁的难民少女，
被一个海盗强暴后，跳海自尽；
我也是那个海盗，
我的心还被蒙蔽，无法看到、无法爱人。

我是最高决策当局的一员，
大权在握；
我也是必须偿还人民“血债”的人，

在劳改营里缓慢地死去。

我的喜悦像春天——如此温暖，
让世间百花盛开；
我的痛苦如泪河——如此泛滥，
让四海满溢。

请以种种真实之名呼唤我，
我才能同时听见我所有的哭泣与欢笑，
我才能看到我的喜悦与痛苦是一体。

请以种种真实之名呼唤我，
我才能觉醒，
也才能让我的心门敞开，
那正是慈悲之门。

房间里十分安静。寿海文坐下了。我们都感到彼此之间的隔阂在消融。时间在放缓，升华了我们此刻的感受。每个人都开始从多重视角体验情境：我是那个女孩，是那个海盗，是那个乌干达的小孩，是军火贩子，是大屠杀的受害者和作恶者。我中有你，你中有我。我开始感觉到了“我们”这个存在。我们在我中，却又不是我。是什么让我们相聚在地球？我们为什么在这里？戴娜回忆说：

让我印象最深刻的是面对世世代代的宿敌，或者面对向自己的同胞实施过暴力的人——比如，士兵和被袭击的幸存者、大屠杀幸存者的犹太后裔和饱受世界责难的德国年轻一代时，大家表现出来的那种深切的联结和悲悯。我现在知道了，前一天晚上我没有打开的不只是思维，还有心灵。盖尔说了一番话，十分准确地描述了此时流经我的感受：“我今年63岁了。作为一个犹太人，我一生都认为，自己在这个世界上是孤单的。如果我或者我的同胞出了什么事，根本没有人会来帮忙。然而现在，在柏林的这个房间里，我明白了自己并不孤单。”

条件 1：扭转观察力

类似在柏林这种深刻的集体转变实现的条件有哪些？是什么力量让一棵树苗冲破了柏油涂层？是什么力量推倒了柏林墙？

首先，最重要的一个条件就是扭转观察力。当戴娜看到朋友脸上难过的表情，并意识到这是由自己惯有的行为方式所导致的时候，这个条件就实现了；当伊沙伊和大家分享自己的感受，话语出乎他意料地从口中流出时，这个条件就实现了；当安托瓦妮特受到感动，起身为大家吟唱一首她多年都不曾听到或想起的歌曲时，这个条件就实现了。

这些情境都描述了同一个“打开”的社会原理，都描述了如何冲破使人们不能在人性的深刻层面上彼此联结的隔阂。他们所讲述的都是将关注力扭转至源头的故事。这股力道首先投射至外部世界（第二层级），然后再转向回自身（第三层级），最终找到自我的源头，与当下、与此刻同在（第四层级）。这就是实现场域转变的第一个条件：将关注力扭转至源头。

条件 2：拥抱阴影的支持空间

第二个实现的条件是支持空间。由心而生的真诚聆听能够打造一个社会支持空间，使关注力转向得以发生。在戴娜感受到朋友难过的那一刻，她的关注力就被扭转至自身。在伊沙伊感受到“周围的人都在认真聆听，散发出深切的同理，深切的理解，还有爱”的那一刻，他就获得了能量，迈出了勇敢的一步。而安托瓦妮特则记得在那一刻，她“感受到了每一颗心所支持的真实场域”。

营造出一个支持空间意味着允许社会场域发生变化——思维和心灵在逐渐打开。柏林的这个支持空间从6个月前的一次小规模聚会就开始酝酿了。此次高级项目共有72名学员，过去两年间每个月都会组织小组教练圆圈聚会，目的是为每个人的生活和工作经历提供第四层级的聆听环境。盖尔回忆道：

6个月前我参加教练圆圈聚会的时候，跟大家分享了我对前往柏林感到有些担忧。我想去参观我出生的地方——达豪集中营，那也是我父母获救的地方。

我还没想好怎么说，所以就先讲要去柏林了，第一次带家人去看我出生的地方。接着我开始忍不住哭泣，有好半天整个圆圈都在流泪。所有人都感受到了这种震撼人心的觉知——我们需要疗愈，不只是我自己，而是整个世界，需要疗愈战争和屠杀留下的伤害。

当时我身边坐着奥托，他是德国人；还有两个佛教徒：寿海文是越南人，茱莉亚是韩裔；伊沙伊是正宗的以色列犹太人；吉姆是退役的军队人士；安托瓦妮特是年轻的下一代……他们都是我的支持空间……我感到大地在颤动。自我一出生起，大屠杀的伤痕就存在于DNA里，存在于我人生的每一天当中。而这是我第一次觉得有可能将这股力量转化为新生。

那次教练圆圈聚会之后6个月，我们都将这个跨越性的联结时刻带到了柏林。我（奥托）也因此感到了有新事物在生成。那天上午我之所以能够站起来开启并支持这个空间，正是因为房间里有这个教练圆圈，正是因为直接感受到了与盖尔、伊沙伊以及其他人的联结。

盖尔还谈到了支持空间的性质：“那天上午房间里的场域发生了变化，我们彼此敞开心扉并合而为一。就好像我们要集体拥抱那道阴影，以便能瞥见疗愈世界所需的是什么。对于我个人来说，恐惧已经消失了。”

疗愈（healing）、健康（health）、神圣（holy）这几个词都有同一个词根：hal，意思是“化作一体”（make whole）。柏林的经历提供了一个支持空间，使我们在前所未有的集体层面上化作一体。正如盖尔所说：“我们要集体拥抱那道阴影，以便能瞥见疗愈世界所需的是什么。”

条件 3：走到放下的边缘

第三个实现的条件是愿意走到深谷的边缘，放下过往，融入未知的领域——纵身一跃。当伊沙伊一反常态地要过麦克风时，他就是在纵身一跃；安托瓦妮特、盖尔和其他人都是如此。支持空间使我们能够毫不退缩地走到边缘。

走到边缘有两种情况：有时意味着你需要在已知世界的“悬崖”边纵身一跃，跳入未知的领域；有时意味着当你感受到新事物的生成时，不要害怕并躲开，而是要与其同在。在这两种情况中，我们所要做的都是给予现实和自我充分的信任，联结到更深层次的场域。走到边缘意味着要有勇气不再执着于过去，要放下，融入想要通过我们生成的新事物。然后再借用马丁·布伯（Martin Buber）的生动描述：“按照其心愿，使其变为现实。”

人们在教练小组中进行联结，共同放下、接纳，共同消亡、新生的例子有很多，柏林的高级项目只是其中一个。这是一场正在全球兴起的运动，具备了不同的面貌、形式和方法。下面我们来看另一个鼓舞人心的例子。

‖正念减压‖

乔·卡巴金（Jon Kabat-Zinn）是马萨诸塞大学医学院的荣誉医药学教授，同时也是该医学院的正念医疗健康中心和正念减压（mindfulness-based stress reduction）研究所的创始人。同时他也是正念减压项目的开发人员。减压研究所成立于1979年，正是基于这个项目创建的，至今已疗愈了超过两万名患者。目前，全世界有720多家医学院、医院、医疗体系以及独立诊所都采用了正念减压项目或是成立了相关机构。此外，针对专门的医药学、精神病学和社会条件，还出现了很多类似的正念减压干预措施。正念减压的成功直接带动了21世纪初人们对正念在健康和认知科学领域应用的极大兴趣（见图5-1）。

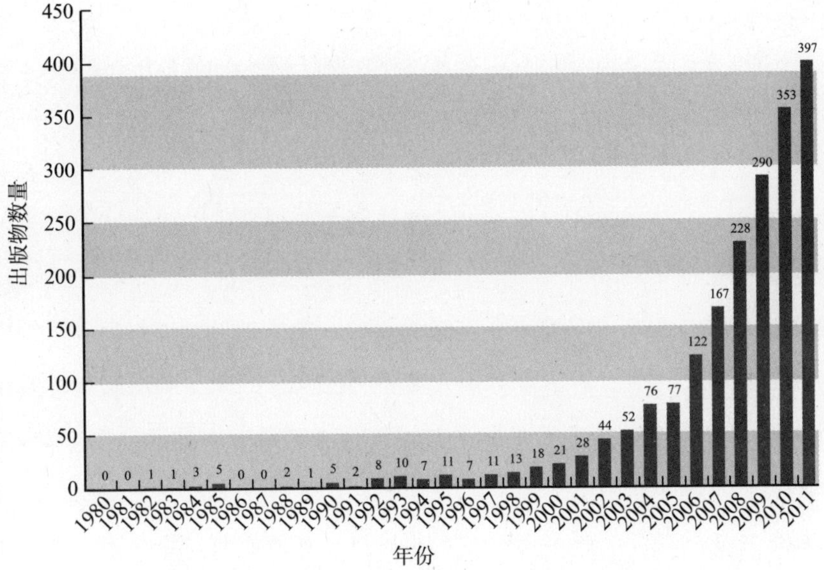

图5-1 1980—2011年有关正念的研究出版物

数据提供：大卫·布莱克（David Black），公共卫生硕士、哲学博士，就职于美国加州大学洛杉矶分校塞梅尔神经科学与人类行为研究所，Cousins精神神经免疫学中心。

来源：《正念及其意义、起源和应用的多重视角》（*Mindfulness：Diverse Perspectives on Its Meaning, Origins, and Applications*），威廉姆斯（J.M.G. Williams）与乔·卡巴金合著。

正念减压为何会获得如此巨大的成功？这个项目在30年前还不为人所知，然而今天却影响着成千上万人的生命，其起源究竟是什么呢？

促使人们对正念产生兴趣的动力包括：（1）旧有模式的危机；（2）类似正念减压项目的成功，开辟了一条新的医学项目，将医药科学、临床应用和正念三者结合在一起；（3）多年来医疗专业人士参与的培训项目营造的场域；（4）正念中心的成立以及不断推进的研究项目，都帮助这股动力转变为科学研究出版物，并且培育了医药科学的全新场域和一群充满活力的研究人员。乔回忆说：

> 2000年，我参加了印度心灵与生命学院（Mind and Life Institute）组织的一次聚会。与会期间，数位佛教人士、心理学家、神经系统科学家、学者、灵修人士共同探讨了“具有破坏力的情绪”这个话题，以及如何才能疗愈这种情绪在生活和工作中带来的巨大伤害。一位佛教人士希望科学家们能够研究出非宗教的世间方法来应对并转化负面情绪的能量。他认为，佛教在此方面确实会有很多贡献，因为佛学对“烦恼妄念”有着细致入微的体察，并且在过去几百年乃至几千年间，佛教徒能够在修炼环境中，运用一整套冥想打坐的方法来高明地应对这些情绪。然而，他同时表示最大的希望还是在于非宗教的、真正普世的世间方法，充分发掘佛学中的精华，然后与西方文化中对心智的理解整合起来，尤其是关于情绪的科研成果、情绪表达、情绪管理等。
>
> 紧接着，会上有人提出这位佛教人士所说的方法差不多实现了，即在临床环境中（主要是医院）有正念减压项目以及相关的家庭干预项目，这些项目已经开展了21年。
>
> 当然，很多与会者都了解，正念减压以及类似干预项目的课程都深深根源于对佛法的普世表述（佛学）。这些课程的内容是关于心智状态和

身体状态的正念修炼，特别是对情绪反应的觉察，以及当情绪被激发时，如何利用具体的策略来有觉知地，而不是条件反射式地回应它们。

乔还忆述了他在一段求学期间的个人历程：“我还在麻省理工学院读书的时候，就会思考一个问题：‘我一生的工作是什么？’或者说：‘我到地球来的使命是什么？’思考了数年未果。这已经成为我个人的迷思，在那些年日日夜夜盘旋于我的生活之中。我不停地问自己：‘我今生的追求到底是什么？’‘什么是我热爱的事情，并且能够让我全心投入进去？’”

乔知道分子生物学不是他想走的道路，虽然他很喜欢科学，并且明白如果不走这条道路会让他很敬重的两个人失望：一个是乔在麻省理工学院的论文导师，诺贝尔奖获得者萨尔瓦多·卢里亚（Salvador Luria）；另一个是他的父亲，同样也是颇负盛名的科学家。到了1979年，乔还在探寻如何才能将生计（工作）和使命感（一生的工作）结合起来，并且符合时代的需求。恰在此时，他去参加了一个为期两周的冥想静修营。乔回忆说：

> 静修第10天的下午，我坐在自己的房间里，眼前突然出现了一个“景象”，持续了大约10秒钟。其实我也说不好那到底是什么，姑且叫它景象吧。里面细节十分丰满，更像是猝然间看到了一个生动、逼真的联结，以及其充沛的内涵。它并不是一段白日梦或一股思想流，而是与众不同的新感受。时至今日，我还是无法解释清楚，也觉得没有必要去给它下个定义。
>
> 在那灵光一闪中，我看到的不仅仅是可以落地实现的模式，还看到了如果这个基础理念是切实的，并且能够在实验环境中得到确凿的实施，会带来的长期影响将是激发一个新的科学和临床调研的场域，然后扩展到全美乃至全世界的医院、医疗中心和诊所，为数以千计的从业者提供生计。

这个景象实在有点怪异，因此，我从未向人提及。不过那次静修之后，我确实对自己的使命有了更清晰的把握。这种感觉非常强烈，因此，我决定尽自己所能全心全意地投入进去。

在这次冥想静修之后，乔回到了医院，约见了三位外科医生，分别是基础治疗、疼痛、整形外科部门的主管，询问他们怎样看待自己的工作，病人治愈的成功率如何，以及在医院日常工作中可能缺少的是什么。

我问到他们认为大约能帮助到多少病人，他们说大概 10%~20%。这个答案让我很震惊，接着又问那剩下的病人怎么办。回答是要么病人自己想办法好转了，要么就是始终不见起色。

我又问医生们是否愿意在适当的时机向病人提及有这么一个项目，可以教会他们如何更好地照顾自己，可以当作现有医疗体系的补充，或是填补医疗体系的空白。这个项目的主要内容（按照我的说法）是比较高强度的佛教式冥想训练，但不需要入教；此外还有瑜伽。医生们都给出了肯定的答案。鉴于这次会面的结果，我提出了在医院门诊部的资助下开展一个项目，为期 8 周。由医生们推荐给那些觉得医院治疗不起效果的病人，或是与医疗系统格格不入的人。于是正念减压项目就在 1979 年秋天正式启动了。

此后许多年间，乔和他的团队都在没有窗户的医院地下室里为病人进行治疗。起初很少有人意识到，他们的工作正逐渐转变为一个支持空间，与以往不同的医学模式诞生了。乔讲解道："在正念减压的方法下，尽管病人来时带着各种问题、诊断和病痛，但是我们都会竭尽全力扩展其内在的完整性。以我们的观点来看，只要你还在呼吸，不论你有什么问题，你内在的健康都比所谓的疾病多。因此，在项目过程中，我们努力将每位参与者都当作普通人来看待，而不是一个病人，或者一种病症，或者需要修补的东西。”

乔的故事充分证明了一小组有决心的公民能够完成多么大的事业，同时展现了一些与柏林项目中相同的支持条件。当然，扭转观察力是所有正念修炼中都会发生的。那么，是什么样的支持空间使乔在静修回来之后，能够融入开启的裂缝并纵身一跃呢？他说：“促使我跃出的原因，一部分来自多年的冥想修炼，一部分来自所受的科学教育，我也因此十分熟悉医学与医学科学的语言和思考方式。”他的话再一次印证了此刻的“种子”已经萌生了多年。

让自己化身为未来的载体

乔的故事证明了深谷（我一生的工作是什么）、放下（科学家的事业）和跨越深谷（追随他的内心）是同在的。在静修营的体验和与三位医生的对话帮助他看到了开启的裂缝，从而踏上了正在生成的道路；在正念和科学领域的多年实践给予他信心，感知瞬间的机遇，使其变为现实；而在地下室与核心小组的多年工作则营造了一个支持空间，共创了一场深远的革命，并在几年之后席卷全球。

柏林的体验和乔的经历有一个共同特点：人类的精神能够打破惯性行为和思维的坚硬表面。在这些突破性的时刻里，新事物开始凝结为现实。当你观察这个过程时，就会发现一个有趣的现象：场域是通过某些个体而进入空间的，就好像可能性场域选择这些个体作为大门，进而变为现实。乔就是这样的个体。他开启了大门，化身成为载体，允许下一拨人联结进来。然后按照这个模式一直持续下去。因此，我们要学习的就是如何成为载体，迎接在深谷那一侧生成的未来。

在本章中，我们描绘了一种全新的方式，联结到创造力、人性和自我的深层源头。尽管只举了几个具体的例子，但我们知道这里探讨的深层实现条件——扭转关注力、营造支持空间、去到赴死的边缘、使自己化身成为载体、迎接想要生成的未来，其实可见于全球很多地方的工作中。这是生成性的社会法则；是与乔这样的变革者交谈时获得的感受；是我们在柏林（借用盖尔的话）集体拥抱阴影，化作载体，使疗愈能够来到这个世界时的体验。

LEADING
From the Emerging Future

结语与练习

在过去几十年里有一个值得注意的发展现象：在个体与机构之间，权力的天平发生了些许倾斜，现在更偏向个体一边。企业家尼克·哈诺尔（Nick Hanauer）曾说过：

> 我最喜欢的一句格言来自玛格丽特·米德（Margaret Mead）："永远不要怀疑一群全心投入的公民能够改变世界。实际上，这是唯一历久不变的事实。"我完全相信这句话，只要5个人就可以做成世界上的任何事情。如果只有一个人，当然很困难，然而把这一个人和另外4个或5个人放在一起，你就有了众志成城的力量。我想这就是创业精神的全部——创建这种无与伦比的愿景和力量。

哈诺尔道出了当今世界的一个重要变化：小规模的公民团体也能够对

世界发展趋势产生重大的影响。想想乔和他的团队，在水面轻轻一点，涟漪就开始一波波地扩散出去。好的一面是这个世界拥有巨大的、未开发的潜力，表现为积极向上的、有意图的集体创业精神。然而，我们在开启这股蛰伏的力量并兴起全球运动时，必须使用更加系统的方法。

本章的结尾是 12 项原则和练习，有助于推进个体历程，从自我到大我，从我到我们。正如前文所分享的故事那样，反映了我们以及同事这些年的各种体验。

1. **实践，而不是说教**。通过实践应用 U 型过程，而不是靠说教。开始时先学会聆听。聆听他人，聆听自我，聆听整体。聆听生命对你的召唤。联结到人们的实际现状，从这些角度中找到裂缝或开口，然后提供帮助。

2. **观察、观察、观察：成为卓越的观察者和聆听者**。U 型过程会将科学的核心工作，即"让数据说话"从外部领域（第三人称角度）扩展至人类体验更加微妙的层面（第二人称和第一人称角度）。因此"让数据说话"的方法不仅适用于客观的外部数据（通过打开的思维）、同理的主体间数据（通过打开的心灵），也适用于超主体领域的自我认知（通过打开的意志）。关注这三种类型的数据都需要高超的观察与聆听技巧。深层次聆听的作用是意义重大的：它们就像社会现实创造中的焊接火焰，能够熔化阻碍人们联结到世界、联结到彼此、联结到自身的惯有交流方式。

3. **成为联结到意愿的工具**。布莱恩·阿瑟（Brain Arthur）是圣达菲研究所（Santa Fe Institute）的一位经济学家，他在我们的一次调研访谈中说过："意愿不只是强大的力量，它是唯一的力量。"联结到生命历程的意愿意味着形成了纵向的整合："我是谁？""我到此的目的是什么？""怎样才能将工作与使命联系起来？"我们与这个深远的场所（即对我们来说至关重要的事物）联系得越紧密，对所要追求的事业就越明晰，也就能成为更好的工具，使正在生成的未来变成现实。

4. **与裂缝同在——联结当下，展开行动**。前面两项原则的应用（观察和意愿）能使你在纵向和横向上都联结到更高层次的同在感和意愿度。当机遇出现时，我们的感受通常都是时间在放缓，未来可能性的场域开启了一道裂缝。这样的时刻需要勇气来面对，但更多的是需要全心的关注。当这样的时刻到来时，与它同在，与它联结，然后从当下展开行动，从想要生成的新事物展开行动！换言之，当你发现自己开始联结到一个重要的未来机遇时，要先对它说“是”，着手去做，然后再去想是否能做成。

5. **心随所愿——做你所热爱的事情，热爱你所做的事情**。前面已经提及，史蒂夫·乔布斯曾经说过，成就伟大事业的唯一方法就是：“做你所热爱的事情，热爱你所做的事情。”这也是联结到未来道路的唯一可靠方式。你起码要确保在从事的项目和活动中有一部分是自己所热爱的。如果缺失了这种热爱，你很有可能会迷失自己，只按照他人的期望生活。

6. **与整体保持通话**。正如艾伦·韦伯所说：“整体是个有用的场所。”这是一条非常重要的指导原则，意味着整体（就是我们周围的较大环境）会提供有用的反馈。反馈的形式多种多样，有时产生的效果也很糟糕。然而我们要学会聆听，辨识出那些有助于进一步改良理念的反馈元素。

7. **营造深层聆听空间，支持你前进的历程**。最重要的领导力工具就是你的大我——即联结到最高未来可能性的能力。两种强化能力最有效的机制是实修和深度聆听型圆圈。每日的实修，如找到静默或者沉思的时刻，过滤掉所有外界的杂音，聚焦于自己内心的本质，有很多不同的形式，找到最适合自己的即可，关键在于每天坚持。圆圈通常是指最多 7 个人参与的小组，每年聚会几次，通过深度聆听彼此扶持，关注每个成员生活和工作中的召唤和历程。

8. **演绎、演绎、演绎。**“演绎、演绎、演绎”出现在“U”过程的右侧，对应着左侧的“观察、观察、观察”。这个原则是为了不断练习并适应正在生成的新事物。你的生命中是否也有一间无窗的地下室，允许你练习、练习、练习，通过亲身实干探索未来？

9. **注意未来场域中的裂缝。**所有变革的发生都需要一个背景，可能是个体的、关系的、机构的，也有可能是全球性的。若想关注裂缝的开启，就必须探索系统和自我的边缘。如果我们运气好，在这些边缘就能感受到想要生成的未来可能性的场域。

10. **面对不同的利益相关者，使用不同的沟通方式。**在结构复杂的系统内进行创新需要有多种沟通方式，以便就各自的重要问题联结到不同的利益相关者。复杂的问题就要有复杂的对策，单一走向的方式肯定不会成功。现在要做的是掌握一门艺术，将问题扩展和深化至彼此的全部需要，从而改变系统的相关方，使它们能够全心投入进来。

11. **如果你想改变他人（其他利益相关者），就必须愿意先改变自己。**如果你需要改变系统，但又不能使用强权来实现，那么你手中最大的筹码就是与其他利益相关者的关系。这是你必须打造和强化的一点，也意味着你必须愿意先改变自己。

12. **永不放弃，永不放弃，你并不孤单。**每一次意义深远的创新和复兴历程都需要惊人的意志力。重大的理念可能要先经过多年努力或实践的失败才能在现实世界中凝结成切实的结果。关键就在于永远不要放弃，而是要从失败中总结经验教训，重整旗鼓，以利再战。因为失败而垂头丧气只是浪费能量，最终会陷于自己（或他人）的评判之声、嘲讽之声或恐惧之声中。引领变革需要具备最多的勇气：能够来到深谷的边缘，纵身跃入未知的领域。这是联结到人类存在的最深层维度（真我）最重要的条件。相信我们并不孤单，就会有勇气。或者像一位资深变革者说过的那样："团结就是力量。"

▲ 思考题

拿出笔记本，安静地思考并回答下面这 16 个问题。每个问题花费 1~2 分钟。

1. 在你的生活和工作中，什么正在消亡或结束，什么又在获得新生？
2. 谁曾是你的"守护天使"，那些帮助你意识到自己最高潜力的人？
3. 此刻，你在哪里能感受到未来可能性的开启？
4. 在目前的工作或者生活中，最让你灰心丧气的是什么？
5. 你最重要的能量源头是什么？你所热爱的是什么？
6. 从一个俯视的角度（好比在直升机上）观察自己，在职业和个人历程的当前阶段里，你正试图做到些什么？
7. 再从这个俯视的角度观察你的社区、组织、集体行动，在职业和个人历程的当前阶段里，你们正试图做到些什么？
8. 鉴于以上这些答案，你现在需要问自己哪些问题？
9. 假设你自己是个年轻人，正站在人生历程的开端，审视你当前的状况，那个年轻人会对你说些什么？
10. 假设你可以快进到人生的最终时刻，当你即将离开人世时，回首你的生命历程，你在那一刻想看到些什么？你想在地球上留下什么样的足迹？
11. 还是从上面那个时间点说起，你的未来大我会给你的当下自我提出什么样的建议？

12. 现在返回到当下，设想你想创造的事物：在未来 3~5 年里，你对自己和工作有哪些愿景和意向？你在个人、职业和社会生活中想创造的未来有哪些核心内容？描述你想到的图像，越具体越好。
13. 若想将你的愿景变为现实，需要放下些什么？必须消亡的旧事物是什么？你必须剥离的“旧皮囊”（行为、思维过程等）是什么？
14. 在接下来的 3 个月中，如果你要为自己意向中的未来打造微观战略原型，从而通过实干发现“新事物”，这个原型会是什么样子？
15. 谁能帮助你将最高未来可能性变为现实？谁是你的核心协助者和合作伙伴？
16. 如果要开展一个项目，将你的最高意愿变为现实，你会在接下来的 3 天里首先采取什么样的实际步骤？

▲ 圆圈对话

邀请小组里的每个人分享一下在回答完这 16 个思考题之后，脑中浮现出的最有意义的事情是什么？深度聆听并且跟随对话的流向。

LEADING
From the Emerging Future

06

引领关系逆转
从自我到生态

第二场革命的内容是关系：彻底改变整个社会经济系统的沟通质量。若想完成这场转变，我们需要将谈话的关注力光束转回至源头。在看到他人之外，还要经由他人和整体的眼光看到自己。

在向生态系统经济转变的过程中，最大的挑战就是以意图明确、有效、共创的方式展开集体行动。在过去几年里，我（奥托）一直在关注高管们参与的麻省理工学院气候变化模拟赛，比赛的开发者和主持人是麻省理工学院的教授约翰·斯特曼（John Sterman）。他把参与者分成小组，每组代表一个处在联合国发起的二氧化碳谈判中的关键国家团队。谈判者们的协商结果被代入模拟模型中，使用的都是真实的气候数据。模型计算出可能出现的气候变化结果，参与者们再回到桌边展开第二轮谈判。三四轮谈判过后，呈现在他们面前的是其集体决定无可避免地给全球气候带来了毁灭和动荡，然后大家再内省一下能从中吸取什么教训。

三重障碍：否认、嘲讽和压抑

在参与者们谈判后的内省环节中，我注意到他们都有三种惯性的逃避型反应，因此，阻碍其行为下沉得更加深远：（1）否认；（2）嘲讽；（3）压抑。

逃避现实最常见的方法是否认。人们让自己忙于所谓的“紧急事件”，因此，没时间关注那个实际上最迫切的问题。就好比泰坦尼克号马上就要沉没了，人们却只顾着摆放甲板上的椅子……

第二种反应是嘲讽。一旦谈判的结果浮出水面，最简单的对策就是对其冷嘲热讽。这样的人只会说：“反正这个世界早晚是要沦陷的，跟我做什么没关系。”因此，他在自己与行为结果之间拉开了距离。

即使前两种逃避现实的方法都有办法解决，还有第三种：压抑。压抑使我们丧失了集体将现状转变至另一种运作方式的力量，造成了自我与大我在意志层面上的分离——正如嘲讽造成了心灵层面的分离，抗拒造成了头脑层面的分离。而这中间的空洞充满了怀疑、愤怒和恐惧。恐惧阻止我们放下熟悉的事物，即使这些事物再也不起作用，只会让我们停滞不前。

谈话创造世界

应对这三种逃避现实的行为需要自我内省和能够将关注力转回至自身的谈话。我们称之为谈话 4.0——就像第 5 章中讲述的柏林经历那样，这种谈话能够拥抱阴影，释放出人们贮藏的创造力，稍后本章会有详细阐述。

当今社会的主要问题在于我们试图用传统的谈话类型来解决气候变化之类的复杂问题，其结果可想而知。哥本哈根气候大会和麻省理工学院气候模拟赛的失败仅仅是许多失败案例中的两个。

所有复杂的现代系统，如医疗卫生、教育、能源、可持续性，都面向个体和集体实体，后者多是通过政府实现。图 6-1 展示了我们的社会系统内部利益相关者的沟通方式，一方面区别了个体和集体，另一方面区别了供应商和消费者。4 个层级的对话分别由 4 个圆环表示。

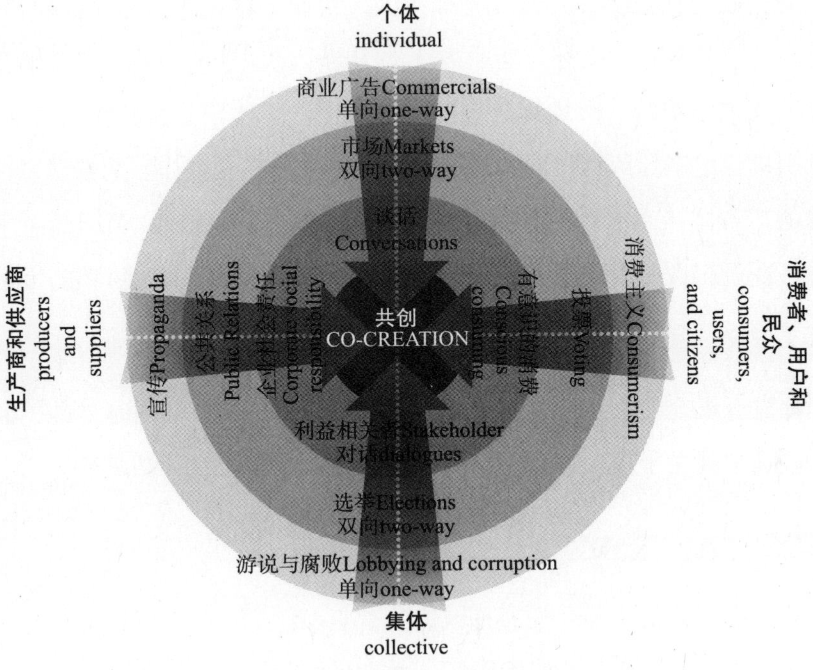

图 6-1　经济系统中利益相关者沟通的 4 个层次

外圈的圆环代表了最常见的谈话类型：

- 单边的、直线型的沟通；
- 透明度低、排他性强；
- 只服务于少数人福祉的意图。

而正中心是最少见的、最难能可贵的谈话类型：

- 多面的、循环型的沟通；
- 透明度高、包容性强；
- 服务于整体福祉的意图。

‖第一层级：单边、单向下载、操控性‖

第一层级的利益相关者沟通是单边的、单向下载式的，意在操控另一方，而不是服务于其利益。大部分商业或选举活动中的企业或专业沟通策略都是依照这种方式来组织的。市场调研把民众和消费者团体划分为具体的目标人群，然后再用量身定制的信息传递和沟通策略对其进行狂轰滥炸。消费者和民众每天面对的广告洪流令人瞠目结舌。1993 年的一份调查显示，美国儿童平均每年要看两万条广告；而美国人到 65 岁的时候则平均要看两亿条广告。

单向沟通重点在于“营销”，使目标能够购买产品或者投票给某个人，然而目标却没有机会发表意见。游说家和特权群体的运作方式也是如此，其影响力的基础通常都在于优先获得权以及把其他相关方排除在谈话之外。

‖第二层级：双边、双向讨论、交换观点‖

第二层级的利益相关者沟通是双边的、双向讨论式的，意在提供和接收信息，并且包含了一个回应或反馈机制。在市场中，买方付了钱，因此，可以发表意见。在民主的选举中，选民投票了，因此，也可以发表意见。这是两个双向沟通的良好例证。

‖第三层级：多边利益相关者对话——通过他人的视角观察自己‖

第三层级的利益相关者沟通是多边谈话，特点为内省、学习和对话。对话是通过他人视角以及整体视角看到自己的谈话。例子有很多，从圆桌会议、“世界咖啡馆”，到互动式社交媒体。谈话需要形式、过程和支持空间才能顺利进行。有一些公司，比如，娜图（Natura）、耐克、联合利华，已经开始利用第三层级沟通来谋求更多的利益。

举个例子，Eosta 是荷兰一家国际有机新鲜果蔬经销商，也是首家使用气候中和以及可降解包装的公司之一。该公司希望自己的顾客能看到产品背后的“隐形”生产过程，因此，在每件产品上都印刷了一个三位数的编码，可以指导顾客通过公司网站找到生产商。比如，一个芒果上印着“565”，这个数字指引消费者找到非洲布基纳法索（Burkina Faso）的宗戈先生，而宗戈先生可以在网上回复他们留下的评论。这种机制是第三层级沟通的绝佳典范，因为这样一来，消费者们就会在整条价值链的背景下看到自己的身影。

多边利益相关者沟通的例子还有新英格兰的市民大会，民众可以讨论当地事宜，以及《联合国气候变化框架公约》（*Framework Convention on Climate Change*）。这些利益相关者的沟通若想顺利进行，就必须有支持性技术和辅助措施。

最后一点，所有这些方式都会带来同样的成果：帮助系统中的利益相关者在他人和较大整体的背景下看到自身的存在。扭转关注力，帮助这些分散的群体看到自己是大局中不可缺少的一部分。

‖第四层级：共创式生态系统创新——消融自我和生态的界限‖

第四层级的利益相关者沟通是多边的、共创式的生态系统谈话，有助于多样化的参与者团队将自我意识蜕变为生态意识，共同感知、共同创造未来。比如，世界水坝委员会（World Commission on Dams）以及可持续食品实验室之类的蜕变性多边利益相关者项目，本书稍后会有详细论述。这些项目带来的不仅是惊人的突破，还有思维模式与意识从自我系统前进到生态系统的转变——从只重视自身利益转变为同时重视合作伙伴和整体的利益。

‖杠杆点‖

尽管第四层级的创新已经有一些令人振奋的实例出现，然而每个人都心知肚明，若想获得更佳的系统运作方式，主要的杠杆点都落在：

（1）必须去除毒害性的第一层级沟通（破坏当今社会沟通渠道的贿赂、非法政治资金、商业广告，以及其他类似的宣传和操纵形式）。

（2）必须发展第四层级的共创式利益相关者关系的全新领域，使生态系统中的合作者都能聚在一起，共同感知，塑造原型，共同创造未来。

问题在于如何做到这一点。我们如何才能培养深层能力，打造并普及第四层级的共创舞台？下面的三个故事也许会给我们带来一些灵感。

女童子军

亚利桑那州仙人掌委员会（Arizona Cactus Pine Council，ACPC）的 CEO 塔玛拉·伍德伯里（Tamara Woodbury）认为，目前正在兴起一场全球性运动，认可女性领导者在解决社会难题方面的重要性，而女童子军正是这场运动的一部分。自 2005 年起，塔玛拉就开始与自然流现学院的辅引师贝丝·詹德诺亚（Beth Jandernoa）及其同事格兰妮弗·吉莱斯皮（Glennifer Gillespie）合作，共同试验一个名为“完整之圈”（Circle of Wholeness）的项目，旨在深度潜入并体验完整性和身心健康的高质量修炼，以支持和影响整个委员会乃至整个亚利桑那州。这个圆圈共有 18 个人，包括女童子军工作人员、志愿者以及商界、非营利组织和民间领导者。成员有男有女，有老有少（从将近 20 岁到 80 来岁），来自各个社会阶层和民族。

2012 年 10 月的一天，在进行了一整天的对身心健康和完整性的体验和探索之后，这个团队开始了一轮分享，想要了解每个成员的学习过程都进展到了什么程度。贝丝和格兰妮弗觉察到了一种冲突感：一方面，团队迫切想要做点实事；另一方面，他们又需要慢下来，聆听内在生成的感受。后来是一家重型建筑器械制造公司的前任 CEO 约翰带来了突破性的时刻，转化了大家急于行动的心态。他将自己初做慈善时的不易之处徐徐道来。约翰高质量的谈话开启了团队的聆听，激发了他们的好奇心以及觉知的宽广空间。

过了一会儿，ACPC 的主管卡萝尔·阿克森（Carol Ackerson）开始发言，她非常善于将复杂的问题转化成易于他人理解的概念。这次，卡萝尔并没有采取理性思维的方式，而是停顿了一下，说道："通常我都是用头脑来讲话，不过今天，我感觉对于所有在场的人来说，放慢速度，从心灵去聆听和发声是很有必要的，虽然会有些不太舒服。我感到体内涌动着一种全新的感受，其意义在于如果我们能多点耐心，不急于草率行动，就能体会到新的可能性。"

一场深切的静默降临到场域当中。大家都静静地坐着，有人说："这种感觉太不同寻常了，到底是怎么回事？" 格兰妮弗从容地回答说："在团队聚会的初期，静默是会让人觉得有点不适应。当我们共同下沉到更深层次的空间时，就会集体产生那种难能可贵的'沉默是金'的感受。让我们与它同在，使它充分发挥作用。" 贝丝描绘了她那时的感受："我和整个团队的内在结构都发生了变化——不知不觉地产生了蜕变。" 后来卡萝尔也说："我感到女童子军的创始人朱丽叶·戈登·洛（Juliette Gordon Low），也与我们同在这个房间里。"

静默之后的谈话变得生机勃勃，团队成员想出了很多前所未有的好点子。他们开始探讨如何界定 ACPC 的"品牌"谈话（气氛与过程）和"品牌"宣言（其独特原则和行为的内容）。在那次会议上，他们确定了将“创建谈话场域，体验爱的力量”作为 ACPC 独特的未来能力之一。

转变有关气候变化的谈话

马丁·卡兰古－班达（Martin Kalungu-Banda）是非洲自然流现学院的联合创始人，他分享了下面的经历：

> 2009 年 12 月，哥本哈根世界气候大会召开之后，人们普遍感觉在达成国际共识和承诺，以及敦促切实解决气候变化问题方面，这个世界的表现不尽如人意。那是因为在很多组织和个人看来，哥本哈根暴露了气候变化演讲与发展的思维和行为之间的分离。
>
> 21 世纪 10 年代中期，气候与发展知识网络（Climate and Development Knowledge Network，CDKN）就开始思考如何强化气候变化和发展之间的纽带。很多组织都被召集起来，以期创建一个环境为这条纽带注入新的活力。这一思想在 2011 年 4 月牛津主办的 CDKN 行为研究所大会上达到了顶峰。
>
> 这次大会的筹备工作是由一个跨界的流程设计师和辅引师团队所带领的，旨在打造一个环境，使来自 70 多个国家，涵盖公、私以及民间团体领域的 200 位参与者，能够思考和互动，生成在气候变化与发展方面可实际操作的理念。参与者的经验和专业知识通过联网工具得以汇集，还有专门的演讲嘉宾来讲解挑战中的关键领域。连续 4 个月以来，引导师们每周都通过网络开会，设计和测试大会的主持和实行工作。
>
> 经过一番精挑细选，牛津大学因其能为突破性思维提供氛围和空间而被选作主办场地。在这里，人类最佳的互动与系统思考力被充分激发，并设计成型。整个大会流程包括全体座谈、小组讨论以及个人静思。此

外还采用了很多创意工具和技术，比如，雕塑、绘画、系统游戏和记日志等，这些都是为了将与会者的创造力发挥到极致。

大会最初三天的内容是“感知场域”，这是为了便于大家尽可能多地理解和分享关于气候变化的严峻事实。第4天，与会者们带着两个指引性问题：“如果我暂悬所有不必要的事物，呈现出来的最佳未来大我会是什么样的？”和“生命在召唤我（们）做些什么，来为世界打造一个不同于以往的未来？”在牛津植物园里进行一个小时的深层次内省。内省结束之后，所有与会者都回到座谈大厅。那一刻，这200人感到他们似乎一直在一起，一直走在为人类共同的挑战寻求对策的道路上。

他们心平气和地聆听着彼此从那一个小时内省中得出的感受，很多分享都好像人们对着同一页乐谱演唱着赞美诗。在认清现状的过程中，我们逐渐合为一体。尽管没有用语言表达出来，但是大家都觉得通过那次内省看到了共同的未来。这种体验在令人失望的哥本哈根大会之后带来了新的希望。来自加纳的参与者温弗雷德说：“本来哥本哈根大会让我十分灰心。不过现在我明白了，并不是只有政客才能带来改变，我们将领导力展现给政客们的时候到了。”

与会者按照兴趣和工作（组织）焦点分成小组，协作塑造出了26个原型，为大家共同展望到的未来提供了着陆带。此外，在这4天的大会中，生成了各式各样的协作关系和网络，意义同样十分重大。

马丁的经历中最吸引人的地方是否认、嘲讽和压抑的声音似乎都发生了蜕变。这个网络后来进一步落实了当天的几个提案，都是在应对气候变化方面最前沿的举措，详见CDKN的网站：http://cdkn.org。

那次牛津大会的另一个发展成果是2012年在加纳召开了一次类似的会

议，有国家领导人出席：副总统、内阁部长、议员等。这些领导人受邀思考一下气候变化对其个人意味着什么。他们首先观看了一部由当地学生出演的话剧，内容是气候变化造成的影响；以及一部反映了加纳民众请求国家领导人采取措施的纪录片。内阁秘书长回忆说："一直以来，我们总觉得气候变化是距离日常工作非常遥远的问题，然而现在我们意识到，必须运用政府的力量来为子孙后代创造不一样的未来。很难想象我们过去都对这个问题放任不管。"时至今日，又有超过400位政府官员受邀参加此类活动，并且都承诺在自己负责的地区做出改变。

ELIAS：正在生成的跨界领导者创新

第三个故事将我们带到了马萨诸塞州的坎布里奇。2004年的时候，我们的研究工作没什么起色，大家都有些泄气。回顾一下大局，我们意识到虽然某些项目取得了一定的进展，然而却没有对三道鸿沟产生切实的影响；同时也意识到大部分的调研都聚焦在组织内部，而事实上最大的社会问题通常都存在于机构与个体之间，以及行业、系统和民众之间的空间里。

一天，在与彼得·圣吉和戴娜·甘宁汉开过会之后，我们决定换一种运作方式。奥托会走出去与合作了数年的关键组织进行访谈。自2005年起，奥托就陆续与这些组织的关键利益相关者会面，希望招募他们作为ELIAS的创始合作方，并且提出以下观点：

> 我们不知道未来到底是什么样，然而有一件事可以肯定：我们已经进入这样一个时代，未来的领导者将会面临一系列史无前例的颠覆、系统崩塌和局势动荡。因此，目前最重要的是我们如何才能帮助未来一二十年间会成为关键领导者的人们做好准备。他们是否出色地形成了跨界的网络？他们是否擅长聆听？他们是否具备足够的创造力，能将问

题转化为机遇？鉴于没有任何一个组织能够独立培养出这些关键的人才，你们是否愿意来试验一下？是否愿意请你们具有最高潜质的领导者们在 12 个月的周期里，拿出 4~5 周的时间，加入一个年轻领导者的团队？团队成员来自政界、商界、非营利组织，目的是共同探索系统和自身的边缘。

结果非常出乎我们的意料，几乎所有人都同意了。

2006 年 3 月，来自 ELIAS 的合作方——包括牛津饥荒救济委员会、世界自然基金会、联合利华、德国巴斯夫公司（BASF）、尼桑（Nissan）、联合国儿童基金会（UNICEF)、德国国际继续教育与发展协会（InWEnt）、印度尼西亚财政部的 27 位高潜质年轻领导者遵循 U 型共同感知、共同激发、共同创造的过程，开始了一场创新和学习之旅。在正常的每日工作之外，这些领导者要与我们一起开发和学习如何使用一套全新的创新工具，比如，深层感知之旅、利益相关者对话、战略静修、设计工作室，并为他们的理念塑造快速循环的原型，亲自动手探索未来。

整个过程结束的时候，我们看到了以下成果：

- 深刻的个人转变；
- 团队内外的深刻关系转变；
- 塑造出很多原型，展现了各式各样的新方法。其中有一些非常具有启发性，其余的在当时看来是给所有学员们的宝贵学习体验。

然而，所有人都没料到的是，这个小树苗般的微型生态系统（或是微型原型），会在接下来的几年里持续生长，直至成为令人赞叹不已的全球创新生态圈。根本不需要刻意推广，这些方案就已经数次自我复制，目前有十几个机构，数以千计的人们参与进来，共同启动新的协作平台。

下面是几个实例。

ELIAS 原型：全球创新生态圈

- 来自南非的“阳光地带”小组想要开发新的方式，将太阳能或风能发电带到边缘社区，通过放权式、民主式的能源生产模式来降低二氧化碳的排放，为乡村地区带来经济增长和福祉。如今这个项目已经使一家全球非政府组织的战略重点发生了改变，并促成了一家任务导向型公司 Just Energy 的创立，该公司在南非运营，帮助当地社区加入迅速扩大的可再生能源市场中来。
- 在印度尼西亚，一个来自贸易部的 ELIAS 成员将 U 型过程应用于制定新的可持续糖类制造政策。他的理念是让所有关键的利益相关者都参与进来。结果非常成功：贸易部制定的政策史无前例地没有引发农民（或价值链中其他参与者）的抗议或暴动。目前，相同的措施已经应用到贸易部的其他政策以及可持续生产的标准当中。
- 同样也是在印度尼西亚，一个以 U 型理论为基础的“三元”（trisector）领导力项目，按照 ELIAS（现名为 IDEAS，创新领导力行动学习项目）的模式成立起来，囊括了来自所有产业的 30 位领导者。他们正致力于打造数个原型方案，其中包括新埠头县（Bojonegoro），稍后会详述。目前 IDEAS 在印度尼西亚有超过 100 名毕业生，2013 年春天已经启动了第 4 期项目。
- 另一个来自 GIZ（德国国际合作机构）的 ELIAS 成员研发并启动了一家研究所，与南非和印度尼西亚的新兴领导者们共同对抗气候变化。
- 2012 年，以 ELIAS 和 IDEAS 为蓝本，中国的第一个 IDEAS 项目启动了，参与者包括高级政府官员和国企高管。第二期中国项目于 2013 年启动，合作方是全球规模最大的几家国企。
- 在麻省理工学院，两个 ELIAS 成员合作创建了一家研发公司，并促成了麻省理工学院社区创新实验室（MIT CoLab）的成立。自此以后，麻省理工学院城市研究与规划系的学生们一直将其作为实地学习创新的热点场所，把 U 型理论及相关方法论与实践结合起来。

与此同时，我们也十分关注从 ELIAS 获得灵感而得以诞生的项目，比如，纳米比亚的孕妇保健倡议（Maternal Health Initiative），以及珊瑚礁三角区倡议（Coral Triangle Initiative）。珊瑚礁三角区倡议催生了一个六国合约，通过推广可持续渔业创造盈利和经济机会。可以说，ELIAS 网络最吸引人的地方在于它能够不间断地生成新想法和新提案。

从 ELIAS 项目中，关于如何打造自然流现平台，实现创业理念共创，我们又学到了什么呢？

5 项学习体会

ELIAS 推翻了很多在我们心中根深蒂固的理念。

1. 尽管 ELIAS 是到目前为止我们最有影响力的项目，但它却不是因为客户要求才产生的结果。没人要求我们做这件事情，ELIAS 是破釜沉舟的产物。

2. 我们明白了大部分多重利益相关者工作的核心理念都是“解决问题”，而这一理念是有局限性的。真正深刻的道理应该是“能量追随关注力”。一个只注重解决问题或消除隔阂的思维模式会使创造力受限。而我们所做的仅仅是把来自不同的系统、产业、文化背景，并且具有高潜质的年轻变革者聚集起来，使他们沉浸于系统边缘丰富原始的体验当中，带领他们进行透彻的思考和内省，然后再让他们自己体悟共同看到和感受到的一切，结果十分理想。这样的过程中势必会涌现出精彩的新想法，再加上支持型的基础组织结构，而这些领导者们又有机会塑造出原型，产生的影响力将是不可限量的。

3. 我们了解到个人技能和工具的重要性被高估了。方法和工具确实是促使 ELIAS 历程和项目取得成功的重要组成部分，然而有一点很明显，即那些我们经历的深刻内省过程才是起到决定性作用的。原本互无往来的个体构成了变革者的共创网络。这趟历程似乎接通了启发性联结的场域，帮助人们将行为的源头转至一个更加放松、从容、聚焦的场所。点燃启发性“火焰”是当今教育和领导力的中心本质，其他的一切都在其次。在 ELIAS 的情况里，这捧“火焰”在项目结束后很久还在熊熊燃烧着，火光一直在向外界蔓延，点亮了很多地方。总的来说，我们好像联结到了一个集体创造力的源头，似乎是冥冥中早有注定，直至今日也无法完全解释清楚。

4. 我们学到了创新、领导力和学习的跨界平台需要高质量的支持空间，包括流程、人员、场地和目的 4 个要素。然而最重要的一点永远都不变：需要几个全心投入、志在必得的核心人员。有时可能只是一两个人，如果有了四五个人，那就足以撼动“群山”。

5. 我们知道了要关注裂缝——开启每个人都可以支持的未来可能性。所有跨界平台都面临着相同的问题：你需要的人们都深陷于他们现有的体制中，这也是为什么在大部分多重利益相关者平台中都是说得多，做得少。因此，一个跨产业、跨机构的平台若想取得成功，关键就在于找到合适的话题，切中所有参与者及其所在机构的要害。

培育共创型经济

ELIAS、CDKN 行动研究所大会，以及女童子军——ACPC 的领导力圆圈，还有几个值得我们学习的地方。

1. 重新划分合作与竞争的界限。资本主义 2.0 是建立在竞争逻辑上的，而在 3.0 经济中又多了政府行为（比如福利国家）。如今我们所面临的挑战同时包括了市场和政府的失败，这样的问题要求我们必须重新划分竞争与合作的界限，在所有行业开发前市场的合作空间。

2. 重划界限最有效的方式是在商界和社会现有的生态系统内打造共创的场所或平台。生态系统即社会系统加上支持它的社会、生态和文化背景。比如，教育系统、医疗保健系统、粮食系统、能源系统和其他业务系统。生态系统内的利益相关者分享的宝贵资源（公共资产），所有参与者都有物质利益在其中，因此，要共同保护和维持，而不是过度使用。

3. 生态系统创新的平台和场所需要全新的社会技术，帮助利益相关者将协作方式从自我系统提升至生态系统逻辑和意识。其中一种技术就是U型理论。从U型理论的角度来看，最关键的是创建以下5种类型的创新基础组织结构：

（1）共同启动的基础组织结构。打造成功的多重利益相关者项目需要相同的基础：一个或数个无条件投入的当地领导者，在其社区内有一定的信誉度。如果生态系统是高度多样化的，那么共同启动项目的核心小组就一定要把整个系统的多样性全部囊括进去。

（2）共同感知的基础组织结构。将思维模式从自我系统转变为生态系统，最便捷也最有效的方法就是带领人们踏上感知系统边缘的旅程。在那里，他们能够通过别人的眼光，尤其是最边缘人群的眼光看待问题。其他一些活动，比如，影子练习和利益相关者访谈，也有助于参与者学会从多重利益相关者的视角以及整体视角来观察系统。高效地共同感知基础组织结构是我们目前最缺乏的。

（3）共同激发的基础组织结构。另一个在当今各自为政的领导力领域日益强劲的平衡点是利用正念和自然流现的实践，来帮助决策者在个体和集体层面上联结到意识的深层次源头。

（4）塑造原型（通过实干探索未来）的基础组织结构。塑造原型是个过程。你不再为不知道的事物烦恼，而是开始根据已知的事实行动。成功塑造原型的过程需要全心投入核心小组，并且有着相同的意愿；需要利益相关者和用户提供支持；一个具体的“0.8 原型”（虽然尚不完整，但是可以从整个系统的合作方处获得反馈）；核心小组能够整合来自利益相关者的反馈，并且维持持续前进的坚定决心；而且可以观察所有原型，总结学习心得，去除无效因素，强化有效因素的回顾环节。

（5）共同进化的基础组织结构。微观或前沿原型提案就像种子，领导者可以在系统中的特定区域播种并培育。在较大的系统中种植、维护、传播和进化这些提案，需要跨功能、跨层级、跨机构的领导力学习和亲身实践的创新。为了能够提供这些支持，最高层的团队要有协助型基础组织结构，从而将他们自己的领导力历程从自我系统意识推进到生态系统意识。

LEADING
From the Emerging Future

结语与练习

利用 U 型过程展开工作使我们了解到突破下载的模式，让个体联结至大我，对于共创的开放过程是至关重要的。带领多样化的利益相关者团队走过 U 型历程，可以使谈话的光束按照以下阶段转向。

- 第一层级：遵从、投射或确认你对他人的已有评判；
- 第二层级：冲突，利益相关者在对待问题时，从不同角度得出的不同意见浮出水面；

- 第三层级：联结，支持不同的观点同在，进而将关注力的光束转回至观察者自身——帮助系统看到自己（对话）；
- 第四层级：生成共创流，将关注力的光束转回至创造力和自我的源头——帮助系统联结到正在生成的未来大我。

▲ 思考题

前面几章的结尾处，我们都提供了一些思考题作为工具，来探索书中内容与你个人工作和生活的关联。而在本章结尾处，我们提供的是一个不同的工具：利益相关者访谈。访谈的目的在于培养能力，从最重要的利益相关者的视角来看待自己的工作。这也是我们在本章中一再强调的感知工具的例子。

以下是一个简短的总结：找出在你生活和工作中 3~5 个非常重要的利益相关者，邀请他们参加一场谈话，并向他们提出以下 7 个问题（可以根据自己的具体情况进行修改）。

1. 你在工作中想做出什么成就？我对此能有何贡献？
2. 你是否能举出一个例子，说明我的贡献对你有所帮助？
3. 你用什么样的标准来衡量我的贡献是否有用呢？
4. 在接下来的 3~4 个月里，我的影响面或责任范围内有哪两点如果发生变化，能够为你创造出最大价值？
5. 过去有哪些问题阻碍了我们有效地合作？
6. 如果我们继续合作，你能看到哪些最高的未来可能性？
7. 如果我们将携手踏上寻求未来可能性的道路，接下来实际操作的第一步会是什么？

▲ 圆圈对话

1. 邀请每一位成员分享从利益相关者访谈中得出的见解。
2. 内省一下正在生成的主题。

3. 邀请那些有过社会场域转变体验的成员来分享一下当时的体验，类似在柏林或者贝丝在本章中分享的故事。如果你看到过社会场域从一个状态转为另一个，分享一下你当时注意到场域中的人们互动的方式发生了何种变化？你自己又发生了何种变化？

LEADING

From the Emerging Future

07

引领机构变革

向生态系统经济前进

第三场社会革命的内容是机构：有助于我们扭转机构关注力的焦点，使其一路返回至源头——让机构系统能够看到并更新自身。

转变领导力源

当你身处的系统中所有关键组成部分都在各自为政地运作时，你该怎么做呢？答案是：将它们联结起来。要将领导力源从中心转移至边缘，亦即从一个点分散至多个点，然后再以更分布、更直接、更多对话的方式将它们联结起来，引导它们发挥更大的效用。

当今的很多机构中都能看到这种将领导力源从中心的一个点分散至边缘的多个点的过程。这个过程的原动力来自全球化以及万维网的兴起，来自实现了分布型和分权型组织方式的全新信息和沟通技术。我们已经目睹了此过程的第一波浪潮，当时全球的公司和组织都开始按照职能、部门和地域下放决策权。

如今，第二波浪潮正在进一步转变领导力源。决策权被推至更远，甚至突破了组织自身的边界。这个过程有诸多不同的表现形式：扩展型企业、创新生态系统、众筹、群体智能（swarm intelligence）。当前发生在组织中的情况，正如之前发生在全球化世界中单一民族国家的情况：问题太大时，能力不足以解决；问题太小时，又缺乏兴趣和动力。

领导力源转变的结果带来了旧有模式的逆转。金字塔从上到下整个颠倒过来，使打造利益相关者之间的共创关系成为全新生态系统组织模式的中心。

机构逆转

在讨论不同的机构逆转例子之前，先来简要回顾一下机构权力和组织的 4 种主要基本原理。

我们将遵循逆转[①]的理念来探寻 1.0 至 4.0 的历程。奥托在德国研究先锋艺术家约瑟夫·博依斯（Joseph Beuys）的作品时，偶遇了逆转的理念。有个最简单明了的例子：一手拿住一只袜子，另一只手伸到袜子最里面，捏住脚趾部分向外拉，直至整只袜子都从里到外翻转过来，此时逆转就实现了。

同样的原理也适用于转变机构的场域结构，只不过此处所指的是逆转权力的架构。图 7-1 至图 7-4 是对这一过程的图解：权力的源头从金字塔的顶尖处

① 译自德语词汇 Umstülpung，意思是翻转。——译者注

（1.0），转移至较为接近底部的位置（2.0），再转移至组织外围（3.0），最终移至系统的周围领域（4.0）。这场结构蜕变历程的最终结果就是实现了完全的逆转。

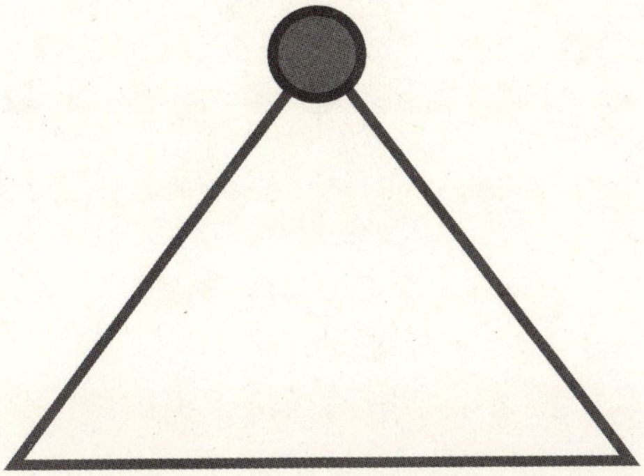

权力集中在顶部。此处实线代表传统的纵向式领导力结构

图 7-1　1.0 结构：金字塔

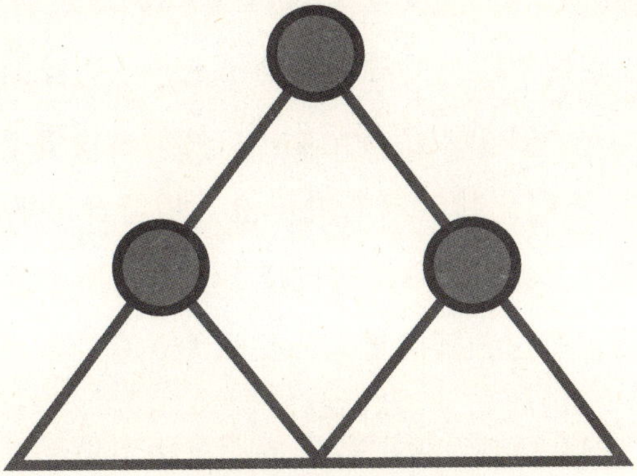

权力的源头更加接近底部

图 7-2　2.0 结构：放权

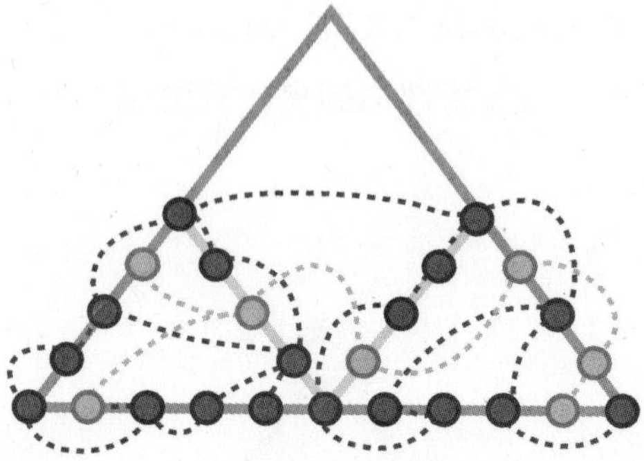

权力的源头转变为基于关系。图中的虚线是指网络化和关系化的领导力，而不再是等级式结构

图 7–3　3.0 结构：网络

在 1.0 结构中，权力位于金字塔的顶部，组织结构是由上而下的集权式。协作是通过等级、中央监管、计划来展开的。只要处于顶部的核心团队表现出色，并且组织规模相对较小，那么 1.0 结构就能够运作良好。然而，一旦组织或公司的规模开始扩大，就必须进行放权，使决策过程更加贴近市场和民众。由此而生的 2.0 结构就同时包含了等级和竞争。

在 2.0 结构中，放权使权力的源头更加接近位于边缘的实际运作。协作通过市场和竞争展开，焦点从输入转移至输出，然后就得到了一个按照职能或部门进行区分的结构，因此，其做出的决定也更加符合市场和消费者（或社区和民众）的需求（见图 7–2）。2.0 结构的优势在于，所有部门或单元都具有创业的独立性，劣势则在于这些部门之间的空间无人掌控。

接下来就出现了 3.0 结构，此时权力的源头距离顶部更加遥远，开始产生于传统的组织界限之外，因此，诞生了扁平化的结构和网络状的组织形式。协作通过利益相关者和有组织的特权集团之间的协商和对话来展开，权力开始在跨界参与者的关系中生成（见图 7–3）。

3.0 结构的优势在于网络状的联结，而劣势则在于不断增加的既得利益。特权集团利用自己的关系网来谋取自身利益，却置整体利益于不顾。比如，华尔街（让纳税人为其自身的风险行为埋单）、孟都山公司（剥夺了印度农民使用当地种子的权利）、能源巨头（资助有关气候变化的伪科研，以此来迷惑大众）、医疗行业（使医疗保健费用居高不下）、工会（对失业的非会员利益视而不见）、环保组织（很少关注社区民众的利益）。

在 4.0 结构中，权力的源头移至整个生态系统中个体和机构共创关系所存在的周围领域。协作通过对正在生成的整体的共有关注而展开。4.0 权力是生成于某个特定生态系统的整体同在（我们中的我），而不仅仅是其中成员的自我存在（我中我）。图 7-4 显示了等级从 1.0 到 3.0 的扁平化趋势在基线之下还一直在持续，逆转的金字塔呈现 U 型，代表了通过打开的思维、心灵和意志得到蜕变的关系空间。

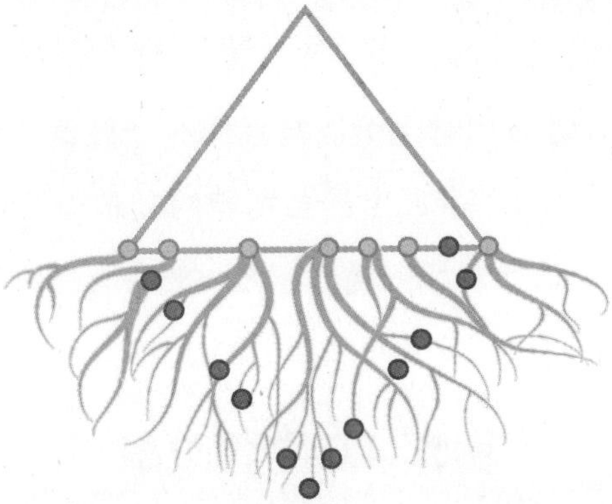

关系从自我型（我中我）蜕变为生态型（我们中的我）

图 7-4　4.0 结构：逆转的金字塔

从 1.0 到 4.0 的逆转历程包括两个方面。其一，这是一个权力的源头从金字塔顶部（1.0）转移至底部 / 外围（2.0），再移出组织边界之外（3.0），最终移至周围环绕的生态系统（4.0）的过程。这也是一个意义深远的打开过程，从最初封闭的金字塔（1.0）直到最后完全的颠倒和翻转（4.0）。

其二，这种逆转还意味着心智与物质的重新整合。在1.0状态中，心智与物质的分离是系统最突出的特点：领导力发源于顶部，而金字塔的顶部与底部之间的距离最大，心智（统治、领导）与物质（一线工作）之间亦是如此。余下的历程就是在减少和转化系统（金字塔）顶部和底部的距离。在2.0结构中，纵向的分离通过放权和部门划分得到了一定程度的弱化。在3.0结构中，纵向的分离通过横向的网络化组织得到了进一步的缩减。网络化组织在削减纵向距离方面非常有效，然而却不利于转变惯性的思维模式。4.0的最终转变意味着从原先金字塔的底部转移至底部之下的“反转空间”，亦即允许系统看到自身，并引导其从自我系统意识前进到生态系统意识的空间。任何想要觉察自身的系统或社区都必须首先在原来的底部之下打造出“反转空间”，这就是在培育社会场域的“土壤”，培育正在生成的全新4.0组织类型的根植系统。

因此，机构逆转可以被描述为一个深刻的打开过程，将权力的源头从顶部/中心转移至周围领域；同时也可以被视作一个故事，讲述了如何把金字塔结构逆转为U型支持空间，培育出社会场域的扎根过程——关注、谈话、组织和整合，从而克服了领导力与一线工作之间的心智与物质的分离。

引领4.0跨界改革

虽然个人和关系转变的重要性不容小觑，但是我们也都很清楚：除非让构成社会系统的关键机构成功产生蜕变，否则本书前文所讨论的所有变革倡议都无法对当今面临的全球挑战起到丝毫作用。

我们的做法是帮助这些机构提升至4.0层面，因此，就需要一个机构逆转的过程，来代替和完善旧有的“集权加竞争”机制。打造这种对话式和共创式的关系会让每个生态系统中的利益相关者都能够从整体范围内进行创新。

本章为这个时代所急需的机构蜕变提供了发展路径图。我们可以积极着手实现这一切，也可以放手不理，让子孙后代在经历了一连串痛苦的外部颠覆和震惊后再去实现。这场蜕变已经酝酿了多年，这个历程已经延续了数个世纪，并且在不同的地点、产业和文化中表现为不同的形式，下一个阶段就是前往4.0。而4.0革命在中国、南美和非洲也会以不同于西方的面貌展现出来。在健康、教育、能源、农业等不同系统中也会显得各不相同。然而，究其本质我们可以知道，所有的产业和系统从根本上应对的都是相同的挑战：培养从整体层面展开行动的能力。

表7-1提供了本章的总览图：展示了系统中所有产业是如何并行于从1.0到正在生成的4.0的可能性道路上。本章余下的内容将会聚焦于如何促使每个系统从自我系统意识提升到生态系统意识，即从以特权集团为中心到以公众意图为中心。在前往4.0的道路上，时至今日一直封闭着这些系统的壁垒必将慢慢瓦解。

‖4.0政府和民主制：直接、分布、数据和对话‖

前往4.0政府的历程是一场机构蜕变，从1.0：以统治者为中心的集权系统（国家即是我）；到2.0：抽象的、细分的机械式官僚机构（正如马克斯·韦伯所说）；到3.0：关注民众的网络化政府；到4.0：分布、直接、对话式系统，运作方式为联结民众，赋予其力量，共同塑造整体。

表 7-1　　当前机构蜕变中的不同产业

阶段 Stage	政府 Govern-ment	健康 Health	学校 Schools	公司 Companies	非政府组织 NGOs	银行 Banks
1.0 传统意识：等级	独裁国家	以权威和输入为中心：体制驱动	以权威和输入为中心：教师驱动	集权式等级：所有者驱动	聚焦于项目：反应驱动	传统银行业：所有者驱动
1.0 Traditional Awareness: Hierarchy	Dominat-ing state	Authority and input-centered: institution-driven	Authority and input-centered: teacher-driven	Centralized: hierarchy: owner-driven	Program-focused: reactive-driven	Traditional banking: owner-driven
2.0 自我系统意识：市场和竞争	休眠国家	以成果为中心：管理式医疗驱动	以成果为中心：应试驱动	放权部门：利益相关者和目标驱动	聚集于政策：游说和竞选驱动	赌场银行：投机驱动
2.0 Ego-System Awareness: Markets and Competition	Dormant state	Outcome-centered: managed care-driven	Outcome-centered: testing-driven	Decentralized: divisions: shareholder-and target-driven	Policy-focused: advocacy- and campaign-driven	Casino banking: speculation-driven
3.0 利益相关者意识：网络和协商	福利国家	以病人为中心：需求驱动；致病机理	以学生为中心：学习驱动	矩阵或网络：利益相关者驱动	聚焦于战略性提案：利益相关者驱动	社会责任银行：利益相关者驱动
3.0 Stakeholder Awareness: Networks and Negotiation	Welfare state	Patient-centered: need-driven pathogenesis	Student-centered: learning-driven	Matrix or network: stakeholder-driven	Strategic initiative-focused: stakeholder-driven	Socially responsible banking: stakeholder-driven
4.0 生态系统意识：基于觉察的集体行动（ABC）	4D：直接、分布、民主、对话	以民众为中心：身心健康驱动；健康本源学	以创业精神为中心：共同感知和共同创造驱动	共创式生态系统：意愿驱动	聚焦于生态系统：意愿驱动	蜕变性生态系统银行：意愿驱动
4.0 Eco-System Awareness: Awareness-Based Collective Action (ABC)	D-4: direct, distributed, demo-cra-tic, dialogic	Citizen-centered: well-being-driven salutogenesis	Entrepreneur-ial-centered: co-sensing-and co-creat-ing-driven	Co-creative eco-system: intention-driven	Eco-system-focused: intention-driven	Transfor-mative eco-system banking: inten-tion-driven

这一历程高度交织在前往4.0民主制的历程中，从1.0：一党民主制（集权）；到2.0：多党间接（议会制）民主制；到3.0：参与式间接（议会制）民主制；到4.0：参与式的直接、分布、数据化、对话式（4D）民主制。

蜕变至4.0民主制需要将权力的源头从中心的惯性行为转移到周边社区的真正需求和热情上来，将从上至下的领导力转变为共同感知和共同塑造新事物的共有过程。

下面两个例子可以将正在生成的未来向我们传达一二。

印度尼西亚，东爪哇省，新埠头县：使民主制场域进化至4.0

奥托在麻省理工学院主持的印度尼西亚IDEAS项目是一场为期9个月的创新旅程，基于系统思考和自然流现的理念，带领来自政界、商界和非政府组织的多样化、高潜质领导者团体深度潜入社会和自我的边缘。在项目的后半部分，参与者们开发出原型提案，通过亲身实干探索未来。其中一个原型最近发展成为针对政府腐败的项目。

该原型的主持者是新埠头县的县长索要图（Suyoto），其目的在于削减该地区的腐败情况，并提高公职人员的服务质量。2005年，印度尼西亚踏上了从1.0政府到2.0政府的历程，由原来的集权式政府决策进化为放权型模式，将权力下放给国内400个地方市区及当地直接选举出来的地区领导者。

新埠头县是东爪哇省的行政区之一，很久以来就因腐败严重和公职人员服务质量低下而声名狼藉。然而在2011—2012年，综合多种质检评估的结果，新埠头县跃身成为印度尼西亚十佳行政区之一，并且因其廉洁和高效的公职人员服务获得了诸多知名奖项。为什么会这样呢？

索要图县长是麻省理工学院印度尼西亚 IDEAS 项目的 2000 年毕业生，他在没有任何大型特权集团赞助的情况下成功当政。起初没人相信他会获选，因为他没有资金开展竞选宣传。然而索要图县长有一样制胜法宝：深入乡村，聆听民众的心声。正是因此，他出人意料地当选，取代了当时的县长。2012 年，他更是以压倒性的支持率成功连任，虽然其他候选人背后都有强大的工业财团支持（当地是印度尼西亚最大的石油驻藏地之一），并且都举办了一系列花费巨大的宣传活动与他竞争。我们不禁再次问道：为什么会这样呢？一个人单枪匹马，没有任何财团支持，竟然能够胜过强大的石油业既得利益集团？

索要图县长上任的第一天就召集辖区内的全体政府官员，举办了一场动员大会。很多高级官员都以为自己要被解雇了，因为他们在竞选期间都激烈地反对过索要图。然而索要图县长在讲话中明确表示了两点：第一，谁都不会被解雇。他不想总是纠结于过去，而是想要向前看，打造一个不同于以往的未来。第二，他希望今后所有人都能做到“三不要”：（1）不要接受任何贿赂；（2）不要抱怨自己的工作；（3）不要说“这不归我管”或者“这不是我的责任”。

当索要图县长说完之后，人们感到十分惊讶。他们出于礼貌都听进去了，但是几乎没人相信这是他的真心话。一些开会的人透露，可能有 80% 的人都表示怀疑。毕竟大部分公务员和政客都是靠借钱才“买到”他们现在的职位，如果不受贿根本就无力偿还债务。

那么索要图县长置身于这么多反对他的经济势力之中，又是如何转化身边同事的思维模式，消除他们的疑虑的呢？新官上任三把火。

第一，他坚持实行“三不要”，并且以身作则，身先士卒。比如，在他的宅邸之中，他和家人都选择住在较小的房间里，而把大房间让给到访的官员（有时也让给他的司机）。索要图通过这种不同寻常的举动来表明宅邸并非他的私人财产，他只是一个过客，他的前任者和继任者也都应该如此。

第二，他带领核心团队进行了一系列紧凑的野外领导力静修。这些静修引导大家放下旧有的思维模式，转而寻求全新的志向、意图和身份。

第三，他着手在民众和政府官员之间形成完整的反馈回路。方法是启动 4 个简单的机制：

- **手机短信：**索要图将自己的电话号码公布给民众，告诉他们随时可以给他发短信。从那以后，他每天收到的短信都多达好几百条。其中很多他都亲自回复，还有很多会转发给相关的部门负责人。他手下的所有人都必须在一到两天内对短信作出回复。
- **开门政策：**任何人都可以随时到他的办公室去。
- **市民大会：**每个周五下午，索要图都会在市政大厅举行社区对话大会，欢迎所有民众参加，所有高层公职人员也都必须出席。我（奥托）曾经参加过一次。首先是一个农民提出了问题：他买不到化肥。随后麦克风递到了农业部负责人的手上，要他解释这是怎么回事以及该如何解决。那位负责人有些推脱的意思，但他也知道下周自己还会到这里来面对这些人和县长，因此，他还是会尽全力在一周之内把问题解决。接下来是一位 20 多岁的女性，头上戴着穆斯林的头巾。她说自己是一位教育工作者，需要书籍在乡村里进行教学。设想的课程里面包括对女孩子的性教育，然而却买不到相关的教科书。她在表达愿望的过程中没有表现出丝毫害怕或者犹豫（我差点都忘了自己是在全球最大的伊斯兰国家里参加这次市民大会）。然后索要图县长指点她该怎么做，他说当天早些时候，一家美国大型石油公司的代表来到他的办公室，希望能为这个社区做点贡献。这位女教师可以先向县长提交一份课程大纲，并把自己的需求直接告诉该石油公司，她肯定会得到自己需要的资源。如果事情进行得不顺利，不管是石油公司的问题，还是他手下员工的问题，都请她及时向他反映。社区里的所有人都认真聆听着索要图县长和这位年轻乡村女教师之间的交流——这种共有的聆听使她的倡议转化成为正规的社区项目。

- **深入村镇**：每一天，县长都带着主要官员深入村镇，在当地进行类似市民大会的对话。

这 4 种机制加起来得到的结果是什么呢？聆听！政府官员对民众日常生活的聆听；不同的民众群体对彼此感受的聆听；整个社区对自身的聆听（对话）。

当我看到这些不同类型的聆听逐渐形成了完整的反馈回路时，不禁想道："天哪！这正是当今西方和世界其他地方的民主制机构所缺失的东西。"在西方，选举出来的官员只听从于赞助他们竞选宣传活动的说客和特权集团。美国的国会议员有一半的工作时间都是用来为其下一次竞选筹措资金。系统运作的方式使立法者听不到民众的真实需求。而新埠头县的运作方式打破了这种恶性循环（实行"三不要"），并且建立起 4 种直接的反馈机制。2011 年通过并颁布的 23/2011 号法案，明文证实了这 4 种直接反馈机制已经落地生根，并且不只是应用于新埠头县，还在印度尼西亚全国范围内都产生了较大的影响。这再一次表明了领导者可以切实聆听选民的心声，同时还说明只要领导者处于独立、明智、坚定的状态中，政党其实也是非常易于管理的。

总而言之，我们在新埠头县所看到的是一场政府与民主场域的深远转变，从最初的 1.0 前进到可能是 3.0，甚至还带有一丝 4.0 的迹象。这种转变使政府变得更加直接、普及、数字化，因此，也深化了民主形式。那天的市民大会结束之前，我受邀对参与的民众讲几句话，那时我感受到了整个社区的同在感，即团结又扎实。有一两个瞬间，我还感受到了整个社区的力量——这种力量在当今世界很多地区都未得到充分利用，很令人痛心。

1975 年，一位美国陆军上校在一场辩论中对越南人民军的军官说："要知道，你们在战场上从未真正地打赢过我们。"越南人民军的军官对这句话考虑了片刻，然后说道："可能确实如此，但输赢根本不相干（but it is also irrelevant)。”如今看来，西方的民主制如果还不大力加强与民众的联结，可能很快就会面临同样的境地。

为了能够抓住当前挑战的重点，我们必须将民主制机构和政府提升至4.0状态。新埠头县的实例为我们种下了一颗灵感的“种子”，再来看看另一个来自巴西的4.0政府的例子。

巴西：民族遗产秘书处的蜕变

亚历山德拉·瑞斯克（Alexandra Reschke）在巴西总统卢拉执政期间出任民族遗产秘书处的秘书长。上任之初她就看出，由于上届政府的失职，整个组织已经变得迂腐不堪；同时她还注意到，工作人员内部的沟通方式对他们彼此之间的关系伤害很大。于是她将这种情况视为契机，希望借此从组织内部引发变革。瑞斯克的策略取得了巨大的成功，直至8年之后，她所带来的变化依然无处不在。她都做了些什么，又是怎么做到的呢？

作为一名身居高位的女性，瑞斯克着意选择了她所称的“柔性领导力风格”（feminine leadership style），建议决策应该在座谈圆圈中诞生，从而开创了秘书处的崭新时代。

瑞斯克的理念在于远离不直言自己感受和想法的人，创建新的谈话方式，使谈话本身成为协作和生成式行为的场域。她实施了一个程序，改变现有的沟通习惯，在座谈开始之前添加了静默和内省的环节。随后她还着手筹备秘书处的第一届全国战略大会，并于2004年初召开。民族遗产秘书处已经成立150年了，这次大会在其历史上首次汇集了巴西所有的领导者和数个合作方。

在接下来的几年里，秘书处成功地改变了组织结构，从原本专制的金字塔模式转变为座谈模式。并且到了2007年，已经从一个“迂腐”的机构转变为卓越的公共机构。此外，秘书处还将不同的社会产业召集在一起，以创新、合法的方式确保了亚马孙河流区域数千社区的土地正规化。

瑞斯克将她的经验总结为三点：（1）敢于不同；（2）信任他人；（3）合作为重。“首先是将人聚集在一起，然后整个机构也变得团结起来。”对她来说，最大的收获在于秘书处的人员有意愿将真诚谈话和同理聆听作为共创集体未来的全新方式。

另外一个引人注意的例子是巴西阿雷格里港（Porto Alegre）于 1989 年率先发起的参与式预算模型（participatory budgeting model），允许民众参与公共支出项目的讨论、认定和实施程序。这给很多地区带来了启迪，并且巴西 140 多个市政当局都采取了类似的做法。据世界银行的一项研究表明，此类预算模型能够使社会服务更好地对接社区需求。然而批评的声音也同时存在，称其没有使边缘人群（贫困人口与年轻人）充分参与进来，并且还很容易受到现有既得利益群体的操纵。

世界上有两大区域具备最高效的政府和公职服务，分别是受儒家文化影响的东南亚（新加坡、韩国、日本、中国、越南）以及北欧。北欧国家（丹麦、瑞典、芬兰，也可以算上挪威）和新加坡在政府效率、教育、医疗、竞争力和幸福指数方面都名列前茅。20 世纪 90 年代，北欧国家遭受了巨大的冲击，苏联的解体使其东方的市场整个消失，而其 3.0 福利国家的模式又面临着严重的金融危机。尽管如此，这些国家与其公职部门却能够带着更精益、更出色、更透明化的政府模式东山再起，致力于放权给民众，鼓励民众创业与发明（更多细节，请见本章后面丹麦医疗系统的实例）。

‖医疗 4.0‖

医疗卫生系统的机构变革大体上与其他领域从 1.0 到 4.0 的历程一致，都是从 1.0：以输入与当权者为中心的机构式医疗；到 2.0：以结果为中心的管理式医疗；到 3.0：以病人为中心的综合式医疗；到 4.0：以民众为中心的全身心整体医疗护理。

以下是两个例子，可以依照上面的框架阐明医疗卫生系统的蜕变。

纳米比亚

我们在纳米比亚医疗卫生系统的工作最初始于希奈戈研究所（Synergos Institute）、麦肯锡咨询公司和自然流现学院的合作项目。2010 年秋天，该项目还处于早期阶段时，奥托就与纳米比亚内阁展开了一次为期三天的工作坊。第一天，总理说明了他们所面临的核心问题："我们需要将政治进程和社区的真正需求重新联结起来。目前我们的政治进程与村镇民众的真正需求几乎完全对接不上。"

一位部长补充说："现在的情况是这样，你一定要了解我们已经完成了所有的规划程序。我们有 2030 愿景，有 5 年规划，有战略性规划，还有年度预算规划。完成所有规划真是花费了大量时间，而问题在于这些规划彼此冲突，并且与外部实质情况没有产生联系。"所有在场的政府官员都认同这是他们必须解决的一个主要问题：乡镇民众的真正需求与政府工作服务之间的脱节。

第二个脱节来自金字塔的顶部。有位部长向我解释："我们无法与高层公务员沟通，他们不怎么拿我们当回事。那些公务员都觉得自己是通过专业资质获得了工作岗位，而我们这些部长都是政府任命。他们认为我们都是通过政治人脉上任的，并不是因为我们有能力胜任工作。"房间里的其他部长也都点头表示认同。

然后另一位部长说明了第三个脱节是非常普遍的壁垒现象，使很多地方政府部门的工作都四分五裂。“壁垒问题的根源就在这里，就在我们身上，”她望着周围的同事这样说道，“因为我们没有对彼此坦诚相待。问题从我们自身开始，然后同样的行为传染了所有部门。”很显然，壁垒问题妨碍了部门内部以及各部门之间的沟通。

我们在与医疗卫生与社会服务部的合作过程中也证实了这些脱节现象确实存在。于是就先着手进行了一次对形势的综合评估，找出了问题所在：懦弱的领导力、工作流程彼此割裂、不起作用的结构、没有战略规划、没有专业的数据采集、没有明确的目标。此外我们还发现内阁的发展方向脱离了联合国千年发展目标（MDGs）。

在为期三年的协作之后，虽然还有很多问题尚待解决，但是我们也取得了不错的进展。并且在整个过程中，很多重要的事情发生了变化。纳米比亚的领导者们意识到，正是自己造成了这些问题，因此，也开始自发地承担责任，努力开发创新型的解决方案。

以下是我们从其转变系统的历程中获得的几点经验。

共同启动。第一阶段要做的是在纳米比亚医疗卫生部的关键参与者中创建共同基础和共有意愿。国际合作方想要的是为创新和领导力打造跨界平台；而部长们想要的是让公务员们凝聚成一个团队。于是我们（国际和纳米比亚引导团队）放弃了原先的计划，转而从关注合作方所表明的实地需求入手。因为我们都明白，如果你想改变他人，首先就要改变自己。

共同感知。成功的感知历程能够打破过时的和人为的界限。在纳米比亚，我们要打开医疗界领导者们的视野，使其透过患者、护士以及边缘民众的眼光来看待系统。这种感知历程会持续数日，规模并不大，每次 5~7 人（这样所有人都能同舟共济)。

共同激发。任何蜕变历程中最重要的变化都发生在心中。这种心的变化要有深层次内省和冥想修炼，再加上支持型的基础组织结构，包括工作坊、教练和同侪教练（peer coaching）。这些活动既解决了个体需求，也符合团队或组织文化：重新联结到深层使命，营造团队精神，认清重点，激发个人责任感。

共同创造。所有深远的文化变革和机构创新都要求通过实干来学习。而正是在纳米比亚医疗项目的塑造原型阶段中生成了地区小组（Regional Delivery Units，RDUs）的理念。一个由领导者组成的小规模跨界团队（包括护士、医生和地区负责人）每周会面一次，通过亲身实干来学习，目标是改善孕妇和产妇的健康状况。每次研讨开始都要先回顾上个星期的数据和情况，这些会议使不同层级的专业人士能够在支持型、无评判的环境里进行沟通、彼此发问、交换意见。我（奥托）曾经参加过一次会议，当时的议题是护士们所面临的境况。讨论进行到一半的时候，一位初级护士，也是一位年轻的女性，对在场的最高层领导者（整个地区的负责人）说："从您表现出的姿态来看，似乎对大家的讨论不怎么赞同。"然后那位负责人就开始解释他对这次讨论的看法。在我看来，这位初级护士敢于向团队中最高级别的领导人发问的那一刻起，某种新事物就开始起作用了——团队里的成员创建了一种建设性的沟通与学习文化。

时至今日（2013年），这种小组会议的形式已经在整个纳米比亚的13个地区全面展开，全部工作都是由纳米比亚人参与和完成，没有任何国际合作方的加入。会议小组能够帮助地区领导者聚焦于为了获得更好的结果而应承担的责任，而后团队成员还会推动政策实施、协调服务措施、监管目标实现的进程、解决各种问题来确保医疗项目的有效性。这些团队持续高效的原因就是他们不断地通过实干来学习。

共同进化。哈达普区（Hardap Region）的医疗主任伯莎·凯基维纳（Bertha Katjivena）说："我从前一直认为是温得和克（纳米比亚首都）的常务部长要为医疗系统负起首要责任，然而现在却明白了在我管辖的地区，我就相当于常务部长，要负责任的人是我。"她是定期参加领导力发展论坛（Leadership Development Forums，LDFs）的 25 位在任的新兴领导者之一。常务副部长诺伯特·福斯特（Norbert Forster）微笑着回顾了这个团队的发展历程："起初各部门工作的方式都显得十分僵化，各自为政，并且国家层面与 13 个地区之间也有脱节。我们所使用的流程聚焦于通过工作坊和静修打破障碍。人们开始互相了解，在共有的意义构建和愿景之下，我们打造了一支前所未有的融洽团队。到了这个流程结束的时候，相信组织文化一定会产生巨变，过去是壁垒式隔离运作，现在是团队式整体运作。"

总体来看，纳米比亚的项目帮助整个系统从 1.0（每个部分都各自为政）进化至 2.0（对患者更加关怀），再到 3.0（在地区会议小组中打破壁垒进行协作）。

而 4.0 系统的目标则是要强化整个社区中全体民众的健康源头，任重而道远。下面我们再来看一个例子：丹麦。

丹麦地区医疗系统的蜕变

2010 年秋天，丹麦一家大型高校附属医院的领导者团队来到波士顿，进行一次领导力工作坊。在我们的同事、丹麦人凯伦·英格斯莱夫（Karen Ingerslev）的支持下，该团队来波士顿之前进行了利益相关者访谈，帮助决策者通过他人的眼光看到自身的角色。这些领导者们得出的主要见解之一是，他们作为医院领导者的作用并不仅限于自己的医院，而是关系到整个地区的医疗质量。

第二年，该团队又与丹麦中部的全体医疗界领导者举行了一次后续工作坊，参与者包括地区内所有小型医院的管理层。整个过程都十分精彩，我得以近距离观察到了从自我系统意识到生态系统意识的迅速转变。

这些领导者当时所面临的形势非常严峻。由于预算不足，以及利益相关者不断施加的绩效压力，很多医院都必须合并或者关闭来减少营业面积。团队的负责人奥勒·汤姆森（Ole Thomsen）说："问题在于我们已经没有更多的钱再投入系统中去了，所以目前的挑战是如何在资源欠缺的情况下提升质量。"

每个人都感受到了巨大的压力，因为要为自己所在的组织"战斗"，争取保住现有的职位、功能和资金流。在一个竞争意识和幸存模式都超负荷运转的环境里，要怎样才能打造出信任呢？

我们首先做的是感知。连续几个星期，团队成员都在做利益相关者访谈和感知的流程。工作坊把他们从咖啡厅谈话、建模和利益相关者地形图（stakeholder mapping）等感知活动中得出的见解整合起来，然后再请他们在社会大剧院（Social Presencing Theater）中来表演他们如何看待当前的系统，如何看待想要生成的未来。社会大剧院是在自然流现学院的海雅希（Arawana Hayashi）的带领下开发的方法，结合了觉察力、话剧、舞蹈、对话、社会科学和系统排列等元素。

在团队描绘现状（我们称之为雕塑 1）的时候，他们迅速排列出一个集体雕塑，看起来极度以机构为中心，每家医院掌握大权的管理层都处在顶部。然后，我们又请他们演绎出雕塑 2，代表他们感受到的、想要生成的系统未来，团队成员将患者和医疗服务人员的关系移到了医疗卫生系统的中心。有趣的是，我们注意到雕塑 2 中展现了两个互相关联的区域。第一个区域表示的是医疗卫生，将患者放在中心位置；第二个毗邻的区域表示的是健康的源头，将民众（不是患者）放在中心位置，周围是民众与家庭、民间团体以及社区的关系。

在雕塑 1 转变为雕塑 2 的过程中，医院的管理者看到了自身的角色在发生变化。在雕塑 1 中，医院的管理者放在部门负责人与护士和医生之间，阻碍了医疗人员与民众（不是患者）的直接沟通。在雕塑 2 中，医院管理团队的部分成员离开了自己的位置，转而更加贴近民众、社区和民间团体；其他成员朝另一个方向移动，共同给医疗服务人员和患者及民众之间的全新关系创建了一个支持空间。

按照表 7-1 的表述，雕塑 1 展现的是管理式医疗（2.0 医疗），病人的体验被很多互相竞争的医院所割裂。雕塑 2 则包含了 3.0 医疗的成分（将不同的医疗机构整合起来，优化无缝就诊流程）以及 4.0 医疗的成分（贴近民众的感受，创建整个医疗生态系统的支持空间）。

虽然这一切开始的时候只是练习，然而这些医疗服务人员成功地将其中一些理念付诸实施，真是非常鼓舞人心。他们对领导者说："我们很欣赏你们的领导能力，不过如果你们能够不只是把解决方案制订好后告诉我们，而是就关键问题向我们征求意见的话，那么将会让我们的专业技能发挥更大的作用。我们可以共创解决方案。"听到这些建议之后，奥勒·汤姆森也获得了灵感，以临床实践的形式进行了几次定期会议，改变了地区领导者团队的运作方式。

这次工作坊的成果是整个团队开发出了 5 个原型提案，仅仅两个月之后就获得了惊人的效果。比如，采取一些先期步骤，将财务模式从以医疗数量和生产力为目标（"手术做得越多，我们赚钱越多"）转为以民众和患者的健康为中心。这种转变要求思维模式从自我系统意识（"我们赚钱越多越好"）进化为生态系统意识（"对患者和民众越有利，对我们所有人就越有利"）。

当我（奥托）看到这个团队在两个月之后展示出来的这些成果时，突然有些明白了为什么丹麦、芬兰和瑞典排名如此靠前（前文也有所提及），答案正是因为他们的领导力文化。他们不畏惧彼此质疑，并且在受到质疑时，会聆听彼此的意见。领导者愿意聆听下属的意见，敢于反驳利益相关者，认可有用的观点。他们愿意把自我暂且搁置一旁，认真聆听，思考怎样做才能为整个地区谋取最大利益。这并非易事，将会是一份辛苦的工作，然而却并非不可能完成。我亲眼看见了这一切的发生。这堪称是北欧传递给世界最重要的信息：一切都有可能发生，动手去做就好！

‖4.0 教育‖

医疗卫生系统的蜕变是围绕着医患关系而展开的，从以医生为中心（1.0）进化到医患共创（4.0）。教育系统也是如此，要经过一个围绕教与学的关系而展开的蜕变过程（见表 7-1）。

因此，教育系统的机构蜕变也会从 1.0：以投入与当权者为中心，以教师为驱动方式；到 2.0：以结果为中心，以应试为驱动；到 3.0：以学生为中心，以学习为驱动；到 4.0：以创业能力、共创和自然流现为驱动。

维也纳：彻底改造教育系统

我（奥托）最初接触到奥地利教育文化部长克劳迪娅·施米德（Claudia Schmied）及其部门团队是在一场为期半天的工作坊。当时我们都坐在一张长方形的桌子周围。我坐在桌子的一端，对面是部长和她充满活力的年轻助手们。在他们那一侧的都是施米德手下的部门负责人，是几乎整个职业生涯都在教育文化部度过的人们，而在桌子的另一端则是来自德国和奥地利的教育界创新者。我看到这些创新者和部门负责人面对面地坐着，就好像看到了 21 世纪与 19 世纪的会面，中间是施米德部长和她的团队。部长本人很有活力，很有想法，她在上任之前从事商业与组织变革工作——没有走传统的仕途。我在心里默默祝福她的活力取之不尽，用之不竭。

一年之后，我再次来到维也纳，参加全国教育系统的创新者网络会议。上次与会的草根创新者只有10位，这次已经多达250位了。教育部的人员在减少，但还是能看到他们的身影。整个教育系统似乎都出席了。在会上我们请每个人都思考一下教育系统的三个方面：正在改变的教与学关系；作为学习型组织的学校；作为整体的全国教育系统。

当地的创新人士只用了一两个小时就讨论出了结果，他们对系统所需变革的80% ~ 90%都能达成一致，但是也指出这些改变在奥地利的政治进程中丝毫没有体现出来。在学校层面的教育创新和国家政治进程之间存在着严重的脱节。

此后又过了一年，250位变革者在奥地利的阿尔卑巴赫（Alpbach）小镇会面。施米德部长到来之前，我们先进行了一个环节，询问与会者他们在哪一点上看到一个旧世界在消亡，又在哪一点上感受到一个新世界想要诞生。他们回答说正在消亡的是“只会讲授知识，在讲台上唱独角戏的老师”；正在诞生的是“作为教练，有团队精神的老师”。

“正在消亡的是以技能与教案为中心的教学法；正在诞生的是以感知与实现学生最高潜能为中心的教学法。”

还有人补充说：“我们需要放下的是只把学校看作课程和学期的态度，以及管理和控制的文化氛围；而需要发展的是家长、老师和学生之间全新的平等合作。”

第三种见解聚焦于评估。“目前的系统其实也有很多优点，然而对标准和结果的重视会扼杀新理念，旧有的评估标准会对新理念产生很大的影响。”

第四种见解聚焦于系统整体：“我们一直以来所做的就好比只是修补墙壁，

这儿换一扇门，那儿换一扇窗，可是我们真正需要做的，是为整座房子打下全新的地基。”

当我听到这些见解时，就意识到施米德部长的努力没有白费，她成功地让所有参与者彼此联结起来。而实际的结果和成就也十分令人欣喜。部长及其团队顶住了来自保守势力和教师工会的联合抵制，想方设法为其“新中学”理念塑造了原型，然后推广开来。此外，她还开发了数个关键提案，将奥地利的教育系统带进了 21 世纪的新纪元。同时，她也致力于在整个系统内培养个体和集体领导力。

克劳迪娅·施米德定期在奥地利全国范围内出差，聆听各地的反馈。她代表了一种全新的政治领导力：在面对国内强大的利益集团时，表现得独立、专业、内省、有想法、有勇气并充满热情。在我眼中，她的成就表明了只要联结到人生历程中的深层意图，那么我们所能带来的影响之巨大是无法想象的。

施米德部长回顾了她所目睹和引领的系统变革：

奥地利的教育系统依然保有很多 1.0 系统的成分，比如，集中管理和控制的理念；比如解决问题都是当权者的事情。不过我们也看到越来越多的 2.0 系统成分，比如，有些地方由于人口结构的变化（学生减少）和家长做出的选择，导致学校之间产生竞争。而 3.0 系统的成分在奥地利教育系统中是非常有分量的，比如，教师工会拥有的政治权力使其在全国教育议题上都有最高决定权。

不过最终的目标应该是实现 4.0 系统的特质和心智模式。一旦成功，所有的教育参与方都会致力于打造成功的学校；教师们将会成为出色的指挥家，带领学生演奏由最高创造力构成的交响乐；学生们也将体会到共创的感受。4.0 系统的基础是共同意志，意味着要将关系维度放在舞台的中央。这一点是最重要的，它决定了学校的未来呈现何种状态，从而服务于个体和集体利益。

若想彻底改造教育系统以匹配正在生成的4.0世界，只靠提高考试分数或者添加几门新课程是远远不够的，而是需要共同意志。正如克劳迪娅·施米德所说的那样，更新“整座房屋的地基”，来为整个教育系统打造全新的基础。此外还需要一种共识，即教育的真正本质是蜕变，是开发我们的深层创造能力，为“蜕变型素质”（transformative literacy）提供资源。

如今，无论你走到哪里，都会发现人们认为教育系统正面临危机。有些人认为危机在于成绩：他们想让学生在标准化考试中取得更好的成绩（2.0教育）；有些人认为危机在于过程：他们想让学习变得更加以学生为中心，将教师转变为教练（3.0教育）。还有一些想要为学习者提供实现其作为人类的最高未来潜力，联结到其创造力和创业能力的真正源头。这些系统认为危机在于深层人类变革（4.0教育）。

这一场蜕变的历程前所未有的万事俱备，只欠东风。尼采在《查拉图斯特拉如是说》中提到了精神的三种变形，只是用几行简洁而美丽的诗句就精准地描述了这场历程的本质：

> 我告诉你们精神的三种变形：精神如何变成骆驼？骆驼如何变成狮子？最后狮子如何变成小孩？
>
> 什么是艰难的？能担载的精神如是问；它便骆驼似地跪下，承载一个真正的重负。英雄们，什么是最艰难的？能担载的精神如是问；以能让我承载，能让我展示我的力量吧。
>
> 这一切重负，精神都揽过来担载在身上，像负重的骆驼冲入沙漠一样，冲入它自己的沙漠里。

但是，在最寂寥的沙漠中，完成了第二种变形：在这里，精神变成狮子；他想征服自由而主宰他自己的沙漠。在这里，他寻找他最后的主人：他要与他决斗，与他最后的神决斗；最终的胜利来自他战胜巨龙。

谁是精神不愿称为主人与神的巨龙呢？“你应”是那条巨龙的名字。但是狮子之精神说：“我要。”“你应”撒在路上，金子一样熠熠放光；一头长满了鳞片的野兽，每片鳞上都有“你应”的金字！

兄弟们，精神之狮子用处何在呢？那谦让崇敬而能担载的骆驼不已足够了吗？

为了创造新的价值——狮子亦不足为此；但是为了自己的自由，即使义务面前也可以有一个神圣的“不”——兄弟们，这正需要狮子的力量。

但是，兄弟们，小孩可以做而狮子却不能做的事，又是什么呢？为什么凶猛的狮子还要变成小孩呢？小孩是天真的、善忘的，一个新的开始、一个游戏、一个自转的轮、一个新的运动、一个神圣的“是”。

为了创造的游戏，兄弟们，一个神圣的“是”是必要的。

当今教育系统的危机在于最多只把学生当作负重的骆驼。所缺失的是对人生历程的深层理解，而我们又需要这种理解来共创新的学习环境，使学习者能够转变内在状态，从负重的骆驼变为“自由的实践”，即从“你应”变为“我要”；然后从狮子的状态，获得自由，变为小孩的状态，给予自由，从而联结到最深层次的创造力。

有些人会说：“啊，是啊，可能这个什么 4.0 的东西，这个人类精神的蜕变，只适用于少数精英阶层吧，不适用于大众阶层。”

这并不是我们所体验的，也不是我们的信念。当你邀请人们静坐片刻，探索他们的深层发展历程，即哈佛大学教授罗伯特·基根（Robert Kegan）所说的

“进化中的自我”，你会发现当今社会的大部分人都能够接受此类探询。年轻领导者们对深层次觉察力和觉知特别感兴趣，这大大出乎我们的意料。在我们把工作中的此类理念、方法和工具介绍给来自不同年代和文化的农民、教师、医疗工作人员、社区、公司和政府时，几乎没有感受到任何阻力，虽然他们此前对此都一无所知。

这些现象说明了什么呢？我们认为，这说明了真正的局限性并非存在于外部世界，而是在于人们的头脑里，在于对各种可能性的主观臆断里。克劳迪娅·施米德部长所说的、用来重建整个教育系统基础的共同意志从未像现在这样触手可及。

表 7-2 展示了教育与医疗系统变革的相似之处。两个系统都经历了从以当权者为中心、以输入为驱动的组织方式（1.0）到以考试为中心、以结构为驱动（2.0），再到以学生为中心、以学习为驱动（3.0），最终到以创业能力、共创和自然流现为驱动（4.0）。纵观整个历程，系统的核心轴线，即学生、病人、民众、教师、医生、护士之间的轴线——从以教师、医生为驱动（1.0）转变为交易式，再变为对话式，最后变为共创式。如果采用尼采的三种人类精神变形的叙述方式，我们可以将前两种关系比作负重的骆驼（“你应”），将 3.0（“我要”）比作狮子，将 4.0（神圣的“是”）比作小孩或自转的轮。

表 7-2　　教育与医疗系统蜕变的相似点

阶段 Stage	医疗 Health	教育 Schools	关系 Relationship	学生 / 病人 Learner/ patient	教师 / 医生 Teacher/ physician
1.0 传统意识：等级 1.0 Traditional Awareness: Hierarchy	以当权者和输入为中心：机构驱动 Authority-and input-centered: institution-driven	以当权者和输入为中心：教师驱动 Authority and input-centered: teacher-driven	以医生 / 教师为中心 Doctor/ teacher-centric	接收者 Recipient	当权者 Authority

续表

阶段 Stage	医疗 Health	教育 Schools	关系 Relationship	学生 / 病人 Learner/ patient	教师 / 医生 Teacher/ physician
2.0 自我系统意识：市场与竞争 2.0 Ego-System Awareness: Markets and Competition	以结果为中心：管理式医疗驱动 Outcome-centered: managed care-driven	以结果为中心：考试驱动 Outcome-centered: testing-driven	交易式 Transactional	顾客 Customer	专家 Expert
3.0 利益相关者意识：网络与协商 3.0 Stakeholder Awareness: Networks and Negotiation	以病人为中心：需求驱动；致病机理 Patient-centered: need-driven pathogenesis	以学生为中心：学习驱动 Student-centered: learning-driven	对话式 Dialogic	客户 Client	教练 Coach
4.0 生态系统意识：基于觉察的集体行动（ABC） 4.0 Eco-System Awareness: Awareness-Based Collective Action（ABC）	以民众为中心：身心健康驱动；健康本源学 Citizen-centered: well-being-driven salutogenesis	以创业能力为中心：以共同感知、自然流现和共创驱动 Entrepre- neurial-centered: co-sensing-, presencing-, and co-creating-driven	共创式 Co-creative	共创者 Co-creator	助产士 Midwife

北京：在中国政府中引领学习型社区

这一切听起来可能过于理想化了，似乎实现的可能性很小，有些人看到这里难免会有些不以为然。然而，我们坚信本书中提到的几个陆续出现的 4.0 实例只是几点“星火”，而更大的格局变化正在整个世界范围内逐渐形成。究其本质，这种变化是领导者和决策者的意识发生了变化。

在奥地利，克劳迪娅·施米德部长引领的教育系统蜕变历程；在丹麦和纳米比亚，地区医疗系统的蜕变；在印度尼西亚新埠头县，腐败现象和公职人员服务的蜕变；在巴西，民族遗产秘书处（类似联邦政府的部级机构）的蜕变……所有这些不可思议的事情都是更大的格局正在出现的例证。下面再来看看奥托和圣吉于 2012 年开始合作的一个中国政府高级官员团队。

我们与这个团队进行了一次为期 6 个月的 U 型之旅，其间最触动我们的是团队成员所表现出来的诚意。旅程始于在中国的工作坊，接下来是在麻省理工学院和美国东西海岸进行两周的相关学习。然后团队成员回到中国，参加一周的静修工作坊。在旅程的第二部分，成员分成小组，共创出 5 个原型提案。当他们首次通过社会大剧院开发出原型提案的时候，就开始意识到需要改变或进化政府在系统中的角色。政府过去的角色是位于中心，提供能够满足民众需求的解决方案。而这些领导者们在其塑造原型的过程中觉察到，政府的新角色应该基于一个深度聆听的空间，使他们可以了解民众以及其他利益相关者最关心的问题。在这个共创式的空间里，利益相关者们可以共同生成能够满足所有人需求的解决方案。

中国高官对其成果和学习体会的分享令在座的所有人都印象深刻，尤其令人触动的是在 6 个月的历程结束时（其间所有人都维持正常工作），大家在一次三小时的座谈中分享的个人想法、心得和收获。以下是彼得在座谈时所做的记录：

“我注意到自己变得更平静，可能很微小，影响却很深远。”

“我真的能放下吗？”

“我打开了吗？”“我的心灵打开了吗？”

“最打动我的是这个团队。”“这里的每个人都是我的老师。”

“最令我感动的是大家表现出来的真实性；这次最大的收获就是我们形成了一个真正的社群。”

“最让我感动的是界限的消失。”

“我能感受到内在自我的变化。我能感受到……从内在自我去思考和感受。”

“我学会的最重要的东西是要聆听。”

“我们在这里学到的越多，对自我的探询就越深刻。”

“这并不仅仅是学习具体的知识，更是学习如何改变自身的状态。”

“作为生活在地球上的民众，（我们面对如此严峻的问题）会感到无能为力。然而当我们联结到这个世界，就感觉变得很强大。”

“我认为这次学习会给中国带来长久的影响。”

“（在我们日常工作中）出现的问题其实是带来深层变革的机遇。”

这些深刻的内省促使我们、彼得以及中国的合作伙伴，共同探讨此类工作如何才能在符合中国需求的背景下得以开展、本地化并普及开来。当今世界，大概除了全球商业之外，在率先引领服务于整体利益的可持续经济方面，产生最深远正面影响的机构非中国政府莫属。

‖4.0 公司‖

对于很多人来说，地球上最强有力的机构就是商业，当下在意义和意识方面正在出现的转变对于商业蜕变有何意义呢？诸多公司都因为适应性不够强或抓不住重点而停业了，还有更多的公司正在踏上这条不归路，岌岌可危。那么通往 4.0 公司的历程到底是什么样的呢？

下面先来对 4.0 商业的历程有个概览，后面我们会用现实生活中的例子详细说明。大体上来看，也是从 1.0：业主驱动，集权控制；到 2.0：股东驱动，放权，分部门；到 3.0：利益相关者驱动，网络化，矩阵化；到 4.0：意愿驱动的共创式生态系统。

BALLE：由小白犬餐厅发起的全美运动

美国活跃地方经济商业联盟（BALLE）拥有22 000名会员，是北美成长最快的社会和环境责任企业的网络。

BALLE的起源可以回溯到费城的小白犬餐厅（White Dog Cafe），其创始人和所有者是朱迪·威克斯（Judy Wicks），她著有《早安，美丽的商业》（*Good Morning, Beautiful Business*）一书。过去25年间，威克斯发起了一系列开创性的商业行为，包括与当地农民建立直接合作关系，以及可持续的本地化采购。小白犬餐厅向员工发放基本工资，带顾客到供应餐厅食物的农场进行实地了解。此外还组织生态之旅，向顾客展示餐厅的垃圾都是怎么处理的，费城的自来水来自哪里，他们所使用的能源都是哪里制造的。小白犬餐厅成为全费城首家用电100%来自可再生能源的企业。

威克斯实行了这些举措之后，小白犬的生意愈加兴旺。不过她没有坐享其成，反而决定尝试新领域。她意识到如果真正关心整个社区和环境的福祉，就需要与他人分享自己的商业模式，并且帮助竞争者学会她的运作方法。威克斯记得那一刻她突然醒悟到，承担社会责任的3.0商业对人类来说还是不够好："那是蜕变性的一刻，我意识到只有一家可持续企业这种事是行不通的。不管在我的公司里这些模式进行得多么顺利，也不管我是不是把垃圾堆肥，回收利用，是不是直接从农民手里采购原料，是不是使用可再生能源，这些都只是沧海一粟。我必须跨出我的公司，开始与他人（特别是我的竞争者）合作，基于生态价值观共同打造整个系统。"

为了前进到这个4.0环境，威克斯成立了小白犬餐厅基金会，从餐厅盈利中抽取一部分作为运营费用。她着手做的第一件事，就是询问每周向她的餐厅提供两头有机养殖生猪的农民，如果让他为别的餐馆也提供猪肉都需要哪些条件。他回答说需要一辆冷藏卡车，于是威克斯借给他 3 万美元（从她餐厅的盈利中支出）购买卡车，以便他能够向她所有的同业竞争者提供同等质量的猪肉。基金会进行的第一个项目是“生态美食”（Fair Food），旨在向小白犬餐厅的同业竞争者——费城的主厨们和当地的餐厅业主们，提供免费的咨询，指导他们如何从当地家庭农场里购买有机养殖的猪肉和其他产品，并且说明这么做的重要性。

另外在基金会的支持下，威克斯于 2001 年启动了大费城可持续商业网络（Sustainable Business Network，SBN），目的在于推广小白犬餐厅的商业模式。同年，她还与别人合作成立了 BALLE，目的是打造运用此类模式的本地商业网络，使其可以成为企业、连锁店经济的又一个选择。

BALLE 运动说明了当地商业如何通过日益加强的合作（而不是竞争）获得成功。那些愿意将有关自身运作、举措和商业需求的独家信息分享出来，而又愿意帮助产业内其他人的行业先锋和创业家们，既提升了大型生态系统的利益，同时也提升了他们企业自身的利益。

娜图：转变商业场域

娜图是一家位于巴西的价值数十亿美元的化妆品公司，一直以来都是巴西乃至拉美可持续发展方面的领军创新者。当公司从巴西的森林中获得原材料时，一定会确保采集工作在环境和社会方面都以可持续的方式进行，并且此类工作不会破坏当地的文化传统。公司还制订了利润分享计划，确保部分盈余会再投资于维护亚马孙社区的可持续性和文化适应性，这些社区民众的工作是娜图整条价值链的原点。在娜图公司的生态系统中，利润分享计划是由亚马孙民众独立的社区基金会来实施的。同时娜图也投资于该生态系统中的教育以及师资打造，并且鼓励社区民众与其他公司也展开合作，这样他们就不必在经济上完全依赖娜图。

正如 BALLE 运动始于小白犬餐厅厨房里的一次谈话那样，娜图的起源也可以回溯到多年前一个小小的生成空间里的启迪性对话。1969 年，26 岁的路易兹·塞亚布拉（Luiz Seabra）站在他位于圣保罗的工作室门外，向街上过往的女性分发白玫瑰。然后他会陪着这些手里拿着白玫瑰的女性走进他的工作室，向她们介绍他刚刚研发出来的全新护肤品和化妆品。路易兹回忆说："我爱上了这些关系与美。"

这种爱至今仍萦绕于他的心间。2011 年 11 月，我（奥托）在圣保罗见到了路易兹。他现在已经快 70 岁了，可全身上下依然充满了青春活力。我们的访谈在他与另外两位娜图的创始人共有的办公大楼里进行，穿着牛仔裤的路易兹给我讲述了这一切都是如何开始的。

"在我 12 岁的时候，看到姐姐使用护肤品，当时心中就涌起一股强烈的感受，希望自己有一天也能制造出这样的产品。" 14 年之后，他分发着白玫瑰，邀请女性步入那个鼓舞人心的关系空间，使她们陶醉于与身体、美丽、彼此，以及自己的全新联结中。

路易兹解释说："白玫瑰象征我们期望做出的贡献。你为世界带来了什么礼物？我为世界带来了什么礼物？就如同毛毛虫会化为蝴蝶那样，我们献给世界的礼物也在进化、在改变。"他还说道，若想"踏上通往美的道路，踏上化为蝴蝶的道路"，就需要充满"爱的关注"。据路易兹的说法，这种"爱的关注"正是娜图的精髓所在，"是同在和美产生的谈话和关系"。

听着路易兹的诉说，我感受到了一种美丽与真实并重的世界观。我受到了深深的震撼。这也正是我欣赏尼采的地方。当今世界的大多数人都无法理解美是真实中最基本的。他们看不到数学的本质很美，看不到科学的本质很美。为了发掘到这种本质，就必须追随数学和科学一路回到其源头。路易兹就是这么做的：他直接向源头进发。从 12 岁那年开始，他就带着打开心灵的联结去聆听他的姐姐。

路易兹打造了价值 45 亿美元、拥有 150 万经销商的公司，每天都会影响超过 1 亿消费者的日常生活，他是如何将这种深层次的关注和聆听应用起来的呢？答案是若想做到这一切，就不能只关注销售业绩和管理员工；而是要带着打开的思维和心灵"面对自己"——换句话说，就是要将关注力的焦点转回至自身。路易兹说，目前很多组织的问题都在于恐惧，而"恐惧的唯一解药就是爱"。当我们心存评判时，就会造成冷冰冰的氛围，从而打开恐惧的空间。想要转化这种恐惧的氛围就需要我们"联结到同在的源头，联结到打开的心灵"。

聆听路易兹的讲话对我来说是充满喜悦的体验，因为他十分享受这一刻。显而易见，他依然十分着迷于这个世界；依然充满了对关系和美的爱。对于一位男性（甚至对于所有人）来说，能够如此强烈地活出一颗开放的心灵，是多么难能可贵。

因此，我也在思考他是如何做到的。他经历了什么样的过程才能达到这种状态？

路易兹回答说："我其实很害羞的。"真的吗？"但我也很为这个世界着迷。"这一点确实很明显，不过他是怎么做到这一点的呢？

"从前我的脑海中也充斥了很多噪声，"路易兹回忆道，"所以最为重要的一点就是要找到内在的静默。"16 岁的时候，他读了一篇哲学文章，体验到了思维和心灵的转换，从而第一次找到了这种静默。那篇文章是普罗提诺

(Plotinus)写的，他说："唯一即整体，整体即唯一(the One is in the Whole, the Whole is in the One)。"路易兹当时就顿悟了，普罗提诺所说的深层次现实要求有深层次的思维，而这种思维是由心灵的智慧生发的。这一瞬间的见解为他开启了全新的世界。这个既是思维层面上的，也是灵性层面上的体验允许他"找到内在的静默"。联结到这个场所就好像"在体内发现了一条新生命，重获新生了"。

从那以后，他就一直尝试着让自己联结到那个安静空间的本质，从那里展开行动。很多常见的管理工具，比如，管理业绩或者管理市场份额，都只会让头脑中的噪声越来越大。"使用这些传统的管理工具只会让我们离智慧越来越远。"我记下这句话的时候禁不住想：说得好！传统的商业学校只会让人们越来越迟钝，为这个掏学费真是毫无意义。

"从现在开始应该聆听我们的静默；我们需要一种酝酿，方能听到它的声音。"为了培育这种内在的静默，"我们必须过滤掉那些多余的陈词滥调"。这样有助于我们"将恐惧转化为爱"。

那天晚些时候，我见到了路易兹的商业伙伴，古伊列梅·莱亚尔(Guilherme Leal)，娜图的另一位合伙创始人。他于1979年将自己的公司合并进来，此后二人合力把娜图打造为巴西最大的化妆品直销公司。最令我难忘的是这两位男士的交流方式。通常高净值的成功人士都是独行侠，而他们之间却有着雅致、尊重、关爱、欣赏的关系。其实这些词汇都不足以描绘这种关系的本质。如果非要我选出一个词，那么应该是无我。他们看起来是真心实意地享受彼此之间的不同，并且也支持着彼此的不同。

公司虽然已经获得如此巨大的成功，然而目前仍然面临着一系列新的机遇和挑战。娜图和所有公司一样，要面对商业和社会上的颠覆性变革。此外，创始人也正在逐渐淡出日常的领导工作。因此，目前的一个挑战是如何在这个新的背景下让娜图的精髓持续焕发生机；另一个则是在2.0网络商业模式中重新设计直销策略。娜图如何才能成为一个允许供应商和消费者在整个生态系统中共同感知、共同创造最高未来潜力的平台呢?

“娜图是一个集体现象，”掌管可持续性和组织发展的副总裁马塞洛·卡多佐（Marcelo Cardoso）这样说道，“目前我们正站在一个全新周期的门口。”娜图以及整个商界所面对的全新周期是指正在生成的4.0共创式生态系统经济。未来基于生态系统经营的公司，其核心不再是某个特定的产品，而是一张精心打造的网络，是“人们作为合作伙伴、生产商、用户、拥有者、股东和社区时，彼此之间多重的联结和关系。我们试图带来的先进形式会把与合作伙伴以及顾客之间的神圣关系置于公司的核心位置”。

马塞洛说，4.0组织方式的特点是三个主要原则：其一，要用吸引力产生影响，而不是控制力；其二，要能容下不确定性；其三，要取缔2.0系统的奖励制度。“我们发现，在硅谷，没人使用跟个人业绩挂钩的奖励制度，”马塞洛说，“未来我们也会用5个能够体现公司宗旨的整体目标来替换掉个人业绩目标，同时还将增加固定薪酬，减少可变薪酬。”

娜图薪酬制度的转变有许多科研成果做支持，成果表明个体酬劳对于公司绩效来说弊大于利，只有创造力很小的简单机械式操作流程除外。从本质上来说，马塞洛是以“由外而内，由内而外”的角度来看待娜图的蜕变。“由外而内”是指将打造关系作为未来公司的核心部分；“由内而外”是指放下很多控制，放下很多个人业绩目标和奖励，制定出更加直觉化和共创式的激励方式、设定方向和创新机制，这通常都是由生态系统的合作方共同完成。这个过程容易吗？不容易，而且马塞洛指明，他认为，自己和娜图都还站在这个过程的起点上。

食品实验室：转变食品的场域

BALLE 和娜图是部分向 4.0 方向进发的、以使命为导向的企业的绝佳例证。然而，那些更加传统的企业怎么办？如何才能使它们做出向 4.0 的转变？

可持续食品实验室堪称是这一领域的领军解决方案。食品实验室是为跨界领导者举办的论坛，旨在解决食品和农业方面最迫切和最重要的问题。

2002 年夏天，哈尔·汉密尔顿（Hal Hamilton）、唐·塞维尔（Don Seville）、亚当·卡汉（Adam Kahane）和彼得·圣吉在一次全球领导力会议中共用早餐。他们谈到了 U 型理论的应用可能对有关农业可持续性的两极观点有所裨益。后来联合利华和凯洛格基金会（Kellogg Foundation）的领导者也加入进来，详述了他们对可持续农业项目正在进行的投资，以及他们想要影响主流趋势的愿望。然而他们表示有所顾虑，因为只靠凯洛格基金会或者联合利华自身的力量还不足以完成这个任务。

在那之后的一年半时间里，哈尔、亚当以及他们的同事采访了来自美国、欧洲和巴西的数十个系统的领导者。通过这些访谈，很多人受邀加入了食品实验室。在整合了来自很多访谈和会议的建议与经验后，可持续食品实验室成立了，其目标是令主流食品系统更加具有可持续性。

实验室汇集了来自 60 多个企业、政府、农场团队、非政府组织的领导者，大家都抱有明确的目标。不过，虽然研究所的工作核心是可持续的食品系统，但是参与者们意识到，在不同的机构、公司和组织之间，关于可持续性到底意味着什么的看法还有着天壤之别。实验室团队所面临的挑战之一是要利用这些不同的视角和重心作为催化剂，催生出系统内能够获得共识的学习和意义重大的创新。

哈尔如今是食品实验室的联合负责人，我们问他在重新搭建基础组织结构，帮助组织进行协作和创新，从而前进到 4.0 的过程中，所获得的经验是什么。他说道：

经验就是如果想要食品供应商的整个生态系统都前进至可持续的层面，就需要有全新类型的领导力支持结构。我们认为有三种具体的领导力或者学习基础组织结构最有效。

第一是学习之旅。我们将多样化的利益相关者团队带到有趣的地点或者他们系统的边缘，给他们一两天时间，使其深度沉浸到当地的体验中。这种做法一直都非常成功，会产生新的见解，甚至还有一定的蜕变效果。

第二是我们发现有些创新议题与组织的战略日程有直接联系，最关键的任务是让成员全部着手就这些议题塑造原型项目。如果这些项目只涉及个人利益，而达不到机构的层面，那么就不具备可持续性，也不会普及开来。

最后一点，我们发现在整个过程中，起作用的是一个深层的个人或人类的维度。我不确定如何为它命名，但是这肯定与我们建立起来的、跨越所有机构界限的人类关系的深层网络有关。这个人类关系的深层网络并不仅仅意味着感觉更好或者有更多的能量，其本质在于与我们自身的人生历程产生了新的关系，与你所在社区的历程产生了新的关系，与地球的历程产生了新的关系，因此，这个场域允许你重新联结到你的本质。

除了哈尔所说的这三个学习经验之外，还有他没提到的第四点：要让具有 4.0 思维模式的恰当人选成为企业的核心小组成员。人选必须能够在他们所做的一切事情中体现出创新提案的精髓——就像本书中我们提及的所有变革者那样：乔、索要图、瑞斯克、施米德、朱迪、米歇尔、路易兹、古伊列梅、马塞洛、哈尔……

4.0 公司，生态系统的管理

表 7-3 展示了企业进化是如何体现在经济发展的进化阶段及其背后的逻辑中的。1.0 公司的目的是控制整条价值链，其逻辑中心是规模经济，焦点则是纵向整合（比如过去的 IBM）。2.0 公司的目的是利润，其逻辑中心也是规模经济，焦点是横向整合（比如英特尔和微软）。3.0 公司的目的是生态系统的统领，其逻辑中心为网络经济，如苹果、Facebook、谷歌。4.0 公司的目的是生态系统的管理，其逻辑中心为自然流现经济，即感知和实现正在生成的未来。有很多例子持续涌现，如 BALLE、娜图、中国电商巨头阿里巴巴。3.0 和 4.0 公司之间的区别在于意图：3.0 公司的驱动力是统领生态系统，而 4.0 公司则试图服务于所有人的福祉和共享的所有权。3.0 和 4.0 公司都是新种类的"混搭型"公司，一般有两个主要特点：功能上是公司，却又受到社会使命的启迪和激励（在 4.0 公司里，使命体现得更加明显）。这并非只是商业的一个非主流特征。想想是什么启迪了苹果公司的史蒂夫·乔布斯，艾琳·费雪公司（Eileen Fisher Inc.）的艾琳，娜图的路易兹、古伊列梅和佩德罗（Pedro），BALLE 的朱迪和米歇尔以及可持续食品实验室的哈尔。这些公司是经营成功企业所必备的"新精髓"的典范。在正在生成的商业模式中，成功并不仅仅是以利润来衡量的，同时还要看企业与较大生态系统的关联性，及其为弥合生态、社会和精神文化三大鸿沟所做出的实际贡献。有个有趣的现象是，一些"混搭型"的、以社会使命为导向的公司，看起来越来越像创新型非政府组织（NGO）。

表 7-3 经济逻辑与企业发展阶段

经济发展阶段 Stage of Economic Development	协作机制（权力） Coordination mechanism (power)	关键分支 Pivotal sector	支配性经济逻辑 Dominant economic logic	商业目的 Purpose of business	公司例子 Company examples	利益相关者关系 Stakeholder relationships
1.0：集权式国家经济	等级、监管、控制（大棒）	第一分支：私有	规模经济：纵向整合	控制整条价值链	过去的 IBM	控制式
1.0: Centralized State Economy	Hierarchy, regulation, control（sticks）	First sector: pubic	Economies of scope: vertical integration	Control over entire value chain	Old IBM	Controlling
2.0：自由市场经济	市场与竞争（胡萝卜）	第二分支：私有	规模经济：横向整合	利润与利益相关者价值	英特尔、微软	交易式
2.0: Free-Market Economy	Market and competition（carrots）	Second sector: private	Economies of scale: horizontal integration	Profit and shareholder value	Intel, Microsoft	Transactional
3.0：社会市场经济	网络与协商（规范）	第三分支：社会	网络（和规模）经济：环形整合	对生态系统的支配	苹果、Facebook、谷歌	同理但支配式：没有共享的所有权
3.0: Social-Market Economy	Networks and negotiations（norms）	Third sector: social	Economies of networks (and scope): circular integration	Eco-system domination	Apple, Facebook, Google	Empathic but dominating: no shared ownership
4.0：共创式生态系统经济	ABC：基于觉察的集体行动（使正在生成的未来自然流现）	第四产业：跨界协作	自然流现经济：螺旋整合	对生态系统的管理：与自我、他人、自然、整体的共创式关系	正在涌现的例子：娜图、BALLE、阿里巴巴	生成式共同感知：自然流现并共创最高未来潜力
4.0：Co-Creative Eco-System Economy	ABC: awareness-based collective action (presencing of the emerging whole)	Fourth sector: cross-sector collaboration	Economies of presencing: spiral integration	Eco-system stewardship: co-creative relationships（with self, other, nature, whole）	Emerging examples: Natura, BALLE, Alibaba	Generative: co-sensing, presencing, and co-creating highest future potential

‖4.0 非政府组织‖

随着柏林墙的倒塌以及冷战的结束，向新纪元的过渡也开始了，世界目睹了一股正在崛起的全新超级力量：全球民间团体。

自从 20 世纪 80 年代后期以来，数以百万计的非政府组织（NGOs）和民间团体组织（CSOs）在全球范围内开始涌现。按照保罗·霍肯的话来说，这场运动是有史以来规模最大的一次。非政府组织和民间团体这个分支在全球舞台上是最年轻的。以第二次世界大战后的联合国为基础，政府也变得越来越全球化。特别是在 1989 年之后，商业全球化浪潮汹涌袭来。总体来看，以下就是民间团体作为新的机构阶级所体现出的发展历程：

- 1.0 NGOs：矛盾调解者，完全依赖捐赠；
- 2.0 NGOs：政策倡导者，完全依赖捐赠；
- 3.0 NGOs：多重利益相关者或社会使命企业，资金部分自筹；
- 4.0 NGOs：生态系统创新企业，资金部分或全部自筹。

‖世界自然基金会‖

世界自然基金会（WWF，前身是世界野生动物基金会）是一家国际性非政府组织，其宗旨是保护世界环境。WWF 有超过 50 亿的支持者，在 100 多个国家展开工作，是全球最大的独立环境保护组织，其使命是遏止并逆转对环境的破坏。

在我（奥托）对 WWF 美国总部的首席运营官马西娅·马什（Marcia Marsh）的首次拜访中，她向我说明了组织工作的进化历程：

> 起初我们只想着保护环境，后来发现若想做到这一点，就必须把生活在那些环境中的社区民众发动起来，没有他们的参与是做不成这件事

的。此后又意识到，即使这么做也不够，破坏我们居住地和公共资产的真正力量并非来自当地民众，而是来自全球市场。因此，我们终于明白了要想保护环境，我们必须在当地民众和全球市场两方面同时展开工作——即全球公司以及有助于将企业采购行为转变为更具可持续性、有意识的消费者团体。

马什所描述的三个阶段体现了 WWF 的进化是从 1.0（只保护环境）到 2.0（发动社区民众）到 3.0（与全球市场合作）。从挑战的角度来看，这意味着你越接近当前工作的边缘，“就要应对越多复杂的、系统范围的多重利益相关者的问题，并且没有一个单独的产业（更不用说单独的机构）能够解决”。马什说：“这就是为什么我们需要多重利益相关者提案来实现这一切。”

新型多重利益相关者合作的一个例子是珊瑚礁三角区倡议（CTI）。位于东南亚的珊瑚礁三角区在生物领域的重要地位和美丽程度在世界范围内都无可匹敌，而它对于区域内（印度尼西亚、菲律宾、马来西亚、巴布亚新几内亚、所罗门群岛和东帝汶六国）1.25 亿民众的经济价值更是无法估量。2009 年 5 月，六国领导人缔结了为期 10 年的 CTI 区域行动计划，这是在保护海洋方面实施的最全面、最具体、时限性最强的计划。

这个后来吸引了数亿捐助承诺的倡议，与其他影响力巨大的倡议一样，起初的规模很小。并且其灵感也是来自一连串的谈话，最终将日益加重的挫败感转化为强有力的意图，从而创造不一样的未来。

在珊瑚礁三角区这个案例里，最初的几场谈话恰好是受到了 ELIAS 倡议的启发，因为马西娅·马什也在自然流现学院和麻省理工学院参与了该倡议的共创。WWF 的首位 CTI 负责人凯特·纽曼（Kate Newman）说：

那些年，ELIAS 的远大理想是将所有需要彼此同在才能改变系统的关键参与者召集起来，赋予他们方法和工具，使转变成为现实。我们正是受到了这一理念的影响，开始重新思考该如何解决珊瑚礁三角区的问题。我至今仍记得有天晚上，几位利益相关者在一次深入长谈后获得的突破。我们突然意识到，如果每次只在一个区域内解决问题，那么永远都不会取得成功。然而，如果把所有这些相邻的区域联合起来，就会形成一个壮观的生态区域（很多人都没意识到，这个区域拥有全世界最高层次的海洋生物多样性）。如果把珊瑚礁三角区每个政府的有限资源结合起来，我们很有可能感召来其他主要的参与者，因为他们会发现投身于创造大规模改变将关系到自己的切身利益。我们将会联结所有的参与者，帮助打造一个平台，允许他们把系统变得更好。

2007 年，WWF 联手大自然保护协会（The Nature Conservancy）与保护国际基金会（Conservation International），共同扩展对珊瑚礁三角区的保护范围。该区域栖息着全世界 75% 的已知珊瑚物种，是地球上第二大生物多样性区域，仅次于亚马孙。三大协会调集了数亿美元捐赠资金来实施 CTI 协议。虽然其中的 10 年目标如期实现面临很多困难，但是对那些尝试为保护环境和有意识培育公共资产寻求更佳组织方式的其他倡议来说，CTI 无疑带来了巨大的启迪，树立了良好的榜样。

4.0 组织形式意味着要从以特权集团为中心转变为以公共意愿为中心。生态系统经济要始于辨识、保护、培育宝贵的并且是至关重要的公共资产。将公司和非政府组织的关系从对抗式和交易式转变为共创式，是决定我们的经济是否能朝着蓬勃发展的 4.0 运作系统前进的最大因素之一。

‖4.0 银行：成为正向变革的载体‖

银行作为放贷者和借贷者的媒介，在经济和社会中都有着独特的地位。所有的金融理念都需要金融资本：公司需要银行合作伙伴；民众需要使用金融服务。银行要处理的是一种非常特殊的产品：货币。货币是可以应用于任何经济交易中的法律概念，几乎从不过期，易于汇兑，并且人人都喜爱。实体经济产品，比如，苹果或者苹果电脑，都是由特定用户使用，并且有使用期限。而货币可以任由经济系统中的所有参与者使用，随时随地都可以，而且还不会贬值（除非通货膨胀率超过利率）。正是因为如此，银行与金融产业在实体经济中相较其他产业而言具备绝对的竞争优势。下面来看看银行业迄今为止的社会进化过程：

- 1.0：传统银行业；
- 2.0：赌场银行业；
- 3.0：社会责任银行业；
- 4.0：蜕变式生态系统银行业。

纵观历史，每次金融危机之后对金融产业的监管都会加强，同时对银行的权利和风险的公众争议也会变得激烈。可是一旦危机及其阴影被人们忘却，对金融行业的监管肯定会再次放松下来。从进化的角度来看，有关监管金融行业的争议反映了 2.0 银行业与 3.0 银行业之间的过渡。

然而，这些争论中缺失的是对银行真正潜力的讨论——这种潜力可以将银行转化为蜕变型、以意愿为驱动的金融机构，推动向 4.0 社会的进化过程。虽然很少被提及，但是在银行从 1.0 到 3.0 的进化过程中，另一类的创新过程同时出现。一些社区、特殊利益团体、宗教组织以及热心民众意识到，若想实现他们的目标、意愿和愿景，就必须借助能够服务于他们特定需求的银行。

在过去几十年间，一种新型金融机构逐渐登上了舞台，能够将盈利与社会使命结合起来。或者按照今日的话说，能够按照三重底线（以金融、社会和环保三方面的表现来衡量成功）来运作。此类银行有一些获得了成功，另一些遭受了失败，还有很多大型银行只是用三重底线理念来装饰门面，实际上在处理业务时却仍然以一重底线为标准：盈利。

不过确实有几家银行开始采取行动，其中心理念是要通过聚焦于某些特定生态系统的创新，成为蜕变性变革实现的载体。毕竟哪些创新和倡议能够获得投资是由银行决定的。有些银行已经在思考此类决定到底是该完全取决于潜在利润，还是该同时考虑到对社会和环境状况的关心。

对于任何银行来说，将3亿美元贷给一家著名的跨国企业，要比向300家绿色社会企业分别贷出100万美元有效率得多。然而，或许这些小规模贷款正是我们应对当今迫切挑战所必需的。

向300家绿色企业放贷正是一个有意识的决定，不仅仅是考虑到银行利润，同时还有对社会需求的觉察。当然此类决定也会对银行内部产生影响，因为若要放出3亿美元的贷款，只有一名信贷员是不够的，而是需要一个信贷员团队，他们在熟悉银行业务之余还要了解可再生能源和社会创业之类的专业知识。

目前已经存在这样的金融机构，如信贷联盟、信贷集团、社区银行、非营利金融组织、众筹平台以及银行合作社。2009年，10家社会和环境责任银行齐聚荷兰的特里多斯银行，成立了全球银行业价值联盟，这是一个独立的银行网络，其使命是“利用金融来为欠缺服务的人群、社区以及环境带来可持续发展”。2012年，该网络已经拥有超过20名成员，总资产高达400亿美元，在全世界所有区域都有业务展开。这些银行将金融视为载体，迎接社会蜕变的到来。

以下是此类银行运作的几个实例。

蜕变型生态系统银行

本书前文曾经介绍过孟加拉国的BRAC银行就是其中之一。达卡（孟加拉国首都）的BRAC信贷员会逐个走访客户，上门参观申请人的商店，与他的邻居交谈，了解他所居住的社区。BRAC银行通过这种方式来决定是否放贷给没有财务记录，甚至是没有银行账户的创业者们。为什么要自找麻烦呢？因为BRAC银行相信这些小型企业能够创造就业，是使人们摆脱自身贫困的良好途径。

早在几十年前，还没有一家传统银行愿意考虑借钱给风电场时，欧洲的特里多斯银行与GLS银行就为风力发电提供了投资选择。这两家银行的信贷员具备可再生能源项目的专业知识。它们还投资于社区生活项目、非传统学校、有机农业以及文化倡议，亦即所有可以为社会做出特殊贡献，却难以从传统银行获得贷款的项目。这一切都是因为两家银行的顾客希望所有受资助的项目都符合绿色社会创新的高标准，而所有的放贷对象都会在网站上公之于众。

全球银行业价值联盟作为一个网络，已经超越了社会责任银行业的层面，开始朝着以银行业作为蜕变载体的方向进发。联盟发出的信息十分明确：若想应对当前的紧迫问题，就必须有愿意支持这些新型企业、非政府组织和创新者团体的金融机构。

改变经济场域的重心

经济中的金融与资本运动产生的不仅是市场交换。图7-5描绘了金融经济与实体经济的关系，以及两者体现出的不同社会经济关系形式，与前文探讨过的谈话与觉知的不同层次十分类似。按照货币使用背后潜在的意图，我们将其区分为以下 4 种类型：

- 赌场货币：用于投机目的；
- 购买货币：用于购买货币与服务；
- 放贷货币：用于向创业者提供贷款；
- 捐赠货币：用于培育公共资产或帮助社会创业者。

按照货币交接的不同意图，这 4 种类型的货币（图 7–5 的上半部分）也有所区别。在左上角的部分，你会注意到使用货币的不同选择：

- 对实体经济的衍生物或资产的投机性投资；
- 购买货物和服务；
- 放贷给创业需求；
- 对于培育创意公共资产（Creative Commons）的捐赠。

任何货币的交接都是经济或沟通行为，会创造出社会现实。比如，如果我使用货币向你购买商品，在我离开商店的那一刻，我们的关系就结束了。然而如果我贷款给一个创业者，那么这段关系在贷款还清之前都会一直持续下去。货币是经济系统中众多代理之间的沟通手段。图 7–5 中的四重圆环向我们说明了这些沟通关系各自的品质，说明了它们各自的力量有多大以及它们之间有何不同。图 7–5 的下半部分表明了这些关系是从最外围的单向下载（如灌输思想和腐败行为）开始，直到最中心的共创式关系结束。

当今的经济问题是在最外围有害的领域流通的货币过多，比如，攫取投机利润，导致了越来越多的投机泡沫，以及腐败和灌输思想的行为。更有甚者，流向最中心领域的货币过少，而那里恰是所有社会、经济和文化生活的中心与源头。处于这个中心位置的正是全部经济价值创造和人类创造力的源头：教育、社区以及对生态系统公共资产的培育。这里是最需要捐赠货币或种子货币的地方。

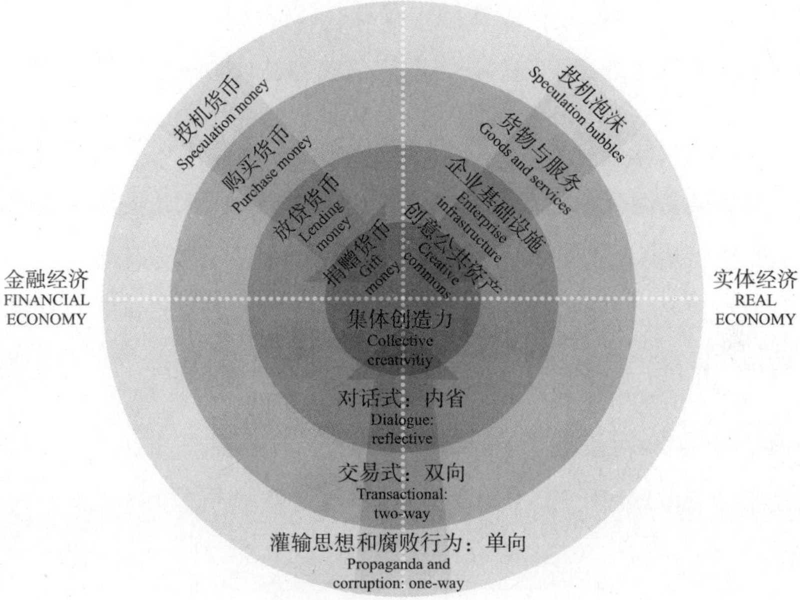

图 7-5　转变经济和谈话行为的重心

好了，现在我们已经知道外围的货币太多而中心的货币太少。那么这个问题到底有多严重呢？本书前文曾提到过，在 1.5 万亿美元的外汇交易中，与实体经济沾边的甚至不到 5%！这是个泰山压顶的问题——少数权力极大的特权集团掌握大量资金，从畸形膨胀的外围榨取暴利。据估计，被汇往离岸避税“天堂”（通常都是违法的，只有少数情况下合法）以逃避合理税收的私人资产高达 20 万亿美元！若将这些资金都转而用于为全球公共资产服务，将会在世界范围内瞬间产生令人叹为观止的效果。这一切都有可能实现，但是需要有公共意志的参与。

通往未来 4.0 经济的道路需要我们将经济中心从 1.0 和 2.0 的沟通方式（外围的两个领域）转变为 3.0 和 4.0 的对话和关系（中心的两个领域）。这意味着我们要重新设计货币系统，使投机货币（外围领域）自然而然地转变流向，变成捐赠货币（中心领域），从而帮助培育具有核心地位的创意公共资产。本节重点阐述的蜕变性生态系统银行业可以说是此类挑战的一个对策。

另一个对策是“货币老化”的理念，也就是说，货币应该和其他实体经济的产品一样，随着时间而贬值。或者说，货币应该有固定的使用期限（就像酸奶）。中世纪的欧洲就有类似的货币体系，因此，当时的货币都流入了文化领域，而没有被投资于金融泡沫。几个世纪后的今天，那些宏伟的教堂依然留存于世，构成了欧洲的城市面貌。

虽然 21 世纪的对策还不够清晰，但是今日的问题却无比凸显：我们需要重新平衡实体与金融经济之间的竞争环境，使金融服务于实体经济，而不是颠倒过来。

正在生成的第四产业：生态系统经济的跨界平台

在正在生成的、有意识的 4.0 生态系统经济中，每个鲜活实例都是按照其自身独特的背景和鼓舞人心的节奏进行的。这一点可见于纳米比亚的医疗倡议、印度尼西亚的 4D 政府、丹麦的医疗生态系统、奥地利的教育改革、巴西的娜图公司、中国的阿里巴巴、可持续食品实验室、BALLE、ELIAS、WWF 的珊瑚礁三角区，以及蜕变型生态系统银行业这些例子。这些故事都有哪些共同点呢？

那就是其中每一个创新都是由一小组核心人员发起的，他们有着深层次的共同志向，想要创造不同于以往的未来。无论是开始于厨房的桌子旁边，还是开始于没有窗户的地下室里，他们都享有一个支持空间，允许启迪性的、直指人心的对话发生；就像一个熔炉，最高的志向和日常的行为在里面相遇、联结、互相检视，最终达到进化。他们还都有相似的方法和工具，所使用的方法允许大型的、结构复杂的团队和系统将其机构压力转化为共享的觉察力和集体创新。

这里讲述的故事阐明了正在生成的4.0生态经济所具备的一系列原则，我们认为，这些原则未来在整个系统范围内应该被更加有意识地机构化。下面是我们试图总结、说明的几点关键原则：

- 打开：领导力从机构内部推至外围区域；
- 透明：信息必须完全透明，不能保密；
- 共享：资产的所有权必须可以被获取和有条不紊地被分享；
- 意愿：以公共意愿为中心，而不是以结构为中心；
- 支持空间：共创式社区需要高质量的核心团队和支持空间；
- 谈话：从第一层级和第二层级（有害、交易式）转变为第三层级和第四层级（对话、共创式）；
- 意识觉察：将最主要的运作模式从自我系统意识转变为生态系统意识；
- 公共资产：辨别、保护、培育公共资产，使其成为整个生态系统的基础；
- 趣味性：打造重视趣味性、创业创新和共创的文化；
- 多样性和共生性：若想生态系统蓬勃发展，这两条原则缺一不可。

我们今日所目睹的，是正在崛起的第4个分支。该分支打造了跨界平台，将以上原则体现出来，并应用于医疗（纳米比亚和丹麦）、教育（奥地利）、可持续食品（食品实验室）、特定产业（娜图）、小微创业（阿里巴巴）、政府（中国）和本地经济体BALLE之类的具体生态系统中，从而使人们产生联结。

LEADING
From the Emerging Future

结语与练习

本章描述了机构逆转的过程。我们运用社会中的主要系统和产业作为例子，展示了不同背景下的领导力挑战和蜕变历程在本质上都是相同的：它们都是从 1.0 前进到 4.0，经历了社会场域的逆转，培育出能够使新理念转变成现实的共创关系的新质量。

▲ 思考题

1. 你如何才能将谈话关系从第一层级和第二层级转变为第三层级和第四层级，即从下载和争论转变为对话和集体创造力？请具体表述。举出 1~2 个例子。
2. 思考一下图 7-5，你和你的组织如何才能将经济和金融关系从外围领域转移至中心领域，即从投机和消费变为创业倡议和培育你们当前背景与社区中的创意公共资产？请举出 1~2 个例子。你在哪些方面为公共资产做出了贡献？你在哪些方面有过创业创新，或支持了创业创新？
3. 前两个问题之间有什么关系？请在你所举例子的背景中具体表述。
4. 你如何才能持续培育自己的资本源头，即你自己的创造力源头？
5. 思考一下表 7-3。如果你的公司或组织选择 4.0 共创式生态系统运作，看起来会是什么样子？以上文的 10 项关键原则为基础来描绘出具体的图像和理念。
6. 如果你可以塑造一个小的原型，用来探索你心中实现 4.0 公司的最有趣的理念，它会是什么样子？

▲ 圆圈谈话

请登录网站：www.u-school.org/case-clinic，下载案例诊断工具（case clinic tool）。这是一个非常出色的流程，能够引领小型团队在70分钟内走完创造性极高的U型过程，共分为7步。每个环节都聚焦于一个案例。我们建议你开始时先完成一个环节和一个案例，然后在团队的后续聚会中再陆续增加其他环节。尽情享受这个流程吧，欢迎你到自然流现学院的网站分享自己的感受，我们会提供专门的社交板块。

LEADING

From the Emerging Future

08

从未来引领变革

此时此刻！

人类已经进入了颠覆性变革的时代。在本书中，我们已经向你展示了世界上最具启发性的几个项目。到了尾声部分，还要请你来探索怎样才能将这些4.0原则应用到你的生活、家庭、社区，以及地球上所有人都参与其中的历程和运动中去。

在本书的开端，我们提出了三个问题：

- 面对破坏，我们如何才能从正在生成的未来引领变革？
- 什么样的进化性经济框架才能指导我们的旅程继续前行？
- 什么样的策略才能帮助我们这些变革者作为载体以带动整体蜕变？

为了寻找这些问题的答案，我们列出了三个重要的理念。首先，从根本上看，有两种不同的学习模式：向过去学习和向正在生成的未来学习。为了向未来学习，我们必须激活一个深层次学习循环。这意味着不仅要打开思维（超越认知的界限），还要打开心灵（超越关系的界限）以及打开意志（超越自我意志的界限）。向正在生成的未来学习的 U 型过程遵循以下三个步骤："观察、观察"，"静修并内省：允许内在意识生成"以及"瞬间采取行动"。

其次是关于经济进化矩阵图（见表 3-1）。矩阵图表明经济结构的进化追随着人类意识的进化——或者更准确地说，这两者是高度交织、互相依存的。矩阵图提供了经济思维的 4 种原理或范式。过去几个世纪以来，矩阵图中的进化在不同的文明中以不同的历程形式体现出来。归根结底，今日的经济结构蜕变需要人类意识从自我系统意识向生态系统意识蜕变。

再次是下一场革命需要一个多点战略，能够从世界观或者说系统的视角，聚焦于经济进化矩阵图中罗列出的所有 8 个"穴位"。与此同时，从代理人的视角来看，该战略也必须能专注于机构和参与者们在从 1.0 进化到 4.0 时必经的逆转历程。此历程要求所有层级上的执行者们都将关注力的焦点扭转回自身以及大我的源头：打开思维、心灵和意志（微观）；使谈话从下载式前进至生成式对话（中观）；将等级森严的各自为政转变为共创式的场域，联结整个生态系统，成为有机整体（宏观）。

形成物质与心智之间的完整回路：4.0 经济

这是一场人类全员参与的、不同凡响的进化历程，那么其本质又是什么呢？

这个问题将我们带回了"南师"说过的话：物质与心智的重新整合（第 4 章）。同时，也让我们回想起西方一个很少有人知道的科学传统，以超越科学、社会科学和哲学中物质与心智的分裂为目标。在这个学术传统中经常出现的名字有瓦瑞拉、胡塞尔、斯坦纳、歌德等，其本质是将科学观察力的焦点扭转回观察者本身——扭转回源头。

从系统角度来看，源头就是物质与心智之间的反馈回路在当下的完整闭合，个体和集体层面也是如此。我们将其称为“包围点”或“穴位”。下面来看看每个“穴位”都是如何发生的：

- 大自然：（通过“从地球到地球”或者闭合回路）形成生产、消费、再利用、回收之间的完整反馈回路；
- 劳动力：通过打造全新的创业基础组织结构，建立起自我与大我的联结，形成工作（职业）与一生的工作（使命）之间的完整反馈回路；
- 资本：（通过捐赠货币或有意识资本）使投机性投资转向至生态、社会和文化创意更新，形成资本流动的完整反馈回路；
- 技术：（通过需求评估和参与式计划）形成技术创造与社会需求之间的完整反馈回路，特别是在欠缺服务的市场；
- 领导力：（通过共同感知、共同激发、共同创造的行为）形成领导力与整体正在生成的未来之间的完整反馈回路；
- 消费：（通过有意识协作消费以及国民幸福总值［本章稍后有详述］等指标）形成经济产出与全民福祉之间的完整反馈回路；
- 协作：（通过基于觉察的集体行动）形成经济中部分与整体的完整反馈回路；
- 所有制：（通过保障子孙后代利益的共享所有制和公共资产型产权）形成所有权与资产最佳社会效用之间的完整反馈回路。

我们的理想

在第 5 章中，我们把坚持不懈的原则作为 12 准则之一：永不放弃！永不放弃！我们在波士顿已经生活了 18 年，其间始终抱有最初的意愿，或称理想。倒不是经常谈起，因为与现状太不相同，常常感到遥不可及。然而，间或又会感到有可能实现，甚至是触手可及。后来，当我们几乎要放弃的时候，却又注意到有些迹象正在显现：我们发现未来的种子在周围生发，所到之处都能看见有新芽冲破阻力，钻出地面。

其实我们的理想很简单：就是打造一所全球领导力行动学校，将科学（第三人称视角）、社会蜕变（第二人称视角）和自我进化（第一人称视角）整合成一个连贯的、基于意识的行动研究框架。

换句话说，我们想打造一个支持空间，可以将先进的科学方法应用于社会向4.0的蜕变中，同时在个体和集体层面，将自我系统意识转变为生态系统意识。

传统的高等教育机构，面临着与2008年金融危机以来美国日益衰退的汽车工业相同的问题：产品定价过高；与个体和机构的现实需求脱节；无法发掘出潜在的用户基础；在应对当今时代全球主要挑战方面越来越抓不住重点。

如今在线学习平台已经出现了大规模革新，因为我们知道旧有的高等教育模式可能正在逐渐淡出舞台。举个例子，麻省理工学院、哈佛大学和加利福尼亚大学伯克利分校已经联手打造了名为“edX”的在线学习平台，所有在线课程都免费，或者只收取很少的费用。然而，未来高等教育新模式的面貌到底如何，至今还不清晰。

U学校：让学生掌控深远社会革新的全局

在本书的结尾部分，我们想分享一些景象，关于我们与同事和朋友已经共同开发并支持了多年的未来。我们建议整合7个核心元素，形成新的学习与创新生态学，帮助来自所有文化与产业的变革者开创去往4.0的新道路。以下就是我们希望融入4.0学校的7个元素。

1. 全球教室。这是一项混合技术，通过将网络直播的教室课程与高度互动的小组实践课程结合起来，在全球多地的学习者与世界级教师队伍之间营造高效的学习关系。由社交媒体支持的谈话空间使不同课程之间的教室对话得以延续。

2. 深度潜入启发性的当地、区域和全球创新热点。深潜是指完全浸入式历程（实际的，不是虚拟的），允许学习者以多重新视角感受、同理并联结。还能允许学习者联结到一个全球性网络，里面都是使用富有成效的方法应对严峻挑战的鲜活例子。

3. 觉察型领导力技术。引导深远社会创新过程的能力根植于正念领导力和觉察型的领导力工具，两者能够把头脑、心灵、双手的智慧联结起来。这些方法论结合了最先进的组织学习工具和参与式创新技术，再把它们与觉察型领导力行为混合在一起。通过熟练掌握这些混合式新型领导力工具（比如自然流现）来感知，并实现正在生成的未来可能性将是 U 学校的主导方法论。

4. 自然流现教练圆圈。为深层次学习支持起空间的最重要的机制之一就是使用深度聆听型教练行为的伙伴圆圈。一个教练圆圈通常有 5~7 人，运用我们在第 7 章结尾提及的案例诊断法。我们发现这些伙伴圆圈的力量真是惊人。他们为个体和集体的更新都提供了支持空间。在奥托的伙伴圆圈中，有一名成员在与他的同事最近进行的一次电话教练时这样说道："你们（整个圆圈）是我重生的摇篮。"可能在外人听来，这有些不切实际或者感情用事，然而事实上，这是对我们以及圆圈中的其他很多人的微妙体验的一种精准描述。

5. 行动学习。学生们会接触到全球创新生态格局，应要求共创出实地原型方案，可以帮助某个社区或者利益相关者团队，投身到深远社会创新的前沿中去。这些现实应用的原型将会受到来自全球的导师和变革者的指导，充分体现各自的特质，运作（或合作）于他们的机构更新的实际项目中去。

6. 创新中枢。创新都是在本地发生的，而创新中枢就是未来全球遍布式学校的原型。传统教育的中心是以纪律为基础的学校，应对的是社会挑战和问题；而创新中枢则正好是该原则的逆转：它把正在生成的未来机遇放在中心，纪律和工具都组织在其周围。创新中枢创造了实干创新的空间，在这里生成性谈话得以实现，从而联结并融合了应用型行动学习项目和头脑型全球教室课程。创新中枢的目的在于整合头脑、心灵和双手的智慧，不仅是针对个人，更是为了创新者的团队。创新中枢在不同的地点会呈现不同的面貌，但是它们都会具有以下这些特点：（1）像寺庙一样引发觉悟的简约空间；（2）像充满灵感的艺术家一样实干的创意社群；（3）高科技的设备，能够将所有这些场所联结成共同感知的、功能性的全球网络；（4）有条不紊的、智库般的清晰思路；（5）先锋剧场般的高度可操作性，能在短时间内变身成为社会大剧院的舞台。简而言之，创新中枢与今日的学校可谓大相径庭，并且原则上来说，全球的城市、生态系统、市区或乡村的社区都可以复制。

7. 个性化终生学习历程。如果教室真的遍布全球；如果感知和实现正在生成的未来真的被排进课程；如果能来上课的人不只是成千上万，而是数百万、数亿乃至数十亿，几乎是所有希望在这个深远的空间里唤醒、激发和强化他们创业能力的人——那么我们的问题是：谁来为一个如此普及的生态系统导航，引领我们穿越种种复杂性？谁来设计所有的课程？答案是你们。

当今的教育结构都是在你们没有需求（或需求很少）的时候提供培训，比如，年少时或者就业初期，那时你们的实践基础还很小；而当你们的学习需求增加了，实践基础大幅度扩展之后，提供的培训反而减少了。高等教育的未来必须彻底改变，将过时的标准化课程体系转变为更加个性化的终生学习历程，使其符合每一位变革者和学习者持续进化的需求和志向。

回首看时，我们意识到过去18年的历程带我们走上了这样一条道路：我们与自然流现学院和麻省理工学院的同事一起，在很多系统、产业、文化中都为刚才列举出的所有7个元素塑造了原型。很多创新倡议的规模都不大，本书前文也有所提及。所以我们要做的是将这7个核心元素更加有意识地、更加充分地整合进一个跨机构的平台，帮助下一代变革者联结到这门由个体、机构、创新倡议组成的生态学中，与他们共同踏上率先开创4.0社会的道路。

我们相信将这些元素更加充分整合的时机已经到来，因为如果还不采取此类行动，就只会一再重复旧有机制。只是让学生参与应用项目或是登录在线课堂不会带来任何显著的改变，最多是“旧瓶装新酒”的效果。可惜这正是如今很多机构和公司的做法——它们按照旧有的模式来应对挑战、削减成本，虽然更加精简和高效，但是却没有彻底改变自身。

为了促成深远创新（比如帮助生态系统转变到4.0）的发生，学习者和领导者们需要打造出场域——新型的安全场所，允许他们为跨界协作的新行为、新思维模式和新文化塑造原型。当今社会缺失的正是为深刻的协作式更新提供新空间的基础组织结构。虽然有很多传统的高等教育机构都越来越抓不住重点，正在被变革所淘汰，但是只要能够进入这个在4.0世界改造自身的空间，它们就会重新踏上正轨。在新世界里，潜在的用户群将是数十亿的学习者。高等学府将会在人类历史上首次实现真正的全球性；然而，为了与社会紧密联结，又必须同时实现真正的本土化。

想象一下吧！如果可以创造一个充满活力的网络空间，让人们以创意无限的方式感受和体验本地与全球之间的有机连接，那么世界看起来会是什么样子的！人们可以通过共同感知觉察到正在生成的大型运动（他们的项目已经是其中的组成部分），并且受到其进化的启发。再来想象一下，我们可以打造众多场所，每个场所都以其独特的方式，以巨大的规模整合了 7 种元素，支撑起实践、学习、知识创造的全球社区，成果将是协作式的在线实践手册，记录下我们正在学习的一切并且广为传播。

我们将这个正在逐渐生成的网络平台称为 U 学校，其重点在于将自身觉察培养成为 21 世纪领导力的核心能力，在于将逆转的金字塔刻画成为关系蜕变的支持空间。图 8-1 展示了 U 学校平台所有核心活动的结构。

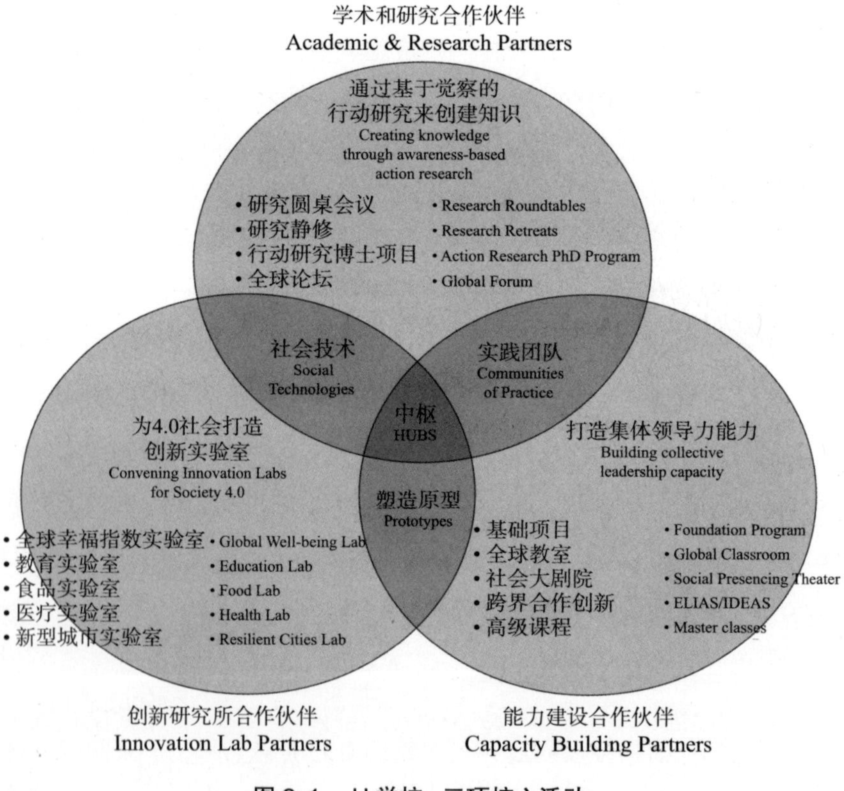

图 8-1　U 学校：三项核心活动

创新中枢是由U学校来自社会各界的合作机构共同塑造的，支持起空间，融汇了三项核心活动：（1）实践创新实验室的先锋；（2）从一线应用中生成的知识创造；（3）将这种新知识整合到集体创新能力的建设中。目前，我们处于非常早期的阶段，正在将U学校的倡议、研究所和项目“播种”到不丹、中国、印度尼西亚、菲律宾、印度、南非、埃及、巴西、欧洲和北美。

麻省理工学院的传统一向是为最迫切的社会挑战带来解决方案。有鉴于此，自然流现学院内外的、基于觉察的行为研究者团队，一直致力于将U学校的核心元素作为大规模社会创新平台来打造和进行实地测试。下面来简要看看我们最初的一些成果。

‖觉察型行动研究‖

《第五项修炼·心灵篇》和《U型理论》中已经介绍过，U过程是一种新的语言，是深远创新和系统变革的蜕变性原理。而在本书中介绍的经济进化矩阵图，是基于觉察的行动研究进化框架的另一个基础。自然流现学院运作着一个创意公共资产型网站，用于分享这一框架及其实用方法和工具的进一步情况。

‖打造集体领导力师资‖

在自然流现学院和麻省理工学院，我们创造了数个高影响力的、打造师资的环境，并塑造了原型，体现以及融合了很多上面提到的原则。包括IDEAS中国、IDEAS印度尼西亚、U-Lab（麻省理工学院斯隆商学院）、梅尔·金（Mel King）社区研究院（麻省理工学院CoLab）、全球教室、自然流现基金会项目以及自然流现学院高级课程。从2000年初至今，已经有来自全球的数千名参与者从这些项目中毕业。

‖全球论坛‖

自然流现全球论坛每年都会召开，汇集了来自所有产业、系统和文化的领先创新者和变革者。首届论坛于2011年在波士顿启动，2012年于柏林召开，这些定期活动会向全世界进行现场直播。论坛的举办宗旨是加速觉察型行为从自我系统向生态系统转变并推广普及该理念。

实际案例：感知想要生成的未来

在行动研究项目的实践结果中出现了很多实际的例子，本书中已经陆续有所提及。此处想强调的是另外两个，它们尚处于早期阶段。一旦获得U学校基础组织结构的支持，其影响将会遍及全球系统，加速全球运动向4.0的进化！在你了解这些实例的时候，我们请你思考一下，你的本土环境中是否有合适的项目，可以与U学校的基础组织结构合作，从中获得支持从而加速深远的全球变革。

‖布朗克斯合作倡议‖

戴娜·甘宁汉是麻省理工合作实验室的负责人、自然流现学院的长期合作伙伴，她说："在布朗克斯（Bronx），我们看到有足够多的人开始跨界、跨社区合作。他们在面临着极具挑战性的情况时，依然能够持续触发场域中的深层次人性。"

戴娜所指的是布朗克斯合作发展项目（Bronx Cooperative Development Initiative，BCDI），当地的活动家看到长期发展的努力都没有成果，感到十分沮丧，因此自发成立了这个组织。在过去两年里，BCDI已经广泛地开展了多重利益相关者项目，包括社区型组织、公司和企业、工会以及布朗克斯的一些大型机构，这是一场全面的社区规划与发展，其目的在于共享财富创造，打造更有活力的本土民主和城市稳定性。

戴娜认为，这些努力都是在为新事物“播种”，首先生发于新一代的年轻人，他们更加直率，更易于接受超越狭隘自身利益的可能性，造福整个社区。甚至一些大型机构——医院、大学、文化组织，都开始认识到，如果与当地社区合作，效果将明显好于自己单打独斗。在本书创作之际，13 家大型机构都已经签约，它们支持 BCDI 的倡议，并且参与到其未来发展的采购分析和战略计划中。戴娜还说道：

> 现在需要在整个社会场域内激活人性的更深层次，因此，U 学校的出现就显得非常有必要。如今我们面临的是危机的关键时期，此时最需要的就是有足够多的人，带着技能、信心和智慧，帮助我们将自身从崩溃的边缘拉回来，踏上一条全新的道路。我在社会和种族司法部门工作多年，多次目睹了因为没有支持空间，所以将人性的更深层面带进社会系统的努力都失败了。
>
> 布朗克斯在组织和领导力发展方面有着漫长而精彩的历史。年轻一代中有很多人都倾向于接受自然流现学院所倡导的、强有力的打开心灵的领导力方式。事实上，有一整套技能可供人们学习、教授、与他人分享；你可以实践，逐渐变得精通，然后化身成为这种蜕变的载体。这是最强有力也是最有希望的一点。U 学校有潜力将这些能力的教授和学习机构化，并加以普及，使其能够应对我们面临的危机——我们在布朗克斯见到的人们就已经开始准备好转变社会运动的方式。

‖全球身心健康和国民幸福总值实验室：超越 GDP 的创新‖

> 我们追求的是彻底的蜕变——毕业生都是真诚的人，他们充分实

> 现自己的潜能，关心他人和其他物种，并且有生态素养（ecologically literate），能够从心灵和头脑两个方面理解这个世界，没有贪婪，没有过度的欲望。清晰地了解并完全认同他们与自然世界以及其他人都是不可分割的，总而言之，能够充分地展现自己的人性……最后，受过国民幸福总值教育的毕业生将会毫无疑问地把为他人的幸福做贡献当作自己幸福的源头。
>
> 不丹首相 吉格梅·廷莱

位于不丹首都廷布（Thimphu）的国民幸福总值（GNH）中心的项目协调员是寿海文，他的主要工作是将未来的意愿落地实施。寿海文说道："上面的引文从本质上来讲就是GNH中心的训令。"寿海文是自然流现学院全球高级班的毕业生，正在开发U学校类型的创新提案，期望能把提案与其他相似意愿的倡议直接联系起来，形成全球生态格局。为了实现这个期望，寿海文还参与了另一个创新提案，全球幸福指数和GNH实验室（Global Well-Being and GNH Lab）。

自然流现学院与德国国际合作机构全球领导力学院、德国经济合作发展部、不丹的GNH中心合作，发起了一个生活实验室，探寻在全世界所有国家中衡量幸福和展开进步的全新方式。这家实验室的终极目标是在多个背景与国家中开发并实施类似GNH中心的创新提案，这些提案都是来自团队和个体在不同层级的U型历程中通过学习获得的体验。

在过去几十年里，专家们已经认识到有必要开发除GDP之外的标准来衡量经济的发展。近些年来，很多国家、社区和全球智库都在根据自身的背景开发新的度量标准和指数。GNH是其中之一，由不丹率先成功实施。

廷莱首相特别明确了"幸福"的含义：

我们已经将GNH中的“幸福”与通常这个词所指的稍纵即逝的、“感觉良好”的情绪做了明确区分。我们知道真正恒久不变的幸福只有在他人都不受苦的情况下才能存在，只有在为他人做出贡献、与自然和谐共处，并且领悟到我们内在的智慧以及真实卓越的本质时才能到来。

全球幸福指数和GNH实验室于2013年1月启动，汇集了一批推动我们“超越GDP”创新的领军者——这些人来自不丹、德国、印度、美国、斯里兰卡、中国、巴西和苏格兰的政府、民间团体和商界，其中包括不丹GNH中心的核心团队、美国的一位州长和第一夫人，致力于提高本国的社会和生态福祉的人，来自娜图（巴西）、艾琳·费雪（美国）、BALLE（北美）、经济合作与发展组织（巴黎）、牛津饥荒救济委员会（英国）和印度的自我就业妇女协会（SEWA，拥有1 700万会员，受到甘地的理念启发，打造创业和本土经济能力）的关键变革者。

实验室的第一项活动是为期一周的巴西完全浸入之旅。2013年1月，团队被带往里约的贫民窟和亚马孙流域的热带雨林。此后，团队以伙伴教练小组的方式运作，并于2013年4月再次相聚于不丹，进行下一次时长一周的浸入之旅。目前，该团队依照其自身不同机构的背景共创了多个本土创新提案的原型。实验室将会在首轮活动结束时，在柏林、波士顿和亚洲的区域性论坛上分享这些原型成果。

“整个流程仿佛有生命和动力似的，”自然流现学院在开普敦的执行理事玛丽安·古德曼（Marian Goodman）说：“它把兴趣、好奇和充满热情的参与从全世界各个角落召集起来——大家都意识到我们身处未来的前沿，每一步都轻而易举地同步展开。”

‖形成中的运动‖

布朗克斯合作协议是本土的，GNH 实验室是全球的。然而两者都是我们周围一个正在开启的较大模式中的一部分。在你身处的环境中，你能看到什么？你是否看到了某些深层结构发展问题？就像在布朗克斯，人们开始跨界共创不同于以往的未来。你是否也看到了参与者全新的排列组合正在出现？就像全球幸福指数和 GNH 实验室，探寻带来幸福、衡量幸福的全新方式。在你身处的环境中，是否也能看到这样的例子？或者你认为有哪些地方能产生这样的例子？

我们认为，本书中所阐述的项目和创新提案都是举足轻重的，因为它们构成了世界范围内正在生发的大型开端。它们是正在开启的裂缝的一部分，带动越来越多的人觉察到什么才是最重要的。这场由变革者发起的运动正在转变社会场域，从自我到生态，从我到我们。目前，这场运动缺乏能够帮助其打造潜能和影响力的支持型基础组织结构，而这些正是 U 学校可以提供的。

LEADING

From the Emerging Future

结语与练习

纵观全书，我们用了很多故事和例子来说明一个文明在消亡，而另一个文明在获得新生。在不同的机构、经济、网络、社区和个人情境中，我们都能亲身体验到这场蜕变两端的感受。其实人们每天都生活在某种消亡和重生中——特别是在集体层面上。

这就让我们回到了第三个问题：什么样的策略才能帮助我们这些变革者作为载体以带动整体蜕变？我们要做到的是：

- **将关注力的焦点转回源头，以便培育生成性关系，推动个体、团队和组织的机构逆转运动；**
- **聚焦于所有 8 个“穴位”，将经济与社会运作模式升级至 4.0；**
- **转变全球创业场域，创建“中枢”的多区域网络，支持下一代创业者打造有意识的生态系统经济，以期足够应对当今时代的挑战。**

我们通过聚焦于这三个杠杆点，将会步入一个新的空间，不同的历史溪流汇聚在一起，形成奔腾的江河。目前已经有三条溪流（或三个运动）开始向彼此靠拢：

- **全球民间团体，受甘地和马丁·路德·金的思想启发而兴起；**
- **行动科学，代表人物是库尔特·勒温（Kurt Lewin）和艾德·沙因（Ed Schein）；**
- **正念和觉察，是所有传统智慧传承的精华。在我与南师以及弗朗西斯科·瓦瑞拉的谈话中体现得淋漓尽致（见第 4 章）。**

那么我们怎样才能挺身而出，达到应有的高度，迎接这个时代的挑战？就是要将这三条溪流汇集在一起，使其服务于蜕变和逆转所有关键的商业、政府和教育机构。而这一切正在发生。

彼得·圣吉在 2012 年柏林论坛闭幕时说：“众所周知，很多人都投入进来，将这些卓越的成就付诸实践，然而如果没有我们这些团体的愿景和承诺，这些溪流是无法形成如今我们看到的江河的。”

感觉我们经过了漫长的历程来到了充满可能性的当下。大门已经全然敞开，现在我们——我和你，要做出决定，穿过这个界点，从自我升华到大我，使溪流汇聚成江河。带着越来越明确的意愿，带动越来越多的人，带着越来越多的觉察，每一天、每一刻都是如此。

▲ 思考题

当你环顾四周时会看到什么？在你的场域中，能看到什么样的未来种子或萌芽？下面有 12 个问题，供你思考。请拿出笔记本，找一个安静的时间，每个问题花一两分钟回答一下：

1. 你感到自己有哪些方面想要发生蜕变？
2. 你想使什么新事物变成现实？
3. 你需要放下的是什么？
4. 在阅读本书时，你获得的最重要的见解是什么？
5. 在阅读本书时，你获得的对自身最重要的见解是什么？
6. 在阅读本书时，是什么触动了你，为什么？
7. 在阅读本书时，你觉察到了哪些未来种子（意愿）？
8. 你如何才能将来自不同系统的人们召集起来，共创充满启发性、充满乐趣、充满意义的新事物——你自己的 GNH 或者 4.0 社会？
9. 你的教练圆圈中都有谁呢（5~7 人）？
10. 你运用什么样的方式（静默的时刻）来联结源头呢？
11. 你在工作与生活中如何平衡美与真实呢？
12. 你未来要采取的重要步骤有哪些？接下来三天要做的是什么？

▲ 圆圈谈话

与你圈子中的人一起思考以下问题：

1. 请每个人都分享一下，在哪里能感受到未来场域的裂缝（开启）。
2. 请每个人都分享一下，在过去几个星期里观察到的自身开启（打开的思维、心灵和意志）。

3. 分享一下你留意到的小组谈话的变化。
4. 分享一下这些观察到的结果与你身边的机构逆转有何种联系？
5. 什么样的创新倡议（或者以合作的方式）能够有助于将你所在系统的场域推进至 4.0？
6. 需要什么样的人参与进来才能顺利进行？
7. 探讨一下，确定你接下来要进行的步骤。
8. 利用 www.presencing.com 网站来获取资源、工具，分享故事，联结到全球社区中其他“汇集于江河”的圆圈中。我们下一次论坛盛会再见，到时可以在线或面对面进行联结。

先天下之忧而 U

这不仅仅是一本书的翻译，同时也是一场深刻的成长历程。

继去年重译了《U 型理论》之后，今年又万分荣幸地接到了翻译其续篇《U 型变革》的任务。《U 型理论》为个人、组织、系统乃至世界的进化过程奠定了强大的理论基础，而本书则首先提出冰山模式，纵向挖掘了当前社会症状（生态鸿沟、社会鸿沟和精神文化鸿沟）的深层次原因——系统分离和思维模式，又在横向层面上总览了人类发展进程的不同阶段（1.0、2.0、3.0 和 4.0）及其背后对应的意识形态。

开启变革的裂缝

在《U 型理论》以及本书中，作者都一再强调，“纵观整个世界，我们面临着很多方面的问题：金融安全，粮食、燃料、水匮乏，资源短缺，气候变暖，普遍贫困，宗教激进主义，恐怖主义，金融寡头”，然而更重要的是，“与此同时，个人、社会和全球性深远革新的可能性，又前所未有地凸显出来”。颠覆性仅仅意味着旧有事物的消亡，而在一系列崩塌的系统中，却又一再闪现希望的火花，预示着变革的到来。

书中列举了很多实例，有些是按照下载模式运作而导致的严重后果，有些则是生发中的草根力量冲破原有体制的禁锢。作者以其敏锐的洞察力和对未来趋势的敏感性，在这一系列社会剧变中感受到了开启的裂缝。“这些颠覆性变革标志着新时代的开端：一个国际社会集体跨进的新时代，一个颠覆性持续增长的时代。”

其中一个实例是在 1986 年，乌克兰的切尔诺贝利核电站四号反应堆发生的事故。在如此严峻的挑战下，苏联科学家们只是采取了“下载旧有行为模式来应对”，完全无视事故的实际严重性，导致其危害成倍扩大。而当时的领导人戈尔巴乔夫则由此次事故进一步考虑到了核武器的毁灭性力量，他“允许自己的思维放缓，让自己的意识觉醒，放下了过时的军事逻辑，使‘解除军备’的想法发芽、壮大”，最终促使他与美国签订了停战协议，销毁了所有射程在 500~5 000 千米的核弹头，这一举动对当时乃至现今的世界都有着举足轻重的意义。

作者在书中深刻剖析到，在这样的时代里，“其实可以有如下选择：我们可以深度冻结，重复已经根深蒂固的旧有习惯；或者我们可以停下来，融入未知的空间，融入想要生成的一切。”

巧的是，在翻译本书时适逢在索契举办的冬季奥运会。开幕式出现了一个小插曲，原本应该有五朵雪绒花绽放开来形成奥运会的五环标志，由于技术失误却只打开了四朵，留下了不小的遗憾。然而，人们没有下载旧有的行为模式，没有推卸责任，也没有欲盖弥彰。而是允许自己融入未知的空间，使内在的灵感涌现，用创意巧妙化解。在闭幕式中，导演安排舞蹈演员穿着银白色的反光舞蹈服，在场上重现了开幕式的失误画面，在观众们的笑声中，最后一朵雪绒花缓缓打开，奥运五环就此圆满绽放。原本尴尬的一幕反而成为最后精彩演出的完美铺垫，场内的掌声和欢呼声达到了最高点！央视评论员万分感慨地说："在科技高度发达的今天，最终主宰一切的还是人类。"可想而知，最终主宰一切的、决定发展方向的、决定要进步还是要倒退的，归根结底是人们的状态。

正如作者在书中所写，"颠覆性变革影响的不仅是我们的外部世界，同时还有内在自我。这样的时刻会让周围世界的运转戛然而止。这种状态虽然让人感到害怕，但同时也构成了一个巨大的空间，我们可以用两种方式将其填满：一是冻结自我，重复过去的模式；二是打开自我，迎接最高的未来可能性，融入、感知并实现个体正在生成的未来。"

东西文化，交相辉映

纯粹的真相只有一个，终极的智慧源头也只有一个。东西方文化结构不同，所以表达的形式也不同。《圣经》中有通天塔的故事，大意是说很久以前，全天下的人都说同一种语言，都有一样的口音。有一天，他们决定同心协力建造一座高塔，直通天上，这就是通天塔。上帝看到后担心人们真的会把塔建成，于是悄悄来到人间，改变了人类的语言。从此大家无法沟通，建塔大业就半途而废了。《创世记》第 11 章第 6~7 小节写道：

> 耶和华说："看哪！他们成为一样的人民，都是一样的言语，如今既做起这事来，以后他们所要做的事，就没有不成就的了。
>
> 我们下去，在那里变乱他们的口音，使他们的言语彼此不通。"

然而，这并不意味着我们就再也接触不到天堂了。随着世界范围内对人性的深层探索，随着东西方交流的日益强化，所有文化中最精髓的部分都逐渐脱离形式的束缚，显露出相通性。

本书中引述了奥托教授与南怀瑾大师的一次谈话，“南师”说：“整个宇宙就是一个大我。在每种文化中，人们都知道有终极的大我存在。……所有的一切都为了寻找大我，亦即生命的起源。……”显然整个人类对生命的终极价值的探讨，最终会使所有人都找到这条通往真相本质的道路。此外，“南师”还写过一本书“解读儒家的《大学》。他在书中指出：‘领导者若想获得最大的成功，就必须学会达到觉察力的 7 个状态。’而《大学》的核心部分读来很像一个从宏观到微观，而后再返回的 U 型实践过程。”

我个人最爱的女性励志书籍是《美食，祈祷，恋爱》（*Eat, Pray and Love*），该书讲述了作者伊丽莎白·吉尔伯特（Elizabeth Gilbert）的灵性成长历程。书里有这样一段话：“霍皮族（Hopi）印第安人认为世界上每种宗教都包含一条心灵线，这些线一直在找寻彼此，汇合在一起。这些线最终编织成一条绳索，将我们拉出黑暗的历史循环，进入下一个空间。”

印度著名学者帕塔奈克博士（Devdutt Pattanaik）在其 TED 演讲《神话与东西方误解之源》中说道：“世界上每种文明都试图了解自身，探索自身存在的意义。……在研究中你会发现，不同的人对世界有着不同的理解。这边是‘我的世界’，那边是‘你的世界’。这就是各种文明发生矛盾冲突的根源所在。信仰影响人们的行为，进而势必会影响他们的商业文化。所谓商业，无非就是市场行为和组织行为共同作用的结果。……大家都会问：哪种文化比较好？这是一个危险的问题，会导致宗教激进主义和暴力。基于你的背景和想要的结果，选择合适的模式。因为东方和西方的模式都是文化的产物。试着了解对方的世界和观点，这样做的时候，奇妙的事情就会发生，在无限的文化中蕴藏着永恒的真理。”

所以说，《大学》也好，U 型理论也好，都是带领我们到达终极智慧的道路。拆去文化、语言、风俗、意识形态、思维模式的“外包装”之后，会看到里面都是同一个源头，绽放出智慧的耀眼光芒。

大系统 vs 小系统

在本书中，我最喜欢第 5 章，其中记录了自然流现学院的一个高级项目，成员中既有犹太人后裔，也有人是德国血统，而奥托教授本人就是德国人。这样世世代代的宿敌在自然流现的场域里做到了化干戈为玉帛，大家都表现出了“勇气中的勇气”，打开心灵，让恐惧和憎恨挥发，让爱和疗愈生成。使关注力突破自身的界限，扭转至外部现实世界，继而采纳他人的视角，最终回归到内在的源头。整个过程中都展现着人性的光辉，字里行间投射出巨大的能量，我在翻译的过程中始终感受到了能量的流动。

“步入未来场域开始于关注内心开启的裂缝。”因此，个人的逆转是所有变革的起点。我们身处的社会充满了系统，当前的经济现状处于生态系统，而其中的参与者却分裂于不同的自我系统。整个世界和自然环境是外在客观系统，而信仰、思想和理念则构成了内在主观系统。组织、公司、机构和社会都是大系统，而我们每个人也可以被视作独立的小系统。

大系统有领导者，小系统同样也有。在中国的传统文化中，“耳、眉、眼、鼻、口”被统称为“五官”，而这个“官”字就可以解读为“领导者”。按照医学和生物学的说法，人类的大脑是“总指挥”，发出的指令通过脑干传递至整个神经系统，控制着我们的行动坐卧。带领我们表达感情，研究科学，繁衍文化。然而，这个“总指挥”发号施令也是遵循着固定的模式，形成这种模式的正是“五官”收集来的信息。我们从小看到的、听到的、感受到的造就了惯性思维，进而又带来惯性行为。因此，也正是这五位“领导者”导致了个人小系统的局限性，而无数个狭隘的小系统叠加后就衍生出了问题丛生的大系统。

当今是一个急需变革的时代，“五官”在过去学到的知识已不足以应对层出不穷的颠覆性，因此，是时候暂悬自己的“五官”——对抗评判之声；屏蔽他人的“五官”——对抗嘲讽之声；让总指挥大脑暂时休息——对抗恐惧之声。“找到静默或者沉思的时刻，过滤掉所有外界的杂音，聚焦于自己内心的本质”。让内在觉知得以生成，联结到最高的未来可能性，找到最重要的领导力工具——大我。一旦突破了个人小系统的限制，整个大系统的蜕变就将开始，无数个自然流现的小系统叠加就会衍生出创新生态的大系统。

自然之花，处处流现

书中最激动人心的内容之一是那些已经落地生根的创新实例。世界各地不断地涌现出已经联结到未来的个人和组织，他们冲破了自身利益，将关注力扩展至生态系统的整体利益，因此，生发出前所未有的创新思想，充分地去应对持续变换的社会形势。虽然这一切还只在小范围内存在，然而未来的方向从中可见一斑。

纵观人类的历史长河，人们从未停止过对发展的追求，飞向无垠宇宙，探索浩瀚苍穹；开发土质矿藏，研究地幔地核。真可谓上至九重天、下探千层土，在当前这个至关重要的时代，在这个旧世界消亡、新世界重生的界点上，人们终于明白了最艰难且最有价值的探索还是自己的内心。

我们常说“观点”一词，是因为当站在不同的“点”上，就真的会产生不同的“观”。在影片《死亡诗社》（*Dead Poets Society*）中，基廷老师鼓励学生站在桌子上，因为要经常变换角度观察周围的世界，“当你以为自己熟知某物的时候，就一定要换个方式再看看”。2014 年，自然流现学院在波士顿召开的全球论坛伊始，奥托教授为与会者们播放了一部短片《总观效应》，里面记录了宇航员观察地球的心得。从太空中看，地球是如此的美丽而脆弱，这是我们共同的家园，而我们却丝毫没有意识到，自己的所作所为正在给它带来多么巨大的伤害。

目前地球所面临的问题，其规模之巨大，已经不是某个组织或某个系统能够单独应对的，本书作者写道："在 20 世纪的大部分时间里，我们都是一次只解决其中某一个问题。如今，我们能看到人们正在逐渐脱离这种模式。特别是年轻人已经认识到这些问题并非彼此独立，而是一个深层次问题的三个方面……"正是因为如此，跨界合作与创新就显得格外重要，使个人层面的进化上升至组织层面。可喜的是，这种趋势正在逐渐成形，而先进的有识之士也在引领着此类过程。《U 型理论》和本书提供了最切实可行的工具：内在三器（打开的思维、打开的心灵和打开的意志）；对抗三个敌人（评判之声、嘲讽之声和恐惧之声）；四级对话和聆听（下载、事实、同理和自然流现）。在"天下之忧"尚未到来之前，让我们先用"U"将其化解，蜕变出全新的生机吧。

感知正在生成的未来

在翻译的过程中，我能够感受到作者付出的巨大心血，其思想深刻、涉猎广泛。作者对每个领域都做了剖析，每个领域的创新理念都有提及：仿生学、生物动力学农场，最有趣的是足球战术的创新。我每一天都在查阅论文和背景资料，每一天都在学习和成长。有一次，我遇到一个词，找不到恰当的译文，琢磨了很久未果。夜已深，只好先睡去了，然而在迷蒙之间突然来了灵感，赶紧光着脚跑到桌前写下来，生怕第二天早上忘记了。这本书给我带来的影响将是深远的，从今以后，我在人生道路上前进时，也会因这次翻译所获得的知识和启迪而做出完全不同的抉择。

感谢亲爱的徐莉俐，我们因为《U 型理论》的翻译而结缘，如今已是好朋友。感谢莉俐所做的一切，帮助 U 型理论在中国落地生根，以及促成未来 U 学校的建成。感谢所有因这两本著作而相识的朋友，看到这些带有高度觉知的人士聚在一起，为打造美好未来而付出的努力和热忱，真是令人充满了希望。

“霜降水返壑，风落木归山。冉冉岁将宴，物皆复本源。”希望每一位读者在经历了自己独特而美好的外在人生旅程之后，最终都能联结到内在源头，感知到正在生成的未来。

陈秋佳

未来，属于终身学习者

我们正在亲历前所未有的变革——互联网改变了信息传递的方式，指数级技术快速发展并颠覆商业世界，人工智能正在侵占越来越多的人类领地。

面对这些变化，我们需要问自己：未来需要什么样的人才？

答案是，成为终身学习者。终身学习意味着永不停歇地追求全面的知识结构、强大的逻辑思考能力和敏锐的感知力。这是一种能够在不断变化中随时重建、更新认知体系的能力。阅读，无疑是帮助我们提高这种能力的最佳途径。

在充满不确定性的时代，答案并不总是简单地出现在书本之中。“读万卷书”不仅要亲自阅读、广泛阅读，也需要我们深入探索好书的内部世界，让知识不再局限于书本之中。

湛庐阅读App：与最聪明的人共同进化

我们现在推出全新的湛庐阅读App，它将成为您在书本之外，践行终身学习的场所。

- 不用考虑“读什么”。这里汇集了湛庐所有纸质书、电子书、有声书和各种阅读服务。
- 可以学习“怎么读”。我们提供包括课程、精读班和讲书在内的全方位阅读解决方案。
- 谁来领读？您能最先了解到作者、译者、专家等大咖的前沿洞见，他们是高质量思想的源泉。
- 与谁共读？您将加入优秀的读者和终身学习者的行列，他们对阅读和学习具有持久的热情和源源不断的动力。

在湛庐阅读App首页，编辑为您精选了经典书目和优质音视频内容，每天早、中、晚更新，满足您不间断的阅读需求。

【特别专题】【主题书单】【人物特写】等原创专栏，提供专业、深度的解读和选书参考，回应社会议题，是您了解湛庐近千位重要作者思想的独家渠道。

在每本图书的详情页，您将通过深度导读栏目【专家视点】【深度访谈】和【书评】读懂、读透一本好书。

通过这个不设限的学习平台，您在任何时间、任何地点都能获得有价值的思想，并通过阅读实现终身学习。我们邀您共建一个与最聪明的人共同进化的社区，使其成为先进思想交汇的聚集地，这正是我们的使命和价值所在。

北京市版权局著作权合同登记号　图字：01-2023-6061

图书在版编目（CIP）数据

U型变革/（美）奥托·夏莫（C. Otto Scharmer），（美）凯特琳·考费尔（Katrin Kaufer）著；陈秋佳译．--北京：中国财政经济出版社，2024.1
书名原文：Leading from the Emerging Future
ISBN 978-7-5223-2554-5

Ⅰ．①U…　Ⅱ．①奥…　②凯…　③陈…　Ⅲ．①企业管理　Ⅳ．①F272

中国国家版本馆CIP数据核字（2023）第211382号

责任编辑：潘　飞　　责任校对：胡永立
封面设计：门乃婷工作室　　责任印制：张　健

U型变革
UXING BIANGE

中国财政经济出版社 出版
URL：http://www.cfeph.cn
E-mail：cfeph@cfemg.cn

社址：北京市海淀区阜成路甲28号　　邮政编码：100142
营销中心电话：010-88191522
天猫网店：中国财政经济出版社旗舰店
网址：https://zgczjjcbs.tmall.com
石家庄继文印刷有限公司印装　　各地新华书店经销
成品尺寸：170mm×230mm　　16开　　19.25印张　　252 000字
2024年1月第1版　　2024年1月河北第1次印刷
定价：89.90元
ISBN 978-7-5223-2554-5
（图书出现印装问题，本社负责调换，电话：010-88190548）
本社图书质量投诉电话：010-88190744
打击盗版举报热线：010-88191661　　QQ：2242791300